学校心理学丛书

中学生心理健康教育指导手册

常见问题的预防、识别与干预

班主任版

国家心理健康和精神卫生防治中心
北京师范大学心理学部◎组织编写

北京师范大学出版集团
BEIJING NORMAL UNIVERSITY PUBLISHING GROUP
北京师范大学出版社

图书在版编目(CIP)数据

中学生心理健康教育指导手册：班主任版 ：常见问题的预防、识别与干预 / 国家心理健康和精神卫生防治中心，北京师范大学心理学部组织编写；姜雯，乔志宏主编. —北京：北京师范大学出版社，2024.6(2025.1重印)

(学校心理学丛书)

ISBN 978-7-303-29830-3

Ⅰ. ①中… Ⅱ. ①国… ②北… ③姜… ④乔… Ⅲ. ①中学生－心理健康－健康教育－教学参考资料 Ⅳ. ①G444

中国国家版本馆 CIP 数据核字(2024)第 040166 号

ZHONGXUESHENG XINLI JIANKANG JIAOYU ZHIDAO SHOUCE (BANZHUREN BAN)

出版发行：北京师范大学出版社 https://www.bnupg.com
北京市西城区新街口外大街 12-3 号
邮政编码：100088

印　　刷：鸿博睿特(天津)印刷科技有限公司
经　　销：全国新华书店
开　　本：710 mm×1000 mm　1/16
印　　张：22
字　　数：305 千字
版　　次：2024 年 6 月第 1 版
印　　次：2025 年 1 月第 2 次印刷
定　　价：78.00 元

策划编辑：周益群　李司月　　责任编辑：岳　蕾　刘小宁
美术编辑：陈　涛　李向昕　　装帧设计：陈　涛　李向昕
责任校对：段立超　　责任印制：马　洁

前 言

2019年7月，国家卫生健康委等部门联合发布《健康中国行动(2019—2030年)》，提出了健康中国的十五个重大专项行动，心理健康促进行动是健康中国行动的重要组成部分。2023年4月，教育部等十七部门联合印发《全面加强和改进新时代学生心理健康工作专项行动计划(2023—2025年)》(简称“专项行动计划”)，提出全面加强和改进新时代学生心理健康工作，提升学生心理健康素质。

青春期作为人生发展的重要时期，青少年的身体和心理都经历着关键的转折性变化。面对一系列的生理、心理、情绪与社交方面的变化，青少年的心理健康面临着诸多的风险和挑战。班主任在促进学生全面健康发展中发挥重要作用，也是落实立德树人根本任务的重要主体。2021年发布的《教育部办公厅关于加强学生心理健康管理工作的通知》明确指出“中小学要在班主任及各学科教师岗前培训、业务进修、日常培训等各类培训中，将心理健康教育作为必修内容予以重点安排”。

为响应健康中国行动和专项行动计划，提高班主任对常见心理问题及疾病的识别和初步干预能力，切实提升班主任的育人实效，国家心理健康和精神卫生防治中心联合北京师范大学心理学部共同推出《中学生心理健康教育指导手册(班主任版)》。本书是适用于中学班主任日常班级管理和学生心理健康教育的工具书，分为上、下篇，共十一章。本书上篇为“中学生常见心理问题的识别与干预”，包括心理问题的成因，常见心理问题(入学适应不良、网络沉迷、焦虑、抑郁、校园欺凌、精神疾病)的主要表现、成因及辅导与干预策略；下篇为“中学生心理健康的维护与促进”，包括班级管理中的积极语言与行为、学习中的心理健康、心理问题处理中的家校沟通、突发事件中的心理健康维护。

本书内容兼顾理论性和实践性，既聚焦了前沿研究对于中学生常见心理问题原因及表现的描述与分析，又着重介绍了中学生心理问题辅导和心理健康促进的有效策略。本书从当代中学生生活的真实案例出发，从一线班主任关切的棘手问题引入，细致入微地描述、剖析、解答案例中的学生心理问题和应对策略，设身处地地帮助班主任掌握促进学生心理健康的有效策略，正确应对学生已经发生和可能出现的心理健康问题，积极推进家校合作。

本书编者既包括掌握扎实的理论知识和前沿研究进展的国内心理学领域权威专家，也包括有着丰富一线班主任和心理健康教育经验的教师，这些一线教师真切地了解班主任在实际工作中的需要和渴求。我们期待通过本书，进一步提升班主任的专业素养和职业胜任力，为促进我国中学生的心理健康贡献力量！

编委会

2024 年 1 月

目录

上篇

中学生常见心理问题的识别与干预

第一章

心理问题的成因

中学生心理问题的产生，既受生理因素、环境因素的影响，也与其个人的心理特点有关。

无论是对于青少年本人而言，还是对于与他们“斗智斗勇”的父母和教师而言，青春期都是一个令人困惑的阶段。一方面，青少年比小学生有了更多理性的思考和自我意识的觉醒；另一方面，青少年的内心充满了更多的矛盾以及对自我的批判。他们在宣誓走向独立的同时，也在隐藏内心的敏感和脆弱，在叛逆的外表下，他们也时常展现出对成长的恐惧和迷茫。

班主任是学生成长道路上的重要他人。作为班主任的我们，也曾与现下的中学生一样，经历过青春年少的张狂与懵懂，但是当我们成为中学班主任时，却对眼前的这些青少年有很多的不解。我们给学生提供的学习环境和物质保障比以往任何时代都更加丰富，但是为何有那么多的学生出现学习动力不足甚至厌学的现象？还有哪些让我们感到困惑和棘手的青少年心理问题？

近年来，无论是权威机构的调查报告，还是一线班主任的切身感受，都指向共同的焦点：中学生的心理健康状况更加复杂，影响因素更加多元。在深入探讨中学生心理问题产生的原因之前，我们有必要先了解中学生心理健康的标准。

第一，智力正常。智力是以思维为核心的各种认识能力和操作能力的总和，也是衡量一个人心理健康的重要标志之一。正常的智力是学习文化知识最基本的心理条件，智力发展水平要符合实际年龄。

第二，情绪的稳定性与协调性。保持轻松、愉快、稳定、协调的情绪和良好的心理状态，可使青少年身心处于积极向上的状态。

第三，较好的社会适应性。一个心理健康的青少年，即使环境突发变化或身处恶劣环境，也能较快适应并保持心理平衡。

第四，和谐的人际关系。心理健康的青少年能与同龄人建立平等、互助、和睦相处的伙伴关系。

第五，反应能力适度，行为协调。青少年的心理活动和行为模式应和谐统一，青少年对外部刺激反应适度，表现既不异常敏感也不异常迟钝，并具有一定应变和应对能力。

第六，心理年龄符合实际年龄。如果青少年的心理活动和行为模式严重偏离年龄阶段，可能存在心理发育问题，严重滞后或超前均是心理不健康的表现。

第七，具备心理活动的自控能力。心理活动自控能力强的青少年，注意力集中水平高，记忆和意识活动的有效水平也高。心理活动自控能力较弱的青少年，注意力难以集中，缺乏专注力，这往往会导致学习困难。

第八，健全的个性特征。个性特征(人格)是在先天素质的基础上和后天环境的长期影响下形成的，是一切心理特征的总和。良好、健全的个性特征是个体适应环境的重要保证。

第九，自信心。自信心是对自我的客观评价，实质上是一种自我认知和思维的分析综合能力。恰当的自信心是心理健康的重要标志之一，也是获得成功的重要保障。

第十，心理耐受力。心理耐受力是承受压力、失败、挫折的心理能力。心理耐受力的提高有利于心理健康。

随着研究方法、研究领域、研究手段、研究工具的不断发展，我们对中学生心理问题的理解也更加客观和全面。中学生心理问题的产生，既受生理因素、环境因素的影响，也与其个人的心理特点有关。本章将综合近年来的研究成果，分别对这三个方面的影响因素进行解读。对这些影响因素的分析，一方面可以帮助班主任更好地理解中学生心理问题产生的原因；另一方面可以促进班主任在日常工作中对这些因素的利用，有利于班主任对青少年心理问题进行预防和辅导。

第一节
生理因素

已有的研究观点认为，影响青少年心理健康的生理因素包括遗传、激素、大脑的发育、疾病等。

一、遗传

遗传是指亲代通过基因把自己的表型(又称性状)传递给子代的现象。那么，抑郁症和焦虑症等精神疾病是否会遗传给下一代？在回答这个问题之前，有必要了解一下经典遗传与表观遗传。经典遗传认为基因功能的变化是基因序列改变而造成的。表观遗传是研究环境和遗传因素相互作用的机制，是指在基因序列不发生变化的情况下，基因表达产生了可遗传的改变。

虽然精神疾病并没有归类为遗传性疾病，但普遍认为，在精神疾病的发病机制中，遗传是有很大影响的。心理学家们曾用家谱分析的方法研究遗传对个体心理健康的影响，结果发现在有心理健康问题的学生中，有家族精神病史的学生所占的比例更大。此外，双生子、大规模人群研究等都证实了表观遗传对心理疾病的影响。研究发现，表观遗传具有可逆性，即可受到环境及药物等影响而发生相应的变化。对于表观遗传能在多大程度上影响个体的心理健康水平的问题，现在还没有定论，但已有研究证实药物和心理干预都会对表观遗传产生影响，这对学生心理问题的解决无疑是个重大利好消息。

二、激素

激素曾被称为荷尔蒙，是人体内分泌器官分泌的能调节生理平衡的物质总称，包括生长激素、雌性激素、雄性激素等。激素一词源于希腊文，原意为“激活”。它对机体的代谢、生长、发育、繁殖和性活动等起重要的调节作用，同时也维持着人体各系统的均衡运作。处于青春期的中学生会因体内激素的分泌出现一系列的生理变化，男生会出现变声、喉结增大等现象，女生会出现月经、乳房变化等现象。这些外在的变化会使青少年的成人感逐渐增强。一个人在青少年时期拥有健康的身心状态，激素起到了举足轻重的作用。充足的激素会使青少年精力充沛、充满动力，但也会给他们带来情绪的困扰和不安。

青春期激素的分泌是如何影响一个人的情绪状态和心理健康的呢？

首先，在激素的作用下，身体的发育会使青少年产生一些异样的感觉。例如，女孩会出现胸部的胀痛感，尤其在月经来潮前可能会出现胸部的胀痛感加剧的情况。有些女孩在月经期间会出现严重的腹痛，这些身体上的不适感会引发情绪的波动。同样，雄性激素的分泌会使男孩出现体毛增多、遗精等现象。在成年人看来这些变化是成长过程中正常而必然会发生的，而对于经历这些变化的青少年来讲，他们的内心却充满了陌生和恐惧。他们会常常有这样的疑问：我的身体发育正常吗？我是不是发育得太快或太慢了？我脸上的青春痘怎么这么多啊？我是不是变胖了？别人看到这些变化了吗？他们是如何评价我的外表的？这就是为什么处于青春期的学生会用更多的时间关注镜子里的自己。需要注意的是，身体发育会有明显的性别差异。一般来讲，男生的身体发育水平如果超过同龄人可能会引发他们的自豪感和自信，而女生的身体发育水平如果超过同龄人则可能会引发她们的自卑或羞耻感。

其次，青少年体内激素的分泌使他们对异性产生了好奇和兴趣，引发了与性相联系的复杂情感体验，在激素的作用下，他们对异性会产生强烈的亲近感，会产生性冲动，然而青少年在心理和社会性上尚未成熟，还没有能力承担性行为可能带来的责任和义务。

三、大脑的发育

无论教师还是家长，都会对青少年的叛逆行为印象深刻并颇感无奈，也时常会认为他们是故意与大人对着干。当我们对青少年的大脑有了更多了解之后，可能会改变之前的判断。随着脑成像技术的发展，神经科学家得以更深入探究不同年龄阶段的大脑情况。研究发现，青少年的大脑有其独特的运作规律和特点，最显著的变化不是脑区的成长，而是神经元集群之间交流的增多。即大脑神经元正经历重组，结构也在发生巨大的变化。

让我们先来了解一下控制情绪的脑区分布(图 1-1)：杏仁核是产生情绪和表达情绪的脑区，也被称为大脑的情绪中心。青少年大脑的杏仁核通常会比成年人更迅速地对外界刺激作出反应，但是他们大脑中用于克制兴奋和冲动的前额叶皮层还没有发育成熟。一般认为，前额叶皮层要等到 25 岁才能完成发育。因此，青少年的情绪或冲动行为往往来得特别迅猛，而对情绪和行为的控制却缓慢得多。

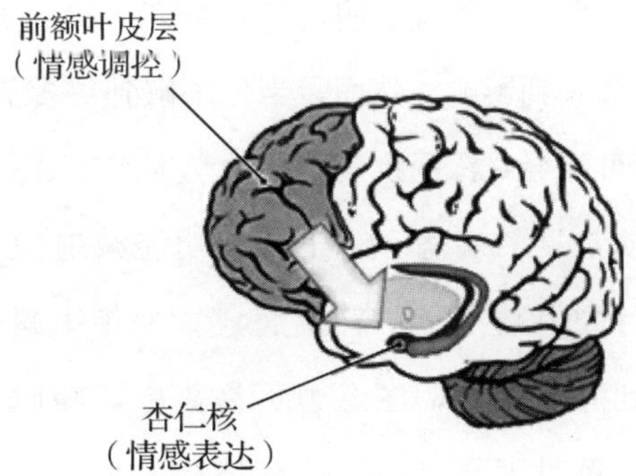

图 1-1　脑区分布

接下来，我们再从大脑的运作规律来解释青少年的冒险行为和成瘾问题。

多巴胺是大脑分泌的一种神经递质，它可以传递快乐的信息。青少年大脑中的奖赏中枢更为活跃，他们对奖励更为敏感，无论当下的行为或事件是好是坏，只要这种行为可以刺激多巴胺的释放，青少年的大脑都将其视作奖励。当青少年从事冒险行为或做一些有刺激体验的活动时，多巴胺的分泌会使他们很少顾及未来，同时会忽视其潜在的风险。当然，冒险行为有其积极意义，这体现在青少年对新奇事物的强烈探索欲望，使他们有更多机会找到创新的方法和答案。随着年龄的增长，人在冒险时产生的多巴胺峰值也会逐渐下降，青少年也在不断试错的过程中积累了更多生活经验，这使得他们在作决定时也变得更加成熟。

此外，青少年大脑中的另一种激素——褪黑素(传达夜晚信号的激素)释放时间比成人晚两小时，这就解释了为什么很多青少年喜欢晚睡晚起。而在校的学习任务又使得他们不得不在睡眼蒙眬时奔赴教室。调查显示，很多中学生的睡眠时间不足，而睡眠不足对情绪以及认知功能产生的负面影响也是显而易见的。

四、疾病

相信大多数人认同“躯体疾病会引发心理问题”这一结论，对这句话的理解是：人生病以后会有疼痛感、恶心、发烧、腹泻等一系列症状，生病了就没有力气外出游玩或社交，心情自然会受到影响。然而，当你了解到更多关于躯体疾病是如何影响心理健康的真相，你可能会对深受疾病困扰的学生产生更多的理解。

我们先以一种比较常见的疾病——甲状腺功能减退症为例进行说明。甲状腺功能减退症(以下简称“甲减”)是一种疾病，青少年甲减的典型症状是：表皮粗糙，怕冷，常常感到疲乏无力，注意力不易集中，嗜睡，反应迟钝，身体发育及性发育落后等，严重时则会出现抑郁和精神分裂等症状。甲状腺功能亢进症(以下简称“甲亢”)则是与甲减相反的一种疾病，甲亢是甲状腺激素分泌过多导致的。甲亢患者会有明显怕热、多汗、失眠、心悸、手抖、脾气暴躁、大便次数增多等症状，以上这些症状又是焦虑症的常见症状。然而，无论是甲减还是甲亢，都属于慢性代谢性疾病，而抑郁症和焦虑症则是神经性疾病，两类疾病的治疗方案也完全不同。因此，医生往往需要对患者进行甲减或甲亢的排除，之后再做抑郁症或焦虑症的诊断。在临床上，有相当数量的甲状腺功能障碍患者在得到对症治疗后，其情绪状态也恢复了正常水平。在现实生活中，甲状腺功能障碍给青少年带来的困扰往往没有引起家长的重视，有些家长甚至会把一些甲亢的症状当作青少年的叛逆，因此贻误了治疗。类似的情况不胜枚举，如脑炎、线粒体功能紊乱、肾上腺功能障碍等疾病都会出现与精神疾病重叠的症状，如果不进行上述躯体疾病的排除，我们很可能错失治疗的良机。

除上述提到的遗传、激素、大脑的发育、疾病等影响因素外，其他的生理因素，如母亲怀孕时的身体状况、情绪状态，是否接触烟酒、毒品、放射性物质等都可能直接或间接影响到胎儿的发育，进而影响青少年的心理健康。此外，青少年自身的饮食习惯、营养状况、药物使用等也会影响青少年的发育和心理健康状况，这里就不一一赘述了。

第二节 环境因素

生态系统理论提出：环境是人类发展的主要影响源，这里的环境不仅指个体周围的环境，还包括个体发展所处的社会环境和文化环境。该理论将人所处的生活环境分为四个系统（图 1-2），分别是微观系统、中间系统、外层系统和宏观系统。这四个系统之间存在相互联系及影响，对个体的发展影响深远。

这个系统最里层的是微观系统，主要是指个体活动的直接环境，包括个体所在的家庭、学校及与之互动频繁的同伴群体。这个环境会随着年龄的增长而不断变化。对大多数婴儿来说，微观系统仅限于家庭。随着个体的不断成长，

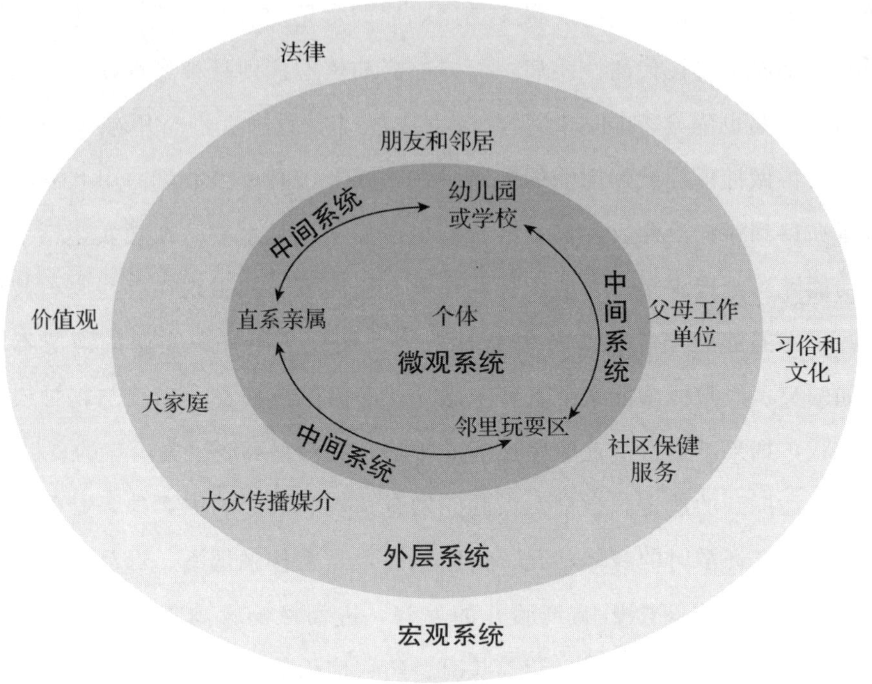

图 1-2 生态系统理论

活动范围不断扩展，幼儿园、学校和同伴关系不断被纳入个体的微观系统。对他们来说，学校是除家庭以外对其影响最大的微观系统。微观系统是双向的，既受到系统内的影响，又能反过来影响个体。

微观系统的外围是中间系统，是各微观系统之间的联系或相互关系。如果各微观系统之间的联系是积极的，个体的发展有可能形成最优化；如果各微观系统之间的联系是消极的，则其发展就有可能会是消极的。个体在家庭中与父母的交往方式会影响其在幼儿园或学校里与同伴的相处模式。当个体与父母的关系是相互温暖、相互接纳时，个体会更加亲社会，并能够与同伴共情，相处更加融洽，因此更受同伴喜欢；而当与父母关系非常糟糕或经常与父母发生争吵时，个体被同伴接纳的可能性会降低。家庭与学校之间的关系、父母对学校活动参与的程度、家长与教师沟通的质量也是影响个体社会化进程的重要因素。① 因此，中间系统的相互关系对个体的发展意义深远。

外层系统是指个体未直接参与但是对其有着影响的环境，主要包括大众传播媒介和社区环境。在这里，大众传播媒介指的是广播、电视、报纸、杂志、互联网以及社交媒体等媒体形式，它们通过传播信息、知识和观点的方式影响着个体。社区环境指的是个体所处的社区，这些环境中的价值观、行为模式和社会规范也会对个体产生影响。外层系统可以通过这些媒介和社区环境向个体传递信息、塑造认知、形成价值观念和行为模式。

宏观系统实际上是一个广阔的意识形态。它决定了在整个大的社会环境下，个体是如何成长的，在社会影响下学校应教给学生什么，个体应该朝着什么方向努力。这些观念会渗透到微观系统、中间系统和外层系统中，直接或间接地影响个体的成长。

生态系统理论将个体的发展看作一个不断变化发展的动态过程，强调发展来自个体与环境的相互作用。随着时间的流逝，个体的生态系统也在不断变化，个体的发展既不是被动地受环境影响，也不是单独取决于个体的内部力量，人既是环境的产物又是环境的创造者。

本节将从影响个体发展的家庭环境、学校环境、社会环境三个角度分别进行论述。

一、家庭环境

父母是孩子的第一任老师，家庭是个体心理健康的起点和保障。家庭环境对一个人的影响是全方位的。家庭教养方式、父母对孩子的期望、父母的榜样作用、家庭成员间的关系、家庭重大事件等都会对个体的心理健康水平产生举足轻重的影响。

---

① 王妍：《生态系统理论视角下儿童过度社会化的影响因素分析》，载《基础教育研究》，2021(7)。

(一)家庭教养方式

家庭教养方式是父母或其他主要监护人对子女的养育信念、行为、方法与情感态度的综合表达，具有一定的稳定性，反映了亲子交往互动的实质，表现于家庭感情氛围之中，能够对子女的社会化过程①产生重要的影响。良好的教养方式能够促进个体在学业成绩、社会适应等方面的发展，而不良的教养方式则可能会导致个体产生敏感、焦虑、多疑、自卑等消极心理，因此，家庭教养方式对孩子的心理健康具有不可低估的作用。亲子关系的两个基本维度是接受—拒绝、支配—服从。他研究发现，被父母接受的孩子一般表现出社会所需要的行为，被父母拒绝的孩子大都情绪不稳定、冷漠、倔强并具有逆反心理倾向。受父母支配的孩子大多比较被动顺从、缺乏自信心、依赖性强；让父母来服从自己的孩子表现为独立性和攻击性强。②

目前研究普遍认为，家庭教养方式可分为以下四种类型(表 1-1)。

表 1-1　家庭教养方式的类型

家庭教养方式	孩子性格
专制型	反抗、消极、顺从、依赖、自卑
溺爱型	任性、自私自利、骄傲、独立性差
忽视型	嫉妒、情绪不稳定、冷酷、自主
民主型	合作、独立、善于社交

专制型父母会给孩子设置很多规则，并要求孩子严格遵守。相对地，他们对孩子的接纳和回应则远远不够，很少向孩子解释遵守这些规则的必要性。如果违反这些规则，父母就会采取强硬的措施，有的甚至动用暴力。这种类型的

① 徐慧、张建新、张梅玲：《家庭教养方式对儿童社会化发展影响的研究综述》，载《心理科学》，2008(4)。

② 罗苑、齐平：《家庭教养方式与青少年人格形成及心理健康研究综述》，载《宜春学院学报》，2009(2)。

父母很少考虑孩子自身的愿望和要求，有时会用“我这么做都是为了你好”这样的语言对孩子进行“心理控制”。这样的教养方式要么培养出依赖、退缩、自卑的孩子，要么就会使孩子形成反抗、消极、具有攻击性的性格。

溺爱型父母在生活上为孩子包办一切，舍不得让孩子受到挫折和委屈，还认为这是赏识教育；对孩子的任何要求都不假思索地答应，对孩子的不良行为也无明确的干预惩罚，生活中过分迁就和袒护孩子。在这种教养方式下，孩子很难学会“延迟满足”，对诱惑没有抵抗力，没有自我约束和规则的意识，长大后往往成为人们口中的“巨婴”。溺爱型父母养育出的孩子可能会形成任性、骄傲、自私、独立性差、依赖性强的性格。

忽视型父母缺乏和孩子的沟通，对孩子很少有情感上的回应，也很少给他们建立规则和设置限制。忽视型父母对孩子缺乏关注与了解，这种教养方式使得孩子的安全需要、归属和爱的需要无法被满足，所以孩子也很少能够给他人温暖和爱，他们给人的印象是冷漠、残酷或无所谓。由于缺少来自父母的期待，孩子往往缺少学习动力和对未来的规划，有时会用挑战权威或不良行为引起他人关注，以此获得存在感和价值感。他们成年后在亲密关系上也容易出现问题，甚至在为人父母时对自己的孩子也延续忽视型的教养方式。与专制型和溺爱型的父母相比，忽视型父母对孩子心理上造成的伤害可能更大。

民主型父母能坦诚地和孩子交流，对孩子的态度积极肯定，能及时回应孩子的情感需要，尊重、接纳孩子的意见，同时也能够严格按约定的规则进行说服教育或必要的惩罚。民主型父母能从孩子的视角理解他们，鼓励孩子表达自己的想法并参与问题讨论，民主型父母的教育是温和而坚定的。在民主型家庭长大的孩子，能感受到来自父母无条件的爱，获得信任感和自我价值感。因此，他们能比较好地应对来自学业和人际交往中的问题，更易形成积极健全的人格。

(二)父母对孩子的期望

我们经常用“望子成龙，望女成凤”形容父母对孩子的期望，天下没有哪一个父母不希望自己的孩子成人成才。然而，父母对孩子的期望过高或过低，都可能使家庭教育走入误区，进而影响孩子的身心健康发展。

对孩子有过高期望的父母会对孩子的学业更加关注，他们也更有动力为孩子提供超出寻常的物质条件。不过，这些超常规的付出虽然可以提高孩子的学业成绩，但往往会给孩子造成很大心理压力。高期望的父母甚至采用专制型的教养方式对孩子严加管理，使孩子产生厌学情绪和逆反心理。相关研究显示：父母教育期望更高时青少年的学业成绩尚可，但心理健康状态不佳。父母更高的期望是青少年心理压力的主要来源，他们的抑郁和焦虑情绪最为严重。①

父母对孩子的成长和发展有美好的期望无可厚非。多数情况下，父母对孩子的期望源自父母对孩子的爱，这份爱和期望如果在适度的水平下，可以激发孩子的自我价值感和学习动力。对孩子有过高期望的父母，往往本身具有完美主义倾向，他们有时会把孩子的成功与否视为自己成败的评价指标之一，认为孩子的学业成绩不好就是给父母脸上抹黑。也有一些高期望的父母是因为自己成长中留有遗憾，想通过孩子进行弥补。无论哪一种原因，都会使孩子感受不到父母无条件的爱，他们会认为父母爱的只是分数，而不是他这个人。也有一些在父母过高期望下成长的孩子，虽然成绩不错，但会形成“我还不够好，都是我的错”这种负面的自我评价。

那些对孩子的成长抱有过低期望的父母往往也是对孩子采取忽视型教养的父母。低期望的父母不是不希望孩子优秀，他们或是忙于工作无暇顾及孩子，或是因为离异拒绝抚养孩子，或是由于其他原因在孩子成长过程中较少参与，

---

① 马汴京、张元峰：《父母高教育期望与青少年心理健康——基于亲子间教育期望差异的视角》，载《青年研究》，2022(5)。

在父母低期望下长大的孩子感受不到与父母的联结，也无法获得来自父母足够的心理支持，从而形成较低的自我评价甚至自暴自弃。

每个孩子都有自己成长的节奏，父母要调整心态，对孩子的发展要有合理的预期，这样才能建立和谐的亲子关系，为孩子的身心健康提供保障。

（三）父母的榜样作用

处于青春期的孩子可能不听父母的话，但是他们却一直在学习父母的做法。在耳濡目染、潜移默化中，父母的一言一行塑造着孩子的三观和行事风格。举一个最常见的例子，现在很多父母会认为孩子玩手机的时间过长而影响了学习，也试图通过讲道理或强行关网的方式不让孩子玩手机，但是父母本人却每天用手机购物、玩游戏、看小视频等，这些“榜样”的示范作用远远大于父母说教产生的影响。孩子的模仿能力很强，父母的言行无论有意还是无意，孩子都会把其作为学习的榜样进行效仿。除了行为上的学习，父母的价值观也会在日常生活中影响孩子。价值观指的是一个人对待事物的信念、主张和观点。这里的价值观包含父母对社会现象的解读、对人生的理解，也包含其对教育的理解和主张。如果父母在工作中遇到压力并在与家庭成员对话时表达出豁达乐观的心态，在实际工作中积极面对，那么孩子也将学习到这种积极的应对方式，并迁移到学习和生活的各种场景。如果父母遇到不顺心的事就怨天尤人、消极怠工甚至迁怒于他人，那么孩子也很可能在父母的带动下变得消极悲观。

（四）家庭成员间的关系

良好的家庭氛围不但使孩子有安全感和归属感，还能让孩子产生自尊、感觉自己值得被爱，从而对周围的事物产生接纳和认同，释放更多的善意和理解。

研究显示，家庭中的父母冲突可能影响孩子的心理发展。孩子如果长时间处在父母冲突的环境中，易形成焦虑、抑郁等负面情绪和其他心理或生理问题。尤其是父母双方的显性矛盾冲突更易引起孩子的抑郁情绪，在家庭中父母婚姻不幸福也将直接影响孩子对家庭的不良认知，会造成青少年的其他问题行为，如攻击性、网瘾，还会导致青少年同伴关系不良、产生学业问题。①

离婚与家庭失和会使家庭成员间的关系发生变化。

尽管有些夫妻在离异后，认为各自对孩子的关爱没有减少，按时给付生活费，固定时间探视，甚至对孩子提出的需要无条件满足，但这仍然无法弥补孩子心理上的失落和不安。有些孩子会把父母离异解释为是自己不够好，是自己导致家庭破碎的。事实上，很多离异的夫妻确实在教育孩子的问题上经常产生冲突，也会有一些父母把夫妻间的矛盾迁怒于孩子，孩子成了夫妻冲突的替罪羊。很多来自离异家庭的孩子被这种负罪感和自卑感折磨的同时，还要应对繁重的学业压力。因此，生活中任何一个看起来很小的事件，都可能会影响孩子的心理健康。

在现实生活中，不能和平而得体地处理离婚问题的父母，对孩子造成的伤害更大。夹在中间的孩子会更加不知所措，他们有时会通过外化行为宣泄自己的焦虑，如攻击他人、网络成瘾等；有时也会通过内化行为对自我进行攻击，如抑郁、肠胃不适等。

家庭成员间的关系不仅限于夫妻关系和亲子关系，它还包括婆媳关系、妯娌关系、同胞关系等。如果是再婚家庭，其家庭成员间的关系更为复杂，这些复杂的关系对孩子心理健康的影响也是千头万绪、错综复杂的。

(五)家庭重大事件

家庭生活发生重大变故，如父母失业、家庭成员违法犯罪、亲人生病或去世等，这些事件对孩子的影响也是巨大的。

父母失业一方面给家庭经济带来一定的困难，另一方面也会给家人带来心

---

① 陈田莹：《高中生父母冲突、亲子关系、心理韧性与抑郁的关系研究》，硕士学位论文，哈尔滨师范大学，2022。

理压力。尤其是家庭中负责主要经济来源的一方失业，可能会使家庭成员间的关系受到影响。孩子也可能会因父母失业而产生自卑心理。

家庭成员任何形式或程度的违法犯罪行为都会给孩子的心理造成重大影响。尤其是当家长是孩子心目中引以为傲的榜样时，若他们涉及违法犯罪，会给孩子带来巨大的冲击。

亲人生病或去世对孩子也会造成不同程度的影响。他们在短期内会出现重度的哀伤情绪，对学习和生活失去兴趣，甚至出现抑郁状态。一般来讲，经过一段时间后，他们会慢慢接受现实，情绪逐渐恢复到正常状态，开始新的生活。

二、学校环境

学校是中学生生活的重要场所，对中学生心理健康的影响不亚于家庭的影响。具体体现在同伴关系、师生关系和学校的育人理念等方面。

(一)同伴关系

中学生对同伴关系的重视，超过了对其学习成绩的关注。即中学生有没有朋友，有什么样的朋友，比其学习好坏更重要。

一方面，进入中学后，同伴渐渐成为中学生交流感情、分享观点的主要对象，遇到困难时，他们也更愿意向同伴求助，而不是直接向父母倾诉。因此，同伴关系在个体的发展过程中，逐渐取代亲子关系。另一方面，中学生对同伴关系也变得更加敏感，有时因一点误会或摩擦，情绪就变得不稳定，压抑、暴躁，甚至产生自我封闭、抑郁等心理问题。中学生的同伴交往有以下特点。

1. 良好的同伴关系能使个体更自信

人们普遍存在被同类群体关注和赞赏的心理需要，成长中的青少年尤其如此，当他们没有感受到同伴的关注和接纳时，会对自身的价值产生怀疑。在与同伴交往的过程中，这种经验也会迁移到与教师、家人以及其他群体的关系上。

2. 良好的同伴关系有助于中学生社会化的发展

中学生在与同伴交往的过程中，需要以平等的方式、换位思考的方法、公平的原则等进行交往。在这个过程中，他们学会了理解他人，学会了从多个视角看待事物，尤其是与同伴讨论问题时，他们慢慢学会根据别人的观点重新审视自己的想法，并调整自己的行为。

3. 中学生的同伴交往集中在几个亲密伙伴上

相比于小学生，中学生的人际交往特点是从小团体交往，逐渐过渡为与几个关系较为亲密的人交往。小学生的人际交往对象更广泛，有时小团体的人数可能达到七八个人。而进入中学以后，交往的对象往往聚焦在两三个人之间，他们有相似的爱好和相容的性格，在交往过程中重视彼此的感受，并能从同伴那里获得心理支持和建议。

4. 同伴交往的特点存在性别差异

女孩在同伴交往中更喜欢相互分享一些私密的话题，并且把分享秘密认定为衡量友谊的标准之一。女孩间的友谊更多地表现为情感上的相互支持和理解。男孩间往往不会分享私密话题，他们更注重义气。例如，在学校里，朋友受到教师批评时，作为“哥们儿”的他就要一起承担，在大人面前不能出卖朋友，要保守朋友的秘密。

中学生能够拥有良好的人际关系，对于他的身心健康乃至未来发展都是十分有益的。青春期是学习人际交往、建立人际网络的关键时期，班主任应当引导中学生学习如何更好地与他人相处，掌握与人交往的技巧；要让中学生明白，真诚、理解、信任是获得同伴友谊的三大法宝。真诚体现在真心为朋友着想，关心朋友的情绪，在朋友做得欠妥时给予真诚的建议；理解体现在能站在朋友的立场上理解对方，能理解不同的人有不同观点，即使是好朋友，也可能对同一件事有不同的看法；信任体现在不猜疑朋友，处理交往中出现的误会或不确定的事情时，最好的方法就是坦诚地跟朋友沟通，主动发现朋友身上的闪光点并真诚地赞赏等。

(二)师生关系

教师是学生成长的重要他人之一。师生关系不仅影响学生的学习状态，同时也会影响他们的心理健康和未来的发展。曾有研究表明，在教学过程中，学生的学科兴趣和教师的教学态度是紧密关联的。教师的态度越积极，学生对本学科的学习兴趣越浓厚，也就更加喜欢这位教师，这会形成一种良性循环。在漫长的学习生涯中，有些学生会因为教师的误解或不公正批评而厌恶或放弃某一学科。此外，师生关系和谐也是学生形成健康人格的重要内容。他们会把处理师生关系的方法迁移到其他人际交往中。处于青春期的中学生，其心理发展的特性表现为喜欢挑战权威、自我意识空前高涨、在渴望理解的同时又闭锁自己的内心世界。师生关系对学生的影响具体体现在以下几个方面。

1. 学生喜欢某一名教师，则相应学科的成绩就比较好

如果学生信任教师，教师关心学生，师生之间相互接纳相互欣赏，就会建立一种积极向上的情感关系。学生的学习积极性高，教师对学生的关注度也高，学生就会很乐意完成教师布置的作业及学习任务，学习的效果就会更好。

2. 中学生自控能力弱和情绪波动大会导致师生冲突增多

处于青春期的中学生会因为一点小事就狂喜或暴怒，别人的一句无心之言可能就会引起他们强烈的情绪反应。加之中学生的自控能力比较弱，往往不能约束自己的行为，教师对其提出批评时，中学生就会感觉受到指责，感觉在全班同学面前丢了面子，甚至出现顶撞教师的行为。师生冲突并不可怕，问题关键在于师生双方如何看待冲突并如何化解。教师和学生存在价值观、行为方式的差异是必然的，如果教师能理解双方是看问题的角度和立场不同导致了观点不一致，那么，教师就会运用恰当的方法积极化解冲突，避免冲突升级。如果

学生能明白教师并不是针对自己，而是为了维护整个班级的秩序才进行了严格的管理，那么，学生就能保持冷静并积极反思。

3. 教师是学生学习的榜样

有研究表明，学生天生具有“向师性”与“模仿性”。“向师性”是指学生有模仿、接近、趋向于教师的自然倾向。在学生的心目中，教师的形象通常比较高大，他们总是在某些方面比学生知道得多。所以，学生会钦佩、尊重教师，听从教师的教导。另外，学生也希望自己能得到教师的关注，教师的关注和鼓励意味着教师对他的了解、重视和喜爱。

良好的师生关系不仅影响学生的心理健康水平，也会促进学生和教师各自的良性发展。因此，教师在教育教学工作中，首先要掌握学生的心理发展规律，不用成人的标准衡量和要求学生；其次要全面了解学生的个性特点，了解学生的兴趣、能力优势，创设学生展示自己的平台，鼓励学生，使其产生自我效能感；最后要真诚关心学生，使学生感受到被理解和被关注，从而更愿意接受教师的指导和帮助。

(三)学校的育人理念

学校的育人理念决定了一所学校的课程设置和管理风格。育人理念往往与育人目标是一致的，它包含一所学校的人才观、课程观和发展观。学校领导者是以升学为办学的主要考量，还是以培养未来合格的公民为考量，这不仅考验校长的魄力，还能代表一所学校多年积累下来的育人哲学和教育智慧。

有些学校迫于升学压力，会通过非常严格的校规、校纪对学生进行学习和生活上的管理。研究显示，一所学校整体的风气和氛围会产生较强的环境效应，校长把压力传递给教师，教师又把压力传递给学生，学生间又会相互带动和影响，从而形成巨大的压力场。当一所学校把学习成绩看作评价学生的唯一指标时，其育人目标就变成了把学生培养成考试的机器。

一个人的智能是多元的，并不是每个学生都会在数学上有过人的能力，也并不是每个学生都能做到妙笔生花。真正好的教育是使学生成为最好的自己，是使学生成为一个全面发展的人。这就需要学校能真正做到有教无类和因材施教。

现在，越来越多的学校提出“眼中有人”的教育，这是基于人的主动发展、全面发展、个性发展和终身发展的教育，让每一个学生在学校都能体现自己的价值，而不是把学生视为装载知识的“容器”。

三、社会环境

每个人的成长都离不开他所处的社会环境。社会文化、社区环境和网络传媒等都会对学生心理产生一定的影响。

(一)社会文化

有人说，我们融入时代的同时，时代也在雕琢着我们。当代中学生更容易建立起以自我为中心、以个人需求为导向的价值取向，追求个人的生理快感，追求愉悦、安全、隐私感，追求个人的尊严和以“个人幸福”为核心目标的生活。而更早期的几代人，一般以“生存”为最主要的价值导向，受到的教育都是“吃得苦中苦，方为人上人”，强调个人奋斗、忍受、克制、协作、奉献和责任。这两种价值观是有冲突的。于是，教师就能理解，当我们跟中学生强调要努力奋斗时，中学生会反问你“为什么”；当我们跟中学生讲“考不上好大学就没有好工作”“没有好工作就没有好的生活品质”时，中学生会跟你强调“幸福的本质”和“学习的意义”。

当代中学生的父母是经历了中国改革开放的一代人。经济的发展带来收入差距的加大，人与人之间开始出现贫富差距增大等问题。因此，在育儿问题上父母深感“赢在起跑线”和“追求卓越”的重要性。在“赢”文化的引领下，父母势必对孩子的教育投入更大的财力和精力，从而形成对孩子教育结果的高期望。在父母甚至是整个家族的期望下，当代中学生承受了太多的压力。随之而来的三孩政策，不仅可能无法缓解身为长子或长女的中学生的压力，还可能产生其他的心理困扰。

压力是现代人的标签，高效率、快节奏的激烈竞争以及价值观念的转变使人产生心理紧张和焦虑，无论大人还是孩子，无一幸免。国家的“双减”政策，正是基于这一文化背景和现实需要而提出的。要做到真正减轻学生的学习负担，促进学生健康全面发展，需要学校和家庭共同的努力。

(二)社区环境

青少年生活的社区对他们的成长来说有直接影响。城乡差异、人口密度、环境污染、噪声等与人的生存密切相关，对中学生的心理健康状况有明显影响。回顾二三十年前的生活场景，即便是在城市生活的中学生，也会在放学后或是周末与同伴一起交流、玩耍，在小区、大院里也会充满他们的笑声。而生活在当代的中学生和邻居伙伴的交往明显减少。渴望同伴和友谊使当代中学生不得不通过手机与他人产生联结，这也是当下的中学生缺乏与人交往的技巧，容易形成孤僻性格的原因之一。

环境因素对人心理健康的影响还体现在另一个方面，那就是过于拥挤的交通。人们在上下班高峰时期乘车拥挤、道路堵塞，增加了人与人之间的摩擦，使人们较易出现焦虑情绪。生活在城市里的中学生，每天都要经历上学和放学路上的拥堵，产生的焦虑情绪会直接影响其身心健康。相对于走读生而言，住宿生虽然避免了路上的拥堵和噪声，但是长期的封闭管理易造成其情绪的困扰，宿舍空间狭小、住宿条件简陋也可能是中学生心理问题的隐患。

(三)网络传媒

信息技术的快速发展有目共睹，互联网、云计算以及大数据等新技术的广泛应用使人们的生活发生了巨大变化。互联网是一把双刃剑，会对中学生的心理健康产生双向影响。

从积极的方面看，网络使中学生的人际交往范围扩大，中学生可以认识更多的新朋友，尤其是他们在一起交流时，会有更多的共同语言，会形成对特定团体的归属感，这也增加了他们的亲社会行为。同时，对于一些内向自卑的中学生而言，网络可以改善他们的交友体验，从而使他们获得自尊和自信。

消极方面的影响也是显而易见的，网络与媒体的多样性、内容的复杂性和网络发展的不完善性给青少年的心理健康带来了风险，多项研究[①]都发现数字媒体的使用与焦虑、抑郁症状显著相关。

第一，沉浸于网络交往的中学生易出现交往障碍。现实中的人际交往互动会促进青少年的社会化，但网络交往存在虚拟性、隐蔽性等特点。在网络上，交友对象可以随意改变年龄、性别等身份信息，甚至不必遵守实际生活中的人际关系规则，这样的交往方式会使中学生更加沉迷于虚拟的社交而减少与现实生活当中的亲人、朋友间的联系，造成人际关系淡漠，长此以往会使其不断缩小个人生活圈子，甚至和社会群体分离，逐渐形成交往障碍。

第二，网络游戏成瘾会严重影响中学生心理健康。中学生如果长时间沉迷于网络游戏，会挤占其大量正常的学习时间和睡眠时间，导致出现智力减退、思维迟缓、生物钟紊乱、意志消沉以及学习兴趣丧失等问题，这也将直接引发其学习成绩下降，甚至影响其正常的社会功能。

---

① 伍晓艳、陶芳标：《数字媒体使用对儿童青少年心理健康影响的双刃剑效应》，载《中国学校卫生》，2020(11)。

第三节

个人因素

个性一词最初来源于拉丁语“persona”，开始指演员所戴的面具，后来指演员——一个具有特殊性格的人，也指个人特有的心理特性，其中包括遗传及后天学习的种种特质。

本书借鉴我国大部分心理学家得出的结论，将个性定义为个人稳定的心理品质，它包括个性心理特征和个性倾向性两方面内容。在概念表述上，也有人把“个性心理特征”与“人格特质”等同使用。个性心理特征是一个人身上经常表现出来的本质的、稳定的心理特征。它包括性格、能力和气质(心理学的气质指脾气、秉性或性情)，其中又以性格为核心。个性倾向性是推动人进行活动的动力系统，是个性结构中最活跃的因素，决定着人对周围世界的认识和态度的选择和趋向，决定人追求什么。

一个人的心理健康水平与个性存在着相互作用的密切关系，个性决定着一个人对事物的看法和态度，决定其在生活中的应对方式，进而影响个体的心理状态。个性的形成受遗传等生理因素和环境因素共同影响，个体在成长过程中，其个性具有很大的可塑性。随着年龄增加，到了中学阶段，个性逐渐成为个体相对稳定的特征。中学班主任如果能根据中学生的不同个性特点，施以恰当的教育，将对中学生的心理健康水平产生积极的促进作用。

本节从人格特质和个性倾向性两个方面加以解析。

一、人格特质

20 世纪 20 年代，美国心理学家奥尔波特(Allport)在《人格模式和发展》一书中，最先提出人格特质的概念，在随后的几十年，相继有研究者对人格特质进行研究和测量。20 世纪 80 年代后，关于人格模型的研究变得清晰，多数研究者的看法趋于统一，即人格的基本结构由五大特质构成(又称大五人格模型)：开放性、尽责性、外倾性、宜人性、神经质，每种特质又包含一些具体特征。例如，开放性体现了个体在好奇心、想象力、艺术和美的欣赏以及自主性方面的差异；尽责性体现了个体在有条理，有计划，勤奋，尊重和遵守常规、社会规范和规则方面的差异；外倾性体现了个体在社交能力、社会优势性、活力、积极情绪性、自信和表达能力方面的差异；宜人性体现了个体在共情、善良和合作等方面的差异；神经质体现了个体在经历焦虑、悲伤、恐惧、抑郁、易怒、自卑等消极情绪的频度和强度上的差异。大五人格模型作为人格特质研究中应用最为广泛的模型，是人格特质论中的核心理论。大五人格反映的是每个人相对稳定的性格特质。

需要说明的是，人格特质无所谓好坏或对错，因为不同的人格特质在不同情境下都具有其适应性。本节以大五人格模型为依据，阐述个性特征如何影响学生的心理健康水平，班主任又该如何运用这些理论指导教育教学工作并提升学生的心理健康水平。表 1-2 为大五人格模型中人格因素、特点和高分典型描述。

表 1-2　大五人格模型中人格因素、特点和高分典型描述

人格因素	特点	高分典型描述
开放性	幻想对务实、变化对守旧、自主对顺从	刨根问底、兴趣广泛、不拘一格、开拓创新
尽责性	有序对无序、细心对粗心、自律对放纵	有条有理、勤奋自律、准时细心、锲而不舍
外倾性	外向对内向、娱乐对严肃、激情对含蓄	喜好社交、活跃健谈、乐观好玩、重情重义
宜人性	热情对无情、信赖对怀疑、宽容对报复	诚实信任、乐于助人、宽宏大量、个性直率
神经质	烦恼对平静、紧张对放松、忧郁对陶醉	焦虑压抑、自我冲动、脆弱紧张、忧郁悲伤

(一)开放性

开放性是描述个体的认知风格。开放性高的人兴趣广泛，喜欢刨根问底，做事喜欢独树一帜，并尝试用创新的方法解决问题。这一特质还包含了重视审美和艺术，喜欢思辨，想象力丰富等。开放性过高的人会很爱幻想、想法不切实际、目标漂移不定，甚至会对抗社会。与之相对，开放性低的人则更加务实和理性，喜欢常规，生活方式比较固定，喜欢熟悉的环境，不会去挑战现有秩序和权威。而开放性过低的人对时代变化会不适应、对不同价值观容忍度偏低、有强迫趋向等。

从以上分析不难得出，开放性比较高的学生，在环境发生改变时，往往会有更好的心理弹性。而开放性低的学生，在相对枯燥的生活环境下，可能显示出更好的耐性。我们不能武断地给出一个结论，即开放性高好还是低好，也不能按班主任自己的人际喜好偏爱某一类学生。对于开放性高的学生，如果能引导他们把注意力聚焦于在学科探究和艺术审美方向，则能帮助他们获得更大的成就。而对于开放性低的学生，因其在群体中更加遵守秩序，不向权威挑战，他们往往不会给教师带来更多麻烦。班主任要在日常的学习生活中，创设合适的机会，不断提升他们适应变化的能力。

(二)尽责性

尽责性描述的是个体的行事风格。尽责性高的人，往往是可信赖的，他们会更讲效率、更勤奋，做事的计划性强，同时他们具有很强的自律和自我延迟满足能力，追求更高的成就。尽责性低的人往往比较懒散，喜欢拖延，粗心大意，随意性强，做事缺乏目标，容易冲动。

在这个维度上，班主任很容易就能把学生划分出尽责性高和尽责性低两个阵营。在一个班级里，尽责性高的学生会按时完成教师的作业，严格遵守校规、校纪，他们在课堂上会紧跟教师的节奏听讲，往往是教师眼中的好学生。

虽然有些尽责性高的学生可能成绩并不如人意，但是他们的学习态度和行为往往会让教师放心。尽责性低的学生则表现为常常违反纪律，思想自由，完不成作业时也不会有太多自责，秉持的人生哲学是“差不多就行”，往往凭兴趣做事，很少基于规则要求自己。由于尽责性低的学生往往自律能力也比较弱，因此，在手机过度使用的问题上，这类学生的比例会比较高。

班主任在这个维度上对学生进行引导时，要看到尽责性高或低的学生各有利弊。尽责性高的学生虽然不用教师操心，但这类学生往往是完美主义者，做决策时也有过于保守的倾向。尽管他们在行为上已经很努力、很自控了，但对自身高标准、严要求的特质往往会使其承受更多的心理压力，从而更易焦虑。班主任可以引导他们在生活中学会适度放松，接纳不完美的自己，努力不必让自己时刻处于紧张的状态。对于尽责性低的学生而言，班主任需要看到其人格特质的有利因素，他们的思想更加灵活，不会因循守旧，也不会在事情进展不顺时崩溃，更不会指责别人，随遇而安的心态使他们有更强的适应环境能力。当然，尽责性低的学生往往是让班主任比较费心的，班主任可以尝试通过“共同契约”或外部监督的方式提升这部分学生的自律能力。

(三)外倾性

外倾性是人格结构中与人际交往相关的维度。外倾性高的人很容易成为大家关注的焦点，他们喜欢与人接触，健谈，自信，喜欢新鲜好玩的事物，生活中充满活力，也特别喜欢表达自己的情绪，因此很容易与他人打成一片。相反，外倾性低的人则比较谨慎，他们也不希望成为外界关注的焦点，喜欢安安静静地一个人独处，不太容易与陌生人建立关系，在人际交往方面属于“慢热型”，而一旦他们与外人建立起关系，这种关系就能长久而稳定地维持。如果用《红楼梦》中的人物进行分析，那么王熙凤就是典型的外倾性高的人，而林黛玉则是典型的外倾性低的人。外倾性无论高低都有其独特的优势或不足。

外倾性高的人往往拥有乐观的心态，热情、善交际的特质会使他们的适应性也更高，他们常习惯于从外界获得支持和资源，同时，也更容易把消极体验释放出来。然而，易冲动、三分钟热度的特质往往使得他们在为人处世过程中可能存在无法持久的风险。外倾性低的人在人际交往中可能会显得冷漠，与他人有疏离感，他们很少主动分享自己的观点，这就使得他们在压力情境中不能很好地借助他人的帮助走出困境。但这不意味着外倾性低的人就一定会有更多消极体验，他们更多地表现为不太喜欢社交，而更愿意通过自己的力量，在深思熟虑后，获得解决问题的方案。

班主任在刚接手一个新的班集体时，很容易关注到那些外倾性高的学生，而那些外倾性低的学生，则会在以后的学习生活中慢慢凸显个性。

(四)宜人性

宜人性虽然也是人格结构中与人际交往相关的维度，但它更侧重于衡量在人际交往中个体是否能为他人着想。宜人性高的人往往更在意他人的感受，富有同情心，同时信任他人，能站在他人的视角看待问题，因此，他们在生活中常常让人感觉很温暖。而宜人性低的人往往以自我为中心，做事一般很少考虑他人感受，有时候甚至会显得咄咄逼人，他们很难站在对方的角度思考问题，因此，在生活中常常让人感觉到冷酷无情。

很显然，宜人性高的学生在同伴中人缘更好。研究者发现大五人格中的宜人性是影响合作行为的一个重要因素，宜人性维度得分较高的人表现出更多的合作倾向。同时，宜人性与不良竞争之间存在负相关。① 相关研究表明，合作行为对于青少年的学业、人际关系等都有重要的影响，宜人性可作为预测学生心理健康水平的指标之一。

---

① 殷华西、周苏鹏：《影响青少年合作行为的因素》，载《中国社会科学报》，2022-09-22。

在现实生活中，高宜人性的人常常舍己为人。优秀人民教师的代表张桂梅老师便是高宜人性的典型。她行善助学，爱生如子，创办全国第一所全免费女子高中，为贫困山区女孩的追梦人生点亮了希望之光。但多年来的压力和劳累让张桂梅提前透支了身体，患上了骨癌、血管癌、肺气肿、小脑萎缩等多种疾病。张老师几乎搭上了半条命，用一双布满膏药的双手改变了无数贫困女孩的命运，然而她对自己的关心却少之又少。

班主任在管理班级时，总会遇到几个特别懂事的班干部，他们处处为集体着想，为教师分忧。然而，他们可能会在遭遇不公或委屈时因不好意思表达而选择独自面对。这就需要班主任及时“主持公道”，更需要班主任能对这类学生进行行为指导，引导他们学会如何拒绝，如何为自己争取机会。而面对宜人性较低的学生时，教师则要引导他们学会如何换位思考，理解他人，意识到合作的重要意义。在教学中，可以通过小组学习等形式创造学生合作的机会，提升其合作能力。

(五)神经质

神经质反映了一个人遇到消极情绪的倾向和情绪的稳定程度。通俗地讲，就是一个人在遇到压力事件时是否能保持情绪的稳定。

神经质是大五人格模型中非常特殊的一个因素，虽然两个人在其他四个维度上属于同一个水平(即从日常的行为表现看二人似乎属于同一类人)，但由于两人在神经质这一维度的差异，他们可能在一些特定的情境下会判若两人。举个例子，小明和小方两名学生，他们都是尽责性高的人，在学习中，他们都非常刻苦努力，严格要求自己，教师交给的任务也都按时圆满完成。然而，一次意义重大的考试过后，面对不如人意的成绩，小明表现得比较淡定，虽然考砸了，但很快能调整状态，重新以饱满的热情投入学习和生活中。而小方则崩溃大哭，甚至出现自伤行为。从小明和小方对于考试失利的不同反应可以看出，小明遇到学习和生活中的压力事件时，会有正常的伤心和难过等情绪，但不会情绪失控；而小方则很难在压力状态下控制自己的情绪反应。

研究发现，高神经质的学生极易出现情绪化、焦虑、冲动、逃避现实等特点。这种类型的学生在现实生活中容易受到打击而产生沮丧情绪，这也是高神经质的学生极易出现心理健康问题的原因。另外，以往的研究也证实了神经质是预测心理健康水平的重要人格指标，高神经质可能会增加疾病的发生率。

既然神经质这一维度对学生的心理健康问题有着很高的预测性，那么班主任在教育教学中如何对高神经质的学生加以有效引导呢？

一方面，教师对高神经质的学生要给予更多的鼓励。高神经质的学生在学习和生活中会更多地感到忧虑，有时显得过度敏感，对自己缺乏信心，但当他们同时具备较低的外倾性时，他们可能在日常生活中隐藏自己的真实感受，喜怒不形于色，然而当压力来临时，他们可能会突然爆发。对于这类学生，班主任的鼓励和肯定会使他们得到自我价值感，感觉到被理解，从而降低其情绪的冲动水平。

另一方面，教师要了解高神经质学生的家庭环境和家庭的教育方式。这类学生可能在成长的过程中受到父母严格的管教甚至打骂，因此，他们在遇到压力事件时，担心和恐惧的情绪体验往往也更易被唤起。

我们基于大五人格对学生心理发展的影响进行了简要分析。在实际工作中，班主任需要注意以下几点。

首先，人格特质在人的一生中是相对稳定的，但相关研究表明，学生的某些人格特质有一定的可塑性，尤其会受到环境中重要他人的影响，例如，开放性和外倾性都可以通过后天环境和人际互动发生变化，而尽责性、宜人性、神经质这三个维度则相对难以改变。

其次，人格特质的五个维度并不是完全独立的，它们之间有一定的内在关联性，并在一定程度上相互影响。例如，一个高宜人性的学生可能同时具有高外倾性，而另一个高宜人性的学生可能具有低外倾性。五个维度相互影响的结果，形成了每个人丰富而立体的个性特点。

最后，研究发现，虽然开放性、尽责性、外倾性、宜人性、神经质五个维度的特质都与青少年的心理健康水平有密切联系，但神经质这一特质与抑郁症、焦虑症、双向情感障碍等精神疾病相关性更高。这个结论对班主任进行心理健康教育有重大指导意义。

二、个性倾向性

如果说，人格特质是个体经常而稳定地表现出的心理特点，是区分这个人和那个人的最重要的符号，那么，个性倾向性则是推动一个人表现出不同行为的动力源。个性倾向性主要包括需要、动机、兴趣、价值观等。这些成分相互联系、相互影响、相互制约，也被认为是总的动机系统。学生的心理健康状态与其个性倾向关系密切。

(一)需要

需要是产生行为的原动力，每个人一生都会产生多种多样的需要。马斯洛的需要层次理论(图 1-3)把人的需要分为五个层次，依次为：生理需要、安全需要、归属需要、尊重需要和自我实现。一个人的需要得到满足时会产生肯定性的态度和体验，如喜悦、满意、振奋等积极的情绪。相反，需要得不到满足时，就会产生否定的态度和体验，如失望、悲伤、恐慌、痛苦等消极的情绪。可见，需要是产生情绪的基础。

在日常生活和教育教学中，面对学生出现的问题行为或消极情绪，很多家长和教师会感到不解，认为现在的孩子生活条件那么好，不缺吃喝，家里也不用为生计发愁，为什么就不能好好学习呢？更让人不能理解的是，生活条件变好了，孩子却会出现各种心理问题。这种不理解源于父母和教师成长的年代处于物资相对匮乏时期，那时人们的第一需要是生存。现代社会的孩子，从出生起就生活在物质丰富的环境里，他们的生理需要和安全需要不必通过努力即可

图 1-3 马斯洛的需要层次理论

自然获得，而归属需要和尊重需要则成为他们的第一需要。青少年对友谊和归属感的需要，甚至超过对好成绩的需要。这提醒我们，看起来成绩一直不错的学生，会因为被同学排挤或因为朋友间出现摩擦而陷入焦虑或抑郁的状态。而那些成绩不好又不被父母认可、不被同学喜欢的孩子，其处境会更加艰难。因此，了解青少年成长过程中的心理需要并使其获得满足，是保证青少年拥有良好心理状态的基础。当然，这不意味着要满足青少年那些不合理的需要。在教育教学过程中，教师要引导青少年的需要向更高层次发展。

(二)动机

人从事一件事情的原因即为动机。动机是在需要的基础上产生的。在谈到青少年的动机时，我们关注最多的往往是学习动机和成就动机。目前，很多教师和家长感觉学生的学习动机不足，即使用物质奖励或威胁的方法也很难激发其学习动机。那么，动机和兴趣又是如何影响一个人的心理健康状态的呢？

研究显示，中等强度的学习动机最有利于学习，也最有利于心理健康，动机过弱或过强都可能导致心理困扰。很多学习动机强的学生往往在处理同学间关系、关心集体、参与社团实践活动等方面不如那些学习动机不太强烈的学生，并被大家视为“自私”“心理不够健康”或“书呆子”。[①] 长期过强的学习动机容易产生强烈的情绪障碍和负面自我评价，可能导致学习焦虑等不适情况。而长期过弱的学习动机则会导致学生状态消极，对学习提不起兴趣，可能产生学业困难或学业障碍的情况。此外，当学生因内部原因而努力学习时，他们就会对生活和学习充满热情，遇事沉着冷静，遇到考试也能及时调整心态，人际关系也比较和谐，生活幸福指数上升。相反，如果学生是受到外界影响而产生的学习动机，本身学习的自觉性不高，他们遇到考试会更加焦虑紧张，个体生活幸福指数下降，这都或多或少地影响个体的情绪。[②]

学生的学习动机在心理健康的发展中发挥着不可忽视的作用，班主任应在日常教学工作中采取各种方法调动学生的内部学习动机，营造良性的班级学习氛围，这不仅能激发学生的学习积极性，还能积极促进学生的心理健康水平。如果只是一味地追求成绩而忽略了学生的心理健康，学生的学习动机看似空前高涨，但从学生长远发展来看则是得不偿失。

(三)兴趣

心理学家皮亚杰指出：“兴趣，实际上就是需要的延伸，它表现出对象与需要之间的关系，我们之所以对于一个对象发生兴趣，是因为它能满足我们的需要。”一个人对某种事物产生稳定的兴趣时，他就会主动地去思考、探究其实质。人们的兴趣多种多样、各有特色。在实践活动中，兴趣能使人们目标明确、积极主动，使人能自觉克服各种艰难困苦，从而获取学习或工作的最大成就，并能在活动过程中使人从而不断体验成功的愉悦。兴趣能够使我们长期投入一件事情，是我们内在动力的源泉和快乐的加油站。因此，兴趣的培养和发展可以提升一个人的心理健康水平，使人乐此不疲，享受其中。当然，兴趣也

---

① 胡宗野：《学习动机与心理健康之间内在联系研究》，载《黑龙江教育(高教研究与评估)》，2012(11)。

② 王雪菲：《中学生学习动机与心理健康的关系及其干预研究》，硕士学位论文，华中师范大学，2021。

有积极和消极之分，那些能使人获得愉悦体验、提升自我效能感的兴趣就是积极的兴趣，而有些兴趣爱好使人沉迷其中不能自拔，不但不能带来积极快乐的体验，反而会使人陷入自责和效能感降低的状态，这种兴趣则为消极兴趣。

此外，心理学家阿德勒提出了社会兴趣的概念，社会兴趣是指促使个体认同他人、同情他人的固有潜能。阿德勒认为社会兴趣是所有人具有的一种先天需要，是一种与他人友好相处，共同建设美好社会的需要。因为人是社会性的动物，人在其生命过程中要完成职业、结婚、养育子女等社会任务。要完成这些任务，人们之间必须分工合作、相互协作。所以，人生下来就必然具有一种先天的社会兴趣。

研究①发现，一个人的社会兴趣能优化个体的情绪、社会适应能力，能提升个体解决问题的能力，并且社会兴趣对个体的社会适应行为具有影响力。缺乏社会兴趣的学生，难以与他人合作与交流，在团体中难以拥有角色与位置，会产生自卑感。社会兴趣高者，有较佳的身心健康且洋溢着幸福感，缺乏社会兴趣者，会衍生失败感、精神疾病或反社会行为。

(四)价值观

价值观是一种相对持久的观念系统，它涉及人们对他人及周遭事物的意义或价值的评判，是人们关于什么具有价值、如何评判价值，以及怎样创造价值的根本观点。② 有研究者③认为，拥有正确价值观是个体心理健康的重要保证，形成正确积极的价值观对个体心理健康具有根本性的作用。

人的行为方式在很大程度上都是由其价值观决定的。选择什么样的人生目标，走什么样的人生道路，如何看待得与失、生与死、现实与理想等问题时，

---

① 刘真真：《阿德勒社会兴趣理论关照下培养青少年社会兴趣之探讨》，载《思茅师范高等专科学校学报》，2010(1)。

② 周晓虹：《从青年入手重塑中国人的价值观——〈中长期青年发展规划(2016—2025 年)〉的精神启示》，载《中国青年研究》，2018(3)。

③ 辛志勇、姜琨：《论青少年的价值观教育》，载《人民教育》，2005(18)。

人们总是有一定的标准。价值观决定人的自我认识，它直接影响和决定一个人的理想、信念和生活目标。

中学阶段是形成自我同一性、人生观和世界观的关键时期。在面对一些需要作出判断的问题时，中学生容易产生非黑即白、非此即彼的对立性观念。与成年人相比，青少年的内心冲突更为强烈，情绪也表现得更为激烈。健康的心理素质促使正确价值观的树立，而健全的价值观又能提升中学生的心理健康水平，两者相辅相成，紧密联系。

中学时期又被称为疾风骤雨期，这个时期的中学生不仅经历着生理上的巨变，同时还要经受来自周围环境的冲击和影响，并伴随着自我心理层面的各种困扰和迷茫。作为中学生成长道路上的重要他人，班主任如何陪伴、引导、助力中学生的发展是颇为值得研究的课题。

参考文献

①陈田莹：《高中生父母冲突、亲子关系、心理韧性与抑郁的关系研究》，硕士学位论文，哈尔滨师范大学，2022。

②胡宗野：《学习动机与心理健康之间内在联系研究》，载《黑龙江教育(高教研究与评估)》，2012(11)。

③林崇德、杨治良、黄希庭：《〈心理学大辞典〉前言》，载《心理科学》，2004(5)。

④刘真真：《阿德勒社会兴趣理论关照下培养青少年社会兴趣之探讨》，载《思茅师范高等专科学校学报》，2010(1)。

⑤罗苑、齐平：《家庭教养方式与青少年人格形成及心理健康研究综述》，载《宜春学院学报》，2009(2)。

⑥马汴京、张元峰：《父母高教育期望与青少年心理健康——基于亲子间教育期望差异的视角》，载《青年研究》，2022(5)。

⑦王雪菲：《中学生学习动机与心理健康的关系及其干预研究》，硕士学位

论文，华中师范大学，2021。

⑧王妍：《生态系统理论视角下儿童过度社会化的影响因素分析》，载《基础教育研究》，2021(7)。

⑨吴杰：《追寻生活的意义——个体心理学及其发展研究》，博士学位论文，南京师范大学，2015。

⑩伍晓艳、陶芳标：《数字媒体使用对儿童青少年心理健康影响的双刃剑效应》，载《中国学校卫生》，2020(11)。

⑪辛志勇、姜琨：《论青少年的价值观教育》，载《人民教育》，2005(18)。

⑫徐慧、张建新、张梅玲：《家庭教养方式对儿童社会化发展影响的研究综述》，载《心理科学》，2008(4)。

⑬殷华西、周苏鹏：《影响青少年合作行为的因素》，载《中国社会科学报》，2022-09-22。

第二章

入学适应不良

进入新学段，中学生面临的生活与学习环境会发生变化，学习、自我与人际发展的要求也与之前不同，这些都会促使个体调整自我以适应变化。

重要的不是环境，而是对环境作出的反应。

——鲍勃·康克林

第一节 主要表现及成因

情境再现

在开学的第一个月，班主任张老师发现班里有一个独来独往的女生，名叫小兰。虽然是住宿生，但是小兰从来不和宿舍同学一起吃饭，晚自习后也会在教室待到很晚才回宿舍，早上又是自己一个人早早地来到教室，中午也不休息，课间一直独自做题。但是一到上课时间，小兰反而常常趴在桌子上走神，日常测验的成绩也并不理想。张老师本想和小兰聊聊，帮助她解决目前遇到的困惑，但是无论张老师如何沟通，小兰基本不会回答，只是偶尔点头。张老师发现沟通效果不好，于是和班里同学了解她的情况，宿舍同学说小兰每天都睡得很晚，有时会在夜晚偷偷地哭，还会出现失眠的情况，也会和她们说“觉得自己不再优秀了，十分想念过去初中的生活”。张老师还和家长了解了小兰周末回家的状态，家长说从高一上学期期中考试后，小兰回到家看不进去书，作业也做不下去，但心里总希望自己可以回到之前的优秀状态，对考试非常害怕，不敢参加月考、期末考试。家长试图与小兰沟通并安慰她，但是本来性格温顺的小兰在升入高中后会经常发脾气，与父母沟通情况变糟糕。张老师在了解了这些情况后，认为小兰是因为没有适应高中的学习和生活节奏而出现了入学适应不良的情况，建议小兰可以和心理教师沟通一下，让小兰通过调整自己的情绪状态以及学习方法、生活节奏来适应新学段的学习，在班集体的活动中给予她建议和力量。

学生在升入更高的学段后，一般会面临学习任务的增多与学业难度的提高，同时在陌生的校园环境和人际关系中，如果学生不能很好地自我调节或者缺少来自学校、家庭、朋友的外部支持，容易出现入学适应不良的情况，尤其是在以学业为主的中学阶段，学生的主要问题之一是学习适应。如果这种情况长时间得不到调整，严重者会出现焦虑、抑郁，甚至影响正常的学习和生活，导致不易扭转的后果。

班主任希望新班级的每一个学生都可以尽快调整并适应新学段的生活，但是在开学一段时间后如果班里还存在比较“特别”的学生，如何甄别他是否出现了入学适应不良的情况并尽早地给予引导？为什么这些学生在很长的时间内仍然无法适应新的环境和学习？班主任又能从哪些方面帮助学生顺利地度过关键的适应期？班主任需要了解入学适应不良的常见表现和原因，才能有针对性地找到解决方案。

常识科普

一、什么是适应

适应是一个源于生物学的概念，指生物的形态结构和生理机能与其生存的环境条件相适合的现象。对于人类而言，心理机能还需要与环境相适合。人的一生就是一个不断适应的过程，这是因为人生是发展的过程，发展意味着改变，改变就催生适应。

在适应过程中，个体会表现出两种控制策略以达成平衡状态，分别是初级控制与次级控制。其中，初级控制是指通过改变环境来适应个体的行为，次级控制则是指通过改变自身来适应环境的要求。在理想状态下，两种控制策略会互相配合，帮助个体在面对新的变化时具有足够的灵活性来达成适应的目标。

二、什么是中学生入学适应不良

刚刚进入新学校的中学生，其所处的校园环境、学习环境和人际环境都发生了巨大的变化，因此在新环境中，中学生产生一些不适应是正常的，每个人都需要一个由不适应到适应的过程。但是如果中学生在主观上没有做好充足的心理准备，依然沿袭以往的经验来应对新的校园环境和学习任务，可能会产生超出正常持续时间和强度的认知、情绪、行为等方面的迷茫、挫败、困惑和退缩，这就是入学适应不良。

三、中学生入学适应不良的表现

无论是七年级学生还是高一学生，在升学进入高学段后，都会面临新的环境，扮演新的角色，执行新的任务，挑战新的学习问题；这一系列新的变化，会打破中学生原有的习惯和心理定势。如果中学生本身没有很好的调节能力，又缺乏外部支持，那么就会在认知、情绪、行为、生理功能、人际关系交往和学习等方面出现适应不良的表现。

(一)产生不合理认知

当中学生进入全新的环境时，会经常向自我提问。例如，“新的同学、老师是不是喜欢我?”“我在新的环境中还有没有优势?”在这样的自我探寻中，中学生容易产生一些不合理的认知或信念。

在新环境的适应过程中，中学生经常会产生以下想法，“还是过去的学校好”“熟悉的同学都没有和我在一个班，周围没有人喜欢我”“班里的新同学都不好相处”“在新的班级中我反正也不是班干部，没有必要严格要求自己”等，这些认知和感受在个体适应新环境的过程中是常见的，但是如果长期处于以上认知状态，则会在情绪和行为上表现出明显的环境适应问题。

除了在环境适应方面的不合理认知，在新学段起始阶段，当中学生面对难度陡升的课程内容和学习任务也会产生一些不合理的信念。例如，“我不适应，也无法跟上新的学习节奏”“我没有别人有冲劲、有后劲，我肯定学不好了”“我觉得自己成绩差，又不够勤奋，我是没希望了”“我不再是个学习的料”，这些不合理的信念往往是中学生产生厌学行为的重要原因。消极的心理暗示会使中学生不愿意在学习上付出努力，从而导致成绩下降，引起恶性循环。

（二）产生情绪障碍

从中学生个体角度观察，焦虑、抑郁、强迫、恐惧、厌烦、退缩等情绪都是入学适应不良的常见表现。其中最常见的是以下三类：其一是焦虑，中学生对新环境感到没有把握，同时又对不可知的未来感到威胁，因而经常忧虑或烦躁不安，导致上课注意力不集中、缺乏思考、听不好课、做不好作业。因为这类中学生往往从内心是期望自己可以学好的，所以才会产生焦虑。其二是恐惧，中学生会企图逃避、摆脱目前所处的情境，产生恐惧的学生中有些直接拒绝来学校，或者在靠近学校时有强烈的情绪反应；有的中学生虽然恐惧，但是又无法逃离，因而在学校呈现萎靡状态，对家长的依赖性增强。其三是抑郁，抑郁是一种过度忧愁和伤感的情绪体验，入学适应不良的中学生因为在新的学习环境中无法找到自己的定位，缺乏归属感而对周围事物不感兴趣，自我评价低，对学习感到力不从心，产生厌恶情绪，总认为班上其他同学比自己强，有自卑感和负罪感，严重者会有轻生念头或自我伤害的行为。

(三)产生行为障碍

入学适应不良的学生一般不只是单纯地有不合理的认知信念或情绪，他们往往在行为上也会表现出相应的问题，主要包括以下几种类型。

第一，能力抑制。例如，如果在前一学段学习能力较强、成绩也比较好的中学生出现入学适应不良的情况，就会在日常学习中表现出消沉的状态，或者因焦虑而睡眠质量下降，这使他们的学习能力受到抑制，产生学习困难。

第二，社会退缩。具体表现为过度保护自己，与同学交往减少，学习、活动也减少，他们成为活动的旁观者，游离于同辈群体之外。

第三，过分积极。具体表现为在起始年级丰富多彩的生活中，他们表现得过分积极，什么活动都参加，一天忙得团团转，但似乎什么事情也没有做好，特别是学习受到很大影响。

第四，品行混乱。很多入学适应不良的中学生因为在新集体中没有找到自己的定位，所以对集体产生疏离感，叛逆心理增强，出现违反社会规范和准则的行为，如逃学、斗殴、说谎、偷窃、抽烟、离家出走等。对于现代中学生而言，沉溺电子产品也是主要表现行为之一。

(四)产生躯体反应

有些入学适应不良的中学生还会出现生理功能方面的障碍，具体表现有：上课头昏脑涨，入睡困难、多梦、易惊醒，腰酸背痛，心慌心悸，躯体乏力，精神倦怠等，但身体没有特定的躯体问题，这种情况往往是适应不良的情绪状态引发的生理反应。

(五)造成人际交往问题

进入新学校、新班级的中学生，远离了之前熟悉和密切的人际关系，产生了过度的自我保护，从而使适应不良的中学生在与同学、教师的交往中产生较大问题。一部分学生会将自己适应不良的情绪带到人际交往中，表现为人际交往中的对抗状态，例如，在同学交往中，总是用带刺的话将其他同学的关心拒之门外；或者抱怨别人对自己不真诚、不能敞开心扉地沟通，但是又不愿意主动接近别人，反而认为是别人在躲着自己、讨厌自己。在与教师的交往中，会呈现出较大的敌意，例如，故意违反教师、班级、学校的相关规定，或者在课堂上对教师进行挑衅，包括说话、吃零食等情况。而另一部分学生则表现为人际关系中的退缩行为，例如，拒绝与新同学、新教师沟通，在班集体中呈现冷漠的状态。

(六)产生学习问题

学习是中学生的主要任务，在上一个学段成绩较好的学生，如果对新的学段和环境适应不良，则更容易产生学习问题。因为在过往经历中，他们是同学的榜样、父母的宠儿，听到更多的是赞扬，这种情境下的他们充满信心，同时也有较强的优越感。但是进入更高学段后，不是每个人的成绩都像之前一样占据绝对优势，有些人也不再是班干部了，教师的表扬减少，同学投在自己身上羡慕的眼光也在消退，原有的心理优势突然间消失，这些使他们体验到辛酸、痛苦和迷茫。他们没有意识到随着学段的升高，教师对于他们学习上的指导、监督的管控力度在降低，这需要中学生不断提高自主学习能力。入学初期正是调整自身学习方法的关键阶段，但是适应不良所带来的消极情绪体验，使他们不能从学习习惯和方法上进行调整，从而导致更差的学习效果。

成因解读

进入新学段，中学生面临的生活与学习环境会发生变化，学习、自我与人际发展的要求也与之前不同，这些都会促使个体调整自我以适应变化。有些中学生可以积极调整自己，适应新的环境和要求，但有些中学生难以表现出积极的适应行为。中学生适应不良的因素具体有以下几个方面。

一、个体因素

个体因素主要包括缺乏稳定的自我认知、调适能力不足、中学生的个性特点与过往不良经历。

(一)缺乏稳定的自我认知

进入新学段，中学生需要了解自己在新集体中的位置，但由于缺乏足够的信息，中学生只能通过粗浅的认知和相互比较来形成不够准确的自我评价，通常表现为：中学生进入“高手如云”的新环境，看到优秀的同伴，感知到自己原先的优越感被挑战，产生较大的心理落差，进而否定自我，表现出“自惭形秽”的自卑感。这种从优越瞬间变为自卑的表现源于中学生自我认知的不稳定，即没有形成稳定的自我形象。在不稳定的自我认知下，中学生自然就会因为所处环境、参照体系等发生变化而使自我评价如同“过山车”一般大起大落。所以班主任会在实际工作中见到不少这样的学生：小学或初中阶段非常自信活跃，升学后却像是泄了气的皮球，自卑又麻木。

通常，在升入新的学段后中学生会遇到更广泛、更优秀的群体，缺乏稳定自我认知的中学生更容易过度依赖社会比较来认识自己，并以此界定自己，且难以从强烈的情绪中抽身，无法清晰地看到自己的能力所长与潜质所在。例如，一个具有稳定自我认知的中学生，虽然产生了心理落差，但是可以基于自身的实际能力来客观地评估自我，将眼光放长远，积极计划并管理学习；反之，一个自我认知不够稳定的中学生，只能看到自己不如他人的地方，难以清楚地看到自身的能力和潜质，可能被自卑、痛苦的情绪阻碍了前进的脚步。

(二)调适能力不足

进入新环境与新学段，学习要求、生活作息、校园环境、人际关系等都会发生变化，这就要求中学生需要具备足够的内在资源来应对出现的种种变化。

在升入新学段前，中学生都会有一个放松自在的长假，有些中学生会自我放纵，生活作息混乱，升学后也难以快速从假期的放松状态调整到上学状态，这类中学生容易在生理和心理方面受到消极影响，难以适应新学校的要求。有些中学生生活作息不规律，白天上课总犯困、注意力不集中、学习效率低。有些中学生无法积极调整心态，情绪不佳、行动力不足，难以适应新角色的要求。还有些中学生对教师的期待和认知完全基于过去的经验，形成对教师的刻板印象，例如，过去的教师总是事无巨细地敦促和提醒，中学生以此来预期新教师的风格，当实际情况与预期情况之间出现差异时，固守于旧有经验的中学生可能就难以调适自己以适应新教师的教育、教学风格。

此外，升学后中学生会面临诸多新的挑战，学习、人际、自我的发展都需要学生投入更多的时间和精力，而达成理想的目标又不是一件轻而易举的事情，这就会使得中学生感知到发展过程中的挫折。这些挫折是难以避免的，心理韧性强的学生能够较好地应对和调适自我，反之，心理韧性较差的中学生便会表现出种种适应不良。

(三)中学生的个性特点

中学生自身的个性特点、心理特征会影响其入学后的适应表现。有研究发现，心理适应不良的中学生具有一定的共同之处，他们表现为低稳定性、高忧虑性、高紧张性①；另外，那些人格特征为焦虑型、内向型和感情用事型的中学生更容易在面对新变化时出现适应不良。那些已经存在心理问题的中学生，也会表现出较明显的适应不良问题。

在遇到环境发生变化时，个体需要调动更多的心理资源与环境达到平衡，那些对环境变化敏感度高、情绪稳定性较差、缺乏内部心理资源、获取外部资

① 田澜、王仁芳、田祥杰：《高中新生入学适应性焦虑及其缓解》，载《教育探索》，2005(11)。

源能力较弱的中学生，以及总是寄希望于外部环境改变而忽视自我改变的中学生，就更难以融入环境，适应过程中会出现较多的困难。

(四)过往不良经历

有些中学生在过去曾有过创伤经历，如校园欺凌、被欺负等不良事件。如果过往经历没有得到妥善的解决和处理，中学生会有“我不够好”或“学校很危险”的观念。这些观念会影响人与人之间信任的建立，阻碍中学生主动融入集体。出于自我保护的目的，中学生会与学校的人和事保持疏离，进而表现出明显的适应不良。

还有较少部分的中学生曾经长期请假或休学，较长时间脱离校园环境，当他们重返校园后，不论是在时间作息、规则约束上，还是在学习模式、人际交往上，都会表现出一定程度的不适应。

二、家庭因素

(一)家庭支持不足

在入学适应过程中，家庭支持对于中学生而言至关重要，父母不仅是资源、方法的提供者，更是表达理解、支持与鼓励的陪伴者。

家庭支持不足与年龄特点有关。中学生正处于青春期阶段，表现出独立与依赖的矛盾性。一方面，他们还不具备足够的经验来应对生活与学习中的“疑难杂症”，需要父母从旁引导，这是依赖性的体现；另一方面，他们又急于确立自己的话语权，希望自己能够完全处理和掌控所有的事情，追求绝对的独立性。如果中学生过度强调自我的独立性而忽视了自己对父母的依赖性，就容易将父母排除在外。父母如果缺少对孩子发展特点的了解与认识，可能会错误地以为孩子可以独自应对而放手不管，这样一来父母不仅难以及时准确地了解孩子的情况，还无法在孩子需要的时候提供有效的支持与资源。更甚之，青春期亲子冲突的出现还可能会使得部分父母不敢过问孩子的情况，为了维持亲子之间表面的和谐，进而回避孩子的问题和需要，从而导致家庭支持不足。

家庭支持不足与家庭教养方式有关。最提倡的家庭教养方式是父母与孩子建立起感情丰富的联结，温和而坚定。这意味着父母既要能够看到孩子的需要，也能够做到对孩子关心、理解、投入与回应。在这样的家庭氛围中，孩子与父母建立起安全、信任的关系，迁移到校园环境，他们在处理人际与学业问题时会有更高的效能感，也更愿意积极获取外部资源来协助自己达成目标，其中既包括获得父母提供的指导，也包括教师和同学的帮助。如此看来，一个感知到家庭忽视、控制的中学生，或者缺少与父母温情互动的中学生，在面对新环境的新要求时，可能会缺乏更多的主动性与积极性，更容易退缩、回避，遇到挫折时更为敏感脆弱，因而更容易出现适应不良的反应。

此外，父母在职业发展、生活维持、家庭结构变化等方面的现实因素也可能会导致父母与孩子在物理空间与情感关系上的分离，父母关注不到孩子的适应不良问题，也难以提供充足有效的支持。

(二)家庭的不良引导

不同的家庭对于孩子的发展要求是不相同的，由此，父母对于孩子在校的表现也会提出不同的要求，作出不同的引导。有些家庭看重孩子的学业胜过其他，认为孩子在学校专心学习、取得好的成绩是唯一重要的事情，进而忽视了孩子的心理健康与社会功能的发展，更有甚者还会打压孩子的人际交往与兴趣发展。如果父母向孩子传达出“人际交往不重要”“朋友不能当饭吃”“你只要学习好，其他什么都不用管”“班级事务与你无关”等观念，孩子的社会交往能力与环境适应能力的发展会因为家庭的引导而受到抑制。随着中学生本身心理复杂性的增加，如此压抑发展的引导势必会导致中学生内心出现冲突，甚至影响心理健康，在新环境中也就自然会出现适应不良的种种表现。

还有些父母对孩子的学习期待过高，还未入学就对孩子施加了过大的压力。例如，“高考是你实现自己目标的唯一机会”“七年级和高一学不好，九年级和高三就更别想好”“学习要扎扎实实，一步差步步差”。这些“压力”创造了虚假的挫折，中学生被想象出来的可怕结果吓住了，所以升学后他们害怕学习和新的环境，不敢大胆尝试、探索、犯错，被焦虑、担忧、无能为力而禁锢，出现与环境的要求极不协调的情况。

三、环境因素

适应不良主要是由于中学生对新环境、新变化的应对不足。中学生面对的主要环境，包括学校环境与社会环境两个方面。从学校环境的角度来看，影响中学生表现出适应不良的原因可能是：学校类型或风格的较大变化、教师教育教学风格的变化、学校氛围的变化等。从更大的社会环境来看，中高考背景下对中学生学业成绩的看重、朋辈比较形成的心理压力等都可能会引发中学生的入学适应不良问题。

中学生表现出适应不良的因素通常是多元的，并非孤立、单一的某一因素，这些不良因素又会相互作用，共同影响中学生的适应程度。了解中学生入学适应不良的原因，可以让班主任更好地理解中学生的困难，更准确地觉察中学生的需要。以此为基础，班主任能够更好地开展中学生教育与辅导工作，进而帮助中学生顺利实现学段转换，帮助中学生积极投入新的角色与环境。

第二节
辅导与干预策略

一线有问

迎接一届又一届的新生，是班主任的一项周期性工作。学生个体在成长过程中因为家庭环境、过往经历、性格特征等方面的不同，对于新环境的适应能力也有较大差别。因此，在面对入学适应不良的学生时，有些班主任没有觉察到处于适应不良状态下的学生需要来自教师这一外界资源的支持与帮助，反而认为不需要理会他们，觉得学生们早晚有一天会适应的，这种做法往往会导致其他行为表现不良或更严重的抑郁症、焦虑症。也有些班主任认为入学适应不良就是起始阶段成绩不理想，从而在看到学生成绩时反复在学习上给学生施加压力。这种做法只会加剧学生对新环境和新教师的抵抗，造成师生间心理距离的疏远，后续的了解与沟通无法进行。其实，入学适应不良的学生在情绪、行为、学习上表现出来的问题就像生病的初期阶段，如果他们能够得到良好的支持和帮助，就可以很快被治愈；但是如果任其发展，最终也可能会造成更严重的心理问题。班主任在应对学生入学适应不良的情况时，一般会有以下困扰。

(1)班主任怎样判断学生是否处于入学适应不良的状态？尤其是如何辨别性格内向学生的相关表现是性格特征还是入学适应不良的表现？

(2)如果班里有少数学生处于入学适应不良的状态，如何通过集体活动帮助学生尽快适应并融入新集体？

(3)如果学生处于入学适应不良的状态，班主任可以给家长提出哪些建议，共同引导孩子度过适应期？

(4)如果入学适应不良的学生表现出与班主任的对抗状态，班主任在与学生沟通时要注意什么？

辅导策略

中学生升入新的学段、进入新的环境，出现短暂的适应不良是正常的，大部分中学生都能通过积极的自我调适，或者在他人的帮助之下逐渐适应变化，找到新的学习与生活节奏，但是，这不意味着入学适应不良的问题是无关紧要的。因为中学生适应的程度与节奏会直接影响其后续的学习与发展，入学适应不良的表现也正是中学生在发出求助的信号。班主任需要关注中学生的适应情况，及时进行干预，提供有效的支持与指导。班主任的指导不仅能帮助中学生顺利、快速度过适应期，更能以此为契机培养和提升中学生的适应能力。

一、建立良好的师生关系

教师对学生的教育与指导，一定是关系先行，也就是说，建立良好的师生关系是教师能够清楚了解学生情况、及时干预学生问题的重要前提。这是因为良好的师生关系满足了学生建立关系的基本心理需要，学生在融洽的互动中感受到自己被认可和喜欢，不仅会因此增加解决问题的信心，还会因感知到被爱而愿意接受来自对方的影响。

那么，什么是良好的师生关系呢？建立良好的师生关系核心是不过度强调教师权威，而是师生的平等相处。平等的关系源于教师能够充分尊重学生。具体来说，教师要尊重学生是独立的个体而不将其看作谁的延伸，尊重学生存在的价值而无须任何前提条件，尊重学生的独特性和自主权，尊重学生的想法和感受。只有发自内心地尊重学生，教师才能共情学生，师生之间才有机会真正建立起平等、融洽的关系。在良好的关系基础之上，教师和学生能够畅通地交流，教师的关心会被学生准确地接收，学生能够对教师表达出最大的信任与尊敬，愿意打开自己的内心去表露真实的想法与情绪，也愿意接受教师的指导和帮助。

学生比教师本身更知道教师是不是真心地尊重和关心自己。他们进入新的环境后会小心翼翼地确认，班主任要敏锐地觉察到学生的需要，无论是教学教育工作还是日常的师生互动，都是班主任与学生建立联系的机会。例如，一个关切的眼神，一句暖心的问候，一句肯定的话语……

二、进行开学适应指导

在开学之初，为了帮助学生尽快适应新学段、新环境，班主任可以借由班会、团体活动等形式来开展具体的开学适应指导工作。其中，指导学生做好心理准备与班级氛围建设最为重要。

(一)组织入学适应的主题班会活动

升学是一个新的开始，也必然要面临诸多的陌生和不确定，陌生和不确定性会带来好奇和探索，也会带来忧虑和不安。这是因为新学校、新班级的一切都是未知的，如果学生有机会提前获知自己即将面对怎样的环境、新的角色有何种要求，以及有哪些资源可以提高自身的适应性等，学生便可以进行相应的准备，对于面对改变产生的焦虑也会有所降低。正因为如此，班主任在入学之初的适应指导是必需且重要的。

主题班会活动的指导要点有两个：一个是引导学生认识新的变化，如环境与文化氛围、个体成长、人际群体、学业发展任务等的变化，帮助学生理性看待变化，接纳变化。另一个是激发学生积极应对变化的行动，其中既包括激活学生的内部资源，又包括提供外部资源和方法。例如，通过班级文化建设增强学生的归属感，或者设立“夸夸墙”等对学生各方面表现进行积极反馈，以此来提升学生成就感，并激活学生主动适应变化的内部动机。外部资源则可以通过组织“学法分享”“学长对话”等活动来提供给学生。

(二)班级氛围建设

个体对于新环境的归属感会在很大程度上影响其适应状况，这意味着新组建班级的氛围建设是帮助学生适应的重要环节。班主任可以根据对班级氛围的观察和了解，确定贴近班级特色的活动主题与内容。例如，较为沉闷、疏离的班级适合做一些“动”起来的活动，以此来提高学生的亲密度，增进彼此的联结感；较为活跃、跳脱的班级，教师在设计活动时可以考虑强调规则和集体感。

班级氛围建设的活动设计可以采用动静结合的方式，也可以设计成系列活动，既可以与教学结合，还可以是专门的团体活动。无论形式与内容如何，重点是关注学生的人际互动以及班级凝聚力的形成。班主任可以在心理教师或体育教师的协助下，策划出能够增进班级凝聚力和提升学生归属感的活动。

三、深入了解学生

深入了解学生不仅能更清楚地了解学生适应的状态，还能更准确地获知学生适应不良的原因。基于对以上两点的准确把握，班主任就能够结合自己的经验和知识为学生提供更有效、更有利的帮助。

(一)了解学生的成长史

这是班主任了解全体学生的高效方法。

有些学生的适应不良可能会持续较长的时间，通常这些学生适应不良的表象背后有更深层的原因，如家庭原因、过往的不良经历，还有些学生可能有较长时间的情绪或心理困扰。班主任既要看到学生的适应表现，还要尽可能清晰地了解背后的因素，这就要求班主任要对学生有较深入的了解，而了解学生的成长史或者生命史就是一个很好的方式。

班主任可以邀请学生书写自己的成长史或者生命史，如果想要有较为全面的了解，可以让学生从最早的记忆开始写起，内容包括个人成长经历和重要事件，也包括家庭关系和同伴关系情况。班主任还可以邀请学生描绘出未来的发展愿景、澄清生命中的重要时刻、对自我进行总体描述和评价等。书写成长史对于学生而言不是一件容易的事情，这需要班主任使用一些技巧来激发学生的兴趣，也需要班主任充分尊重学生的表达，不去质疑和评价，仅仅以了解学生的目的来使用这个方法。除了叙事书写的方式，还可以使用设计调查问卷、写自我介绍信、制作个人档案册等灵活方式。

（二）单独沟通

这是班主任对重点关注学生加深了解的常用方法。

通常班主任会基于细致的观察，找到重点关注的学生并进行谈话，以此更细致、深入地了解学生情况。这时候，班主任可以提前设计一个半结构化的访谈提纲和一些最基本的问题。例如，对新学校、新班级的感受，生活有没有遇到一些困难，学习节奏能不能跟上，有没有认识新的朋友等。除了共性问题之外，还可以针对学生的具体情况进行了解，一起讨论教师观察到的现象。如果学生已经完成了生命史的书写，教师还可以根据生命史的内容与学生进行更深入的交流。

四、开展个体辅导

对于一些明显适应不良或者长期适应不良的学生，班主任要能够敏锐地识别出来，在保持关注的同时，选择恰当的时机开展个体辅导。个体辅导主要基于对学生的了解，针对学生的需要开展相应的指导，以激发学生自身的积极适应行为。

关于适应的个体辅导内容通常包含三个维度，分别是认知调整、接纳情绪和积极行动。简单来说，认知调整包括引导学生正确认识困难，对学生进行挫折教育，提高学生的心理韧性；接纳情绪则是在教师共情学生的基础上，引导学生接受内心的感受，看到内心感受背后的需要；积极行动则是指导学生针对自身的需要作出积极的尝试，例如，主动建立人际关系、设定合理的学习目标、调整生活作息、积极寻求他人的帮助、记录进步日记等，以调整自我为导向，以具体的行动来激发积极的改变。

个体辅导的重点不是直入主题的教导，而是以此为契机拉近彼此的关系、了解学生的情况、表达教师的了解和关心，教师激发学生的积极行动，让学生认识到要为自己的生活与学习负责。有时，为了更好地开展指导，教师可以在指导过程中现身说法，进行适当的自我暴露。

五、建立工作同盟

班主任不必一个人承担起所有的工作，尤其是面对较为困难的学生时，教师可以向外寻求帮助，构建工作同盟，以便更高效、细致地开展相关工作。

(一)寻求心理教师的协助

若是班主任对学生的情况判断有疑惑或困难，可以主动寻求学校心理教师的帮助，在心理教师的协助之下开展学生的个体辅导。如果是问题比较严重的学生，尤其是伴有心理困扰的学生，班主任要及时将学生转介到学校心理咨询室，由心理教师主导个体辅导工作，必要时转介医疗机构。

(二)构建家校合作

对于适应不良的学生，班主任可以主动邀请家长参与到学生的辅导中来，一方面让家长更清楚地了解学生的情况和需要，促进家长对学生的关注以及家庭的自我反思；另一方面学校与家长形成合力，让家庭作出积极的调整并充分开发家庭的支持资源，家庭与学校的结合辅导，可以为适应不良的学生提供一个多维度的支持系统。

(三)寻求科任教师的协助

除了班主任，各学科的科任教师也可以发挥积极的影响作用。有些学生会特别欣赏自己的某位科任教师，这时科任教师可以被邀请参与到学生指导中，甚至还能发挥比班主任更重要的影响。例如，班主任可以为班里学生分配“入学导师”，这样既可以借助科任教师的影响力来帮助学生加快适应，还可以为科任教师与学生建立良好关系提供条件，这对于那些本就难以适应教师风格而感到困扰的学生会大有帮助。

总体而言，适应不良是一种较为常见的学生问题，了解学生的情况并不是要给学生贴上标签，而是看到学生“困难”背后的原因，鼓励学生积极调适自我，提高自身的适应能力，以问题为契机促进自我成长。当然，教师也要有“静待花开”的勇气和耐心，允许学生慢慢达到适应的状态，允许学生在稳步向好中偶尔的倒退。

案例实践

面对出现入学适应不良的小兰，班主任张老师在向心理教师请教后，建立了一个同舟共济的帮扶小组，从不同方面帮助小兰迈过不适应的难关。

首先，张老师借助自己的年龄优势将自身角色从“教师”切换到与小兰同龄的“学生”，在课间或者午休时，张老师找机会主动和小兰聊起了自己上中学时的故事，包括自己与同学玩耍时的糗事、自己在学习上遇到的困难以及自己是如何调整、如何找到适合的学习方法的经历。张老师通过主人公讲故事的方式，将一些关于入学适应调整的方法教给小兰，包括正确认识困难和挫折，主动建立人际关系，设定合理的学习目标，调整生活作息，积极寻求他人的帮助等。

其次，张老师邀请父母和学校心理教师共同沟通。一方面，由心理教师先对父母进行科普，让父母了解入学适应不良的表现以及处理不当会对孩子未来的成长、学习带来的危害，让父母给予孩子更多的理解和情感上的支持；另一方面，张老师也借此机会了解小兰在家中的情绪状态和日常表现，以及小兰与父母相处的方式。通过沟通，她了解到小兰妈妈对于孩子的学习问题比较焦虑，经常拿小兰的成绩与其他同学作比较，在家中也经常给小兰灌输“不能输在起跑线上”“高一基础很重要，打不好基础高考肯定考不好”“只要比别人多花时间肯吃苦，就能学好”等。小兰本身性格乖巧，一直非常听话，从不与父母吵架、拌嘴，妈妈每次和她说这些话时，小兰都是点点头，然后跑回自己的房间。通过这次沟通，心理教师分析了小兰在人际关系、学习上入学适应不良的表现，也分析了一些躯体反应，最主要的原因是小兰没有适应新学段的学习，而母亲的话给了本身就已经自我施压的小兰又一重压力，这使得小兰没能很快地调节自身，陷入了焦虑和担忧的情绪状态。心理教师指出在这个帮扶小组中，父母的责任是给予孩子更多的理解，在小兰日常学习生活中，父母要给予适当的关心和鼓励，要调整自己与孩子的相处模式，帮孩子减压。心理教师则作为小兰的后盾，定期为小兰进行心理辅导。

最后，张老师还邀请小兰宿舍的同学和她最头疼的两门学科的科任教师加入帮扶小组。张老师请科任教师主动和小兰聊一聊其所教学科的合理学习方法，在沟通后多关注小兰在学习方法和习惯上的进步，帮助小兰树立信心。对于宿舍同学，张老师则请他们在日常生活中主动和小兰沟通分享，例如，晚自习后邀请小兰一同回宿舍，引导小兰关注除了学习外的班级活动、学校活动等，同时也可以主动分享自己在学习中遇到的困难和解决方案，给予小兰心理支持。

在调整初期，教师和同学都能感受到小兰的不自在和轻微的抗拒，但是同学的热情与教师的真诚，再加上教师的真实经历，这些都让小兰慢慢地走出自己的小世界，开始与同学、教师分享自己的困惑，寻求他人的帮助。虽然短时间内的成绩没有提升，在面对测试成绩不理想时小兰还是会出现焦虑的情绪状态，但是小兰学会了向科任教师请教学习方法、和同学交流学习经验这些求助方式，慢慢可以进行情绪和习惯的调整。

在家庭环境改变、心理辅导、学校系统的支持下，小兰逐渐找到了适合自己的高中学习方式，也可以开朗、自信地与同学相处，成绩也在稳步提升。

相关提示

(1)班主任如何辨别个性疏离、内向的学生与入学适应不良的学生?

班主任参照本章第一节内容，掌握入学适应不良的基本表现，以此来全面地判断学生的状态。需要进一步强调的是，入学适应不良的表现包括情绪、认知、行为三个方面，行为层面是最容易被班主任观察到的，其次是情绪表现，最后才是学生的想法、评价等认知方面的部分。如果班主任对学生适应情况的判断多集中于学生的外显行为表现，区分个性内向的学生与适应不良的学生就会变得困难。例如，内向的学生倾向于从自身获取能量，他们在进入新环境后可能并不会过于主动地结交新朋友，班级活动时也可能会表现出热情不够的表象，这样疏离人群的表现可能会被班主任误以为是人际适应不良。

正是基于以上观察偏差，班主任除了关注学生的外显行为表现，还要通过加深对学生了解来进一步了解学生的内在感受与态度认知，将学生的自我反馈作为最重要的标准，对学生作出综合判断(了解学生的方式请参照“辅导策略”)。以上文所举例子来看，内向的学生虽然暂时还没建立起稳定的好友圈，但是他并不会因此而出现情绪问题和学习问题，内心对自己的认知也是清晰和客观的——我不善于社交，比较慢热。

(2)班主任可以通过怎样的集体活动帮助学生适应新学段的学习生活?

班主任需要了解学生的心理状态，相信没有一个学生在入学的第一天就是不希望自己学好一点儿的，但是很多学生只是有美好的愿望，并没有形成科学的学习方法和良好的学习习惯。因此，在一开学面临新学段难度陡升的学习任务时，他们只能自己盲目尝试，在一两次考试的失败后，他们会出现自信心严重受挫，进而出现入学适应不良的相关表现。

在新学段伊始，教师可以通过主题班会的形式，对学生的学习方法、学习策略不得当问题给予引导和帮助。简言之，就是从方法论的角度教会学生如何学习，从而帮助其尽快适应新学段的学习。新学段的学法指导主要包括三个方面：首先是学会听课，让学生能明确自己的问题，找到听课重点，关注知识生成的思维过程而不只是结果，同时通过记笔记帮助自己集中精力，让自己无暇分神；其次是学会复习，教师要引导学生把握复习的最佳时间，让学生做到段段清、周周清，学会通过建立知识结构进行记忆巩固；最后是如何对待作业，包括如何对待不会做的题目、如何订正错题、如何处理试卷错题等。班主任通过学法指导的主题班会给予学生外部支持和帮助，帮助学生建立积极的心理状态，使学生敢于面对新学段带来的困难。此外，建立合作、支持、倾听、鼓励的良好班风，可以使适应较慢的学生在同学中获得心理资源的支持。

(3)适应不良的学生表现出与班主任的对抗状态时怎样处理更好？

有些入学适应不良的学生因为没有找到情绪化解和表达的合理途径，所以将内心的焦虑、恐慌转化为与教师的语言或行为上的对抗，例如，课上与班主任顶嘴或者在班级活动中故意违反规定。此时如果班主任能够判断出学生的心理状态是对新环境适应不良所导致的，可以选择暂避锋芒，不和学生产生语言上的正面冲突，当教师和学生都有了一个冷静期后，学生会对自己行为是否恰当进行反思。在这种情况下，班主任再邀请学生沟通、谈心，往往能起到意想不到的效果。一方面，学生在心里会感谢教师照顾了他的自尊心，另一方面只有在情绪平稳的情况下，学生才会更愿意表达自己的真实想法，而不是说一些气话，这样才能帮助教师更好地了解学生入学适应不良背后的原因。

(4)班主任如何指导家长，共同引导孩子度过入学适应期？

对于入学适应不良的学生，班主任需要寻求与家长的协作，邀请家长一同参与到对学生的辅导中。首先，班主任将学生在校的情况尽可能详尽地反馈给家长，包括班主任与学生的谈话情况。其次，班主任向家长了解学生的情况，从家长的角度获取更多的信息。这样实现信息互通后，可以让家长充分了解孩子的入学适应不良表现，促进家长对孩子的关注。再次，在充分了解学生情况后，班主任与家长共同分析学生入学适应不良的原因，以此促进家庭的自我反思，进一步帮助家长明确孩子当前的需要。最后，班主任协助家长发掘家庭支持资源，或者帮助家庭作出积极的调整，与学校的辅导与支持相结合，为适应不良的学生提供一个多维度的支持系统。例如，家长通过分享自身经历为孩子提供入学适应的方法指导，组织家庭出游帮助孩子纾解压力，灵活调整对孩子的学业成绩要求等。班主任可以不定期向家长提供学生适应情况的反馈，鼓励家庭持续行动，并及时进行纠偏和指导。

参考文献

①田澜、王仁芳、田祥杰：《高中新生入学适应性焦虑及其缓解》，载《教育探索》，2005(11)。

②钟志农：《中学生入学适应不良及其应对》，载《江苏教育》，2019(32)。

③[美]谢弗等：《发展心理学：儿童与青少年(第9版)》，邹泓等译，北京，中国轻工业出版社，2016。

第三章

网络沉迷

网络给青少年提供了通往新世界的大门钥匙，同时也充满了各种新奇和诱惑。青少年自控能力较弱，容易产生网络沉迷而无法自拔。

长时间做某一件事情，并非都是疾病。比如长时间学习，并不会被诊断为“学习成瘾综合征”一样。但由于长时间上网会影响现实功能和人际交往，并会对“未来的现实”造成负面影响，所以是一个需要解决的问题。青少年都会有成长的问题，只不过这些孩子是以上网过度为基本特点而已。

——曾奇峰

第一节 主要表现及成因

情境再现

小 Q 是一名八年级的男孩，他和教师说话时，有礼貌，也理智，并无情绪上较大的波动，七年级的时候还能够正常到校，基本完成作业，八年级时，随着学业难度的增加，小 Q 不写作业次数增加，慢慢地从不来学校发展到不参加考试。小 Q 的英文特别好，其他学科一般也不差，但是不到校让家长和班主任非常着急。班主任和心理教师和小 Q 沟通后发现，小 Q 并不反感学校，面对中考的压力，他确实有畏难情绪，但是并不太大，经过深入沟通，发现小 Q 非常有自己的主意，很多行为不像是冲动后的思考。他对互联网有自己的见解，自己也有一定的技术支持。后来，征得小 Q 同意后，班主任约见了他的父母。班主任的第一个感觉是，较难约。他的妈妈是公司高管，做事干练，语速快，面对孩子的情况有些急躁，甚至说自己快抑郁了。他的爸爸是高校教师，语速较慢，经常出差讲课。和父母沟通的过程较为艰难，艰难的是让父母理解小 Q

沉迷网络很可能是在抗拒一些事情，例如，和父母不沟通可能源于父母工作繁忙，没有和孩子从小建立起很好的依恋关系。而妈妈认为自己很忙，但是孩子需要自己的时候她都在，而且家里不愁吃穿，经济情况较好，还有什么不满意的。他的父母一致认为就是孩子没有抗压能力，不认可自己和孩子的关系存在问题。

如何帮助小Q摆脱对网络的依赖，并与家长建立良好的协作关系，班主任也陷入了沉思。

中国互联网络信息中心（CNNIC）发布的第51次《中国互联网络发展状况统计报告》显示，截至2022年12月，我国网民规模为10.67亿，其中10岁以下的网民占网民整体的4.4%，10～19岁的网民占网民整体的14.3%。

2022年11月，共青团中央维护青少年权益部和中国互联网络信息中心联合发布的《2021年全国未成年人互联网使用情况研究报告》显示，部分未成年网民可能存在过度使用互联网的情况，未成年网民在工作日平均每天上网时长在2小时以上的比例为8.7%，在节假日平均每天上网时长在5小时以上的比例为9.9%。

毋庸置疑，当代青少年成为网络时代的数字主力军，网络给予了青少年通往新世界的大门钥匙，不仅开阔了他们的视野，也给他们提供了各种各样的娱乐方式。网络给青少年的生活和学习都带来了不小的影响。网络世界新奇而充满诱惑，青少年自控能力较弱，极易产生网络沉迷现象而无法自拔。

《2021年全国未成年人互联网使用情况研究报告》显示，手机是未成年网民拥有比例最高的上网设备，为60.9%；他们使用手机上网的比例为90.7%。为保护学生视力，让学生在学校专心学习，防止沉迷网络和游戏，促进学生身心健康发展，2021年1月教育部办公厅发布了《关于加强中小学生手机管理工作的通知》，按照通知要求，各校都制定了具体办法，将使用手机管理纳入学校日常管理中。

班主任或多或少都在班级里遇到过对手机、对网络过度依赖的学生。相比于正常使用网络，网络沉迷有哪些信号和症状？网络沉迷到底应该被理解成是一种新的临床疾病还是常见的问题行为？网络沉迷的原因是什么？如何引导学生正确使用网络？

常识科普

一、什么是网络沉迷

在日常话语体系中，往往以“网络成瘾”一词来代替“网络沉迷”。网络成瘾①是人应对压力而产生的一种过度依赖网络的行为，而这种行为在时间和程度上的持续性就会产生病理特质的“瘾”，甚至会导致家庭、工作等社会属性的弱化，并影响到个体心理和生理的健康。世界卫生组织（WHO）在2018年发布的《国际疾病分类》中，把“游戏障碍”（游戏成瘾）列为精神疾病。国家卫生健康委员会发布的《中国青少年健康教育核心信息及释义（2018版）》中对网络成瘾的定义，是指在无成瘾物质作用下对互联网使用冲动的失控行为，表现为过度使用互联网后导致明显的学业、职业和社会功能损伤。网络成瘾包括网络游戏成瘾、网络色情成瘾、信息收集成瘾、网络关系成瘾、网络赌博成瘾、网络购物成瘾等，其中网络游戏成瘾占最大比例。

青少年正处于身心快速发展的阶段，他们对网络的过度使用也正是心智尚未发育成熟的一种表现。简单地把一切网络沉迷泛化为“网瘾”不仅会对青少年产生负面标签效应，还会导致对问题分析的简单化，忽视了对青少年网络过度使用的早期预防。因此，我们探讨的网络沉迷是指一种网络使用失控行为。它是一种因过度使用、误用或滥用网络所引发的深度着迷状态，通常伴有难以抗拒、不能控制的再度使用欲望，并导致个人社交与身心健康受到影响，出现为

① 马庆国、戴珅懿、王小毅：《网瘾概念的定义研究》，载《管理工程学报》，2006(2)。

了上网而牺牲睡眠时间，耽误学习、工作或忽视人际关系等问题。①

二、与网络沉迷相关的术语

与网络沉迷相关的术语有：互联网成瘾症、病理性网络使用、强迫性网络使用、网络依赖行为、网络游戏成瘾、网络游戏障碍、社交媒体沉迷、网络赌博成瘾、网络购物成瘾、信息收集成瘾、网络信息过载、游戏成瘾倾向、高度网络依赖、奖赏机制、戒断反应等。

在家里上网课、写作业、打游戏……已成为很多青少年生活的常态。对青少年而言，通过网络学习、上课的客观需求增加了他们接触手机的可能性，也拉长了青少年的网络使用时间。是否长时间上网就是网络沉迷呢？怎样才能判断学生是否出现了网络沉迷呢？

三、青少年网络沉迷的信号和症状

上海市儿童医院儿童保健科主任、网络沉迷门诊医生陈津津总结了一些“网络沉迷”的症状特点，建议发现孩子出现以下症状应引起警惕。

(1)看到电脑、手机眼睛发光，专注于上网打游戏、聊天或者看视频，对无关的事情不太感兴趣。

(2)主观上对上网存在强烈渴求，有强迫性的上网冲动，遏制不住。

(3)上网时间越来越长，沉溺于网络虚拟世界中，或者需要不断进行挑战性游戏，停止上网后会出现易怒、攻击、虐待行为，为了继续上网可出现撒谎、欺骗行为。

(4)对人漠不关心，排斥社交，情绪低落，将上网看作一种逃避问题的方

---

① 王烨捷：《孩子沉迷网络怎么办 专家建议重建家庭沟通模式》，载《中国青年报》，2022-11-15。

式，或通过上网释放不良情绪，如无助、内疚、焦虑、沮丧等。

(5)经常向父母要钱去买装备、升级等，甚至偷偷使用父母的手机、盗刷父母银行卡。

(6)经常恶心、厌食等，睡眠紊乱。

(7)注意力不能集中或持久，记忆力下降。

需要说明的是，判断的得出不是依据以上症状的评分，需要通过长时间的观察。有些青少年网络沉迷通常伴随着其他问题的出现，需要综合考量学校、家庭及生理的因素，必要的时候需要到专业机构就诊、寻求专业医生的帮助。

成因解读

青少年网络沉迷受多重风险因素影响，既包括外部因素，如接触使用的网络内容、家庭生活环境、同伴影响等，也包括内部因素，如应对方式、人格特质等。班主任只有充分了解了青少年网络沉迷影响因素的多重性和复杂性，才能更好地对其进行干预和防治。

一、网络环境因素

(一)互联网的飞速发展是青少年产生网络沉迷的客观原因

中国互联网络信息中心发布的第51次《中国互联网络发展状况统计报告》显示，截至2022年12月，我国互联网普及率达75.6%。《2021年全国未成年人互联网使用情况研究报告》显示，2021年我国未成年人互联网普及率达96.8%，较2020年提升1.9个百分点。未成年网民中，拥有属于自己的上网设备的比例为86.7%。信息技术的发展、网络的普遍性及互联网使用的易操作性都使网络成为未成年人成长发展过程中不可分割的一部分。

(二)当今社会网络文化盛行

当下，网络文化也深深影响着青少年群体。移动互联网和手机的普及催生了手游产业，喜欢新奇事物的青少年成为重要的玩家群体，在游戏中选择佩戴怎样的面具、扮演怎样的角色，成为一部分青少年日常交流的主要话题。

这几年短视频在互联网产业中异军突起，截至2022年12月，短视频用户规模达到10.12亿，较2021年12月增长7770万，占网民整体的94.8%。由于短视频的碎片化、互动性、丰富性等特征很好地满足了青少年娱乐、信息和社交需求，近年来，短视频逐渐成为青少年的“新宠”。《2021年全国未成年人互联网使用情况研究报告》显示，未成年网民经常观看短视频的比例为47.6%，虽然较2020年(49.3%)下降1.7个百分点，但较2018年(40.5%)增长7.1个百分点。上网听音乐和玩游戏目前仍然是未成年网民主要的网上休闲娱乐活动，占比分别为63.0%和62.3%。短视频作为新兴网上娱乐方式受众持续递增。其中，小学生网民收看短视频比例达到34.0%，初中生、高中生和中等职业教育学生网民分别为61.8%、65.1%和64.7%。

还有，青少年对网络小说的追捧也成为一种值得被关注的网络文化。《2021年全国未成年人互联网使用情况研究报告》显示，未成年网民中“看小说”的比例为21.5%，具体而言，有10.5%的小学生网民、28.6%的初中生网民、42.0%的高中生网民、38.8%的中等职业教育学生网民在线看小说。虽然优秀的网络小说会带给读者正向影响，但十分受青少年喜欢的魔幻、穿越、甜宠文等，其中不乏对色情、暴力、惊悚、颓废等内容渲染铺排。因此，对于青少年阅读网络小说可能带来的危害，我们不得不提高警惕。

(三)网络本身令人沉迷的特点

网络本身具备的匿名性、方便性、空间穿越性、时序弹性等多个特征，更是吸引了大量的青少年沉迷其中，并导致网络成瘾。

网络的匿名性对那些逃避现实压力的青少年特别有吸引力，他们不仅可以不向他人告知自己的真实情况，以隐身的状态自由地进行各种活动，还可以通过网络吐露自己的烦恼和欲望，使其心情得到放松。因为这种匿名性，有些网络的使用者经常不负责任地对他人侮辱、诽谤。通过这些行为，他们在现实中积聚的学业、家庭方面的压力在网络空间得以发泄和排遣。因此，他们越来越多地使用网络，以至于达到痴迷的程度。网络的方便性指上网突破了时间和空间的限制，做到了随时随地。网络的空间穿越性，让青少年可以体验线上身份和线下身份的脱离，线下他的身份是一名中学生，线上可能展示的是一名成人的身份。时序弹性指的是在网络空间互动过程中，人们既可以通过互联网实时地进行交流，例如，微信是一种同步交流的方式，也可以在电子邮件、博客等中，通过数小时、数天，甚至几个月的时间来回复对方。网络空间创造了独特的时序空间，让人们进行持续互动的时间得以延伸，这增加了网络使用者的黏着性。

二、家庭因素

家庭是青少年成长最重要的环境之一，不良的家庭环境会直接降低青少年安全感，显著增加个体出现心理和行为问题的风险。青少年网络沉迷者在家庭因素上也存在一些共性特征。

(一)家庭教养方式

青少年正处于自我概念形成的关键期，父母在其中扮演十分重要的角色。家庭教养方式与网络成瘾有密切的关系。① 研究发现，青少年网络沉迷者普遍成长于不正确的家庭教养方式下，网络沉迷者的家庭教养方式显示出更少的情

---

① 李英存、刘炳伦、李仁军等：《济南某校初中生网络成瘾现状及其相关因素分析》，载《中国学校卫生》，2012(2)。

感温暖和理解、更高的拒绝否认和惩罚严厉，他们较少得到来自父母的理解、支持和温暖，而且他们的正当表现和要求较少地得到父母的认同和满足。有的父母由于工作忙碌，与孩子交流的时间较少，有限的交流里只关心孩子的学业成绩，对孩子的想法缺乏了解和关心，当孩子出现问题的时候，处理方法简单粗暴。有的家庭内部冲突严重，缺少温情，孩子在家庭中备感压力。生长于不健康的教养方式下的个体，需要有一个地方去释放内心的压力，而网络的开放性和自由性恰恰能满足他们的需求，网上无拘无束的自由感深深吸引着他们，从而使他们慢慢走向网络沉迷。

（二）家庭结构特点

家庭重要角色的缺位也容易导致青少年沉迷网络，如留守儿童现象。《2018年全国未成年人互联网使用情况研究报告》的统计数据显示，留守儿童在网络游戏上花费的时间更多。《2021年全国未成年人互联网使用情况研究报告》则发现，超四成农村未成年网民没有和父母双方一起生活，导致他们缺少父母的监督约束，经常在网上玩游戏、看短视频的比例要远高于城镇，长时间上网情况更突出。《青少年蓝皮书：中国未成年人互联网运用报告（2022）》数据显示，农村未成年人的网络成瘾现象比城市青少年更为严峻。

（三）家长的网络素养

家庭是未成年人上网的主要场所，家长自身的上网行为和网络素养对青少年的网络行为产生了重要影响。《2021年全国未成年人互联网使用情况研究报告》显示，65.8％的家长表示自己可熟练使用互联网；26.8％的家长表示对互联网懂得不多，主要是玩游戏或看短视频；此外还有7.4％的家长表示自己不会上网。家长自身对互联网也存在依赖心理，25.3％的家长认为自己对互联网存在依赖心理，如果闲下来不上网会感到不舒服。这难免会影响其对子女上网行为的管理效果。

有些家长不能以身作则，与此相关有两个生活场景：一是有的家长在陪孩子做作业时，自己在一旁用手机上网或者玩网络游戏；二是一些家长在电脑或者手机上打游戏时，孩子在一旁看。这些“机不离手”的低头族家长，通过这样的“言传身教”来影响孩子的网络行为，这会造成严重的消极影响。《2021年全国未成年人互联网使用情况研究报告》显示，在家长经常玩手机游戏或看短视频的家庭中，未成年人工作日上网2小时以上、节假日上网5小时以上的比例，分别比家长不经常玩手机游戏或看短视频的家庭高5.6和8.5个百分点；还有31.9%的未成年网民使用家长账号玩过游戏。

三、同伴和社会支持因素

在影响网络沉迷的诸多因素中，同伴在青少年问题行为的产生中起着重要作用，甚至超过了与家庭的联结。积极的同伴关系是网络沉迷的保护因素，[①] 而人际关系不好的青少年陷入网络沉迷的危险更高。[②] 国内李宏利和雷雳的研究[③]发现，同伴卷入对青少年网络沉迷具有明显的预防作用，良好的朋友关系有助于减少青少年的问题行为，促进积极适应。同伴沟通良好的青少年，能够把自己的困难和烦扰与同伴进行交流，争取同伴的理解和帮助，也能够听取同伴的意见，因而他们卷入病理性互联网使用的可能性更小。同伴之间疏离水平较高的青少年不愿意把自己的烦恼告诉朋友，害怕遭到朋友的嘲笑，渴望增进与朋友之间的情感但又因缺乏适当的社交技巧而感到孤独无助。而在网上，他们可以更自如和放松地进行自我表露和交流，也可以实践新的社交技巧，更容

---

① Yayan, E. H., Suna Dağ. Y., & Düken M. E., “The Effects of Technology Use on Working Young Loneliness and Social Relationships,”Perspectives in Psychiatric Care, 2019(2), pp. 194-200.

② Milani, L., Osualdella, D., & Di Blasio, P., “Quality of Interpersonal Relationships and Problematic Internet Use in Adolescence,”Cyber Psychology & Behavior, 2009(6), pp. 681-684.

③ 李宏利、雷雳：《青少年的时间透视、应对方式与互联网使用的关系》，载《心理发展与教育》，2004(2)。

易建立网上人际关系。[1] 青少年网络沉迷时间越长，程度越深，在现实中人际交往的时间就越少，社交圈子越窄，他们就体验到更多的孤独感，长此以往更加导致基本交际能力的下降，遇到问题获得支持的能力也就随之下降。简言之，青少年同伴关系越好，越不容易形成网络成瘾。

四、个人心理行为因素

中国青少年研究中心少年儿童研究所曾对全国 10 个省区市 6000 多名学生及其所在的家庭进行过详细调查。调查结果显示，除了上述提到的家庭教养方式和同伴社交因素，从个人心理行为方面来讲，那些面对压力缺乏应对能力和自我认同度比较低的青少年更加容易沉迷网络。

(一)缺乏有效的应对方式

压力性生活事件[2]是青少年网络游戏沉迷的重要风险因素。也就是说，青少年经历的压力性生活事件越多越严重，他们越容易发展成为网络游戏沉迷。“应激—应对模型”认为成瘾行为是个体面对压力的应对反应。[3] 青少年网络沉迷者在遭遇挫折或压力事件时，缺乏有效的应对策略，容易产生挫折感，出现自卑、绝望等负性情绪，转而采取逃避、自责、幻想、发泄等消极的应对方式。而网络游戏世界刚好提供了一个逃避现实、发泄情绪的适宜场所，使他们沉迷其中，走向网络游戏沉迷。

---

① 雷雳：《青少年“网络成瘾”探析》，载《心理发展与教育》，2010(5)。

② 余丽：《应对方式在青少年压力性生活事件与网络游戏成瘾中的中介作用》，载《中国儿童保健杂志》，2017(3)。

③ Siran，He，Lunnen，J. C.，& Puvanachandra P.，et al.，“Global Childhood Unintentional Injury Study：Multisite Surveillance Date，”American Journal of Public Health，2014(3)，pp. e79-e84.

（二）人格特征

网络沉迷的相关研究表明，毫无节制地使用互联网的倾向与某些人格特质具有关联性。研究者们普遍认为，造成网络成瘾的人格因素集中在孤独、敏感、焦虑、自我中心和缺乏自尊心几个方面。现实中，网络沉迷的部分青少年还伴随着抑郁、人格障碍或其他物质依赖。

低自尊群体是网络成瘾的高危群体。处于青少年期的中学生，其自尊心是脆弱而敏感的，希望受到关爱与尊重和有自主表达的空间是所有青少年共同的心理需求。但现实生活中，学业压力过大、同伴交往受阻、亲子沟通不畅等诸多因素导致部分中学生自尊心受到严重打击，他们会产生强烈的无助感，缺乏自我认同，对自己能力和情感的评价较低。但在网络上他们可以隐匿自己的身份，排遣现实中的不良情绪，将互联网作为逃避现实压力的工具。

除这些人格和心理原因之外，有研究还发现，男生比女生更容易出现时间管理失控问题，很容易在网络上尤其是网络游戏上投入更多的时间，甚至会出现旷课等不良行为。网络沉迷的个体往往自我控制能力也更弱。

梳理青少年网络沉迷的成因，我们看到青少年网络沉迷受到多种因素的影响，而且各种因素之间存在复杂的相互影响、相互作用。这些因素一方面可以让我们综合外界的客观条件和内部的个体特征，更客观地看待问题的发生，另一方面也为班主任在帮助和辅导工作中提供更多的视角，以便从不同的侧面开展工作。青少年网络沉迷可以与一些问题行为结合起来分析，相关的预防和干预策略如果面向问题行为的集群可能比单单只针对某一特定的问题行为要更加有效。

第二节
辅导与干预策略

一线有问

随着网络的发展和电子设备的多元化、智能化，学生在网络世界花费的时间更长，沉迷其中的学生不在少数，很多班主任在面对学生网络沉迷的现状时，着急且无奈，非常想把学生拉回课堂，拉到正常的生活轨迹。面对学生总是交不上作业和经常不到校上课的情况，班主任频繁地和家长沟通，也能明显感到家长同样的焦虑，也感到家长的无助、愤怒和无奈。一种恨铁不成钢的情绪蔓延在所有人的心头。而学生所呈现出来的消极态度、看似正常的说话、振振有词的“道理”、一点就着的情绪，让人又无可奈何。当学生出现课堂睡觉、不写作业、总是迟到，甚至拒绝沟通时，班主任往往会有一些想法：做家长的就不能好好管管自己的孩子吗？同时，家长也会有一些疑惑，这青春期的孩子怎么如此叛逆、不听话！当学生不来上学，成绩下滑时，班主任也容易带着这份着急和焦虑与家长沟通，而这样的沟通中指责的意味也多了几分。当然也有班主任明白一定要用心、用情把这样的学生呼唤回来，但这场“持久战”中，和家长的有效配合是非常不容易的。班主任在面对网络沉迷的学生时，可能会有以下一些困惑。

(1)网络沉迷的学生的哪些表现可以尽早识别？

(2)如何帮助网络沉迷的学生回归正常的学习和生活？

①若学生沉迷网络，怎么说服学生到校？

②课堂管理、作业管理等方面较难权衡，班主任担心学生不学习，说得多了怕重了，担心学生不来了，但不说也不行。

(3)怎么和网络沉迷学生的家长进行有效沟通？

辅导策略

越来越多的教师和家长因为手机、游戏等问题和学生发生各种各样的争执，而在青少年这个群体里，青春期的“叛逆”往往也和网络沉迷有一些“联系”，有的家长认为是青春期导致了孩子网络沉迷，不爱和家长交流，也有家长认为是手机导致了网络沉迷。因为沉迷网络而无法上学，也被认为是吃不了学习的苦。青少年如果有网络沉迷的信号，往往首先被关注到的是网络沉迷的行为后果，如上课睡觉、不写作业、情绪暴躁、拒绝沟通等，而网络沉迷背后的原因非常容易被忽略。当教师关注了行为后果而忽视成因时，辅导或者帮扶策略也只触其枝叶，动摇不了根基。所以，针对网络沉迷的青少年，班主任要尽早准确识别、分析学情，然后制定帮扶策略，这是必要且重要的。

一、班主任指导策略

(一)认识与识别网络沉迷

网络沉迷的学生在真实的生活中，有自己想逃避的地方，不愿面对的现实。而在虚拟世界里，他们驰骋天下，有满满的自主权、支配能力，情绪得到最大化的释放，在网络世界里，他们就是那个可以主宰世界的人，快乐、自由、无拘无束！所以，这类学生在真实生活中一定有非常受挫的地方和不能接纳的人或事。他们会慢慢远离真实的世界，将自己放逐在虚拟世界。有了这样的认识后，班主任就可以理解网络沉迷的学生一定在现实世界中遇到了非常大且持续时间较长的困难。就像有一座大山挡住了他们的去路，他们无论如何也翻不过去，还因此变得伤痕累累，进而选择用一种保护性的方式把自己带到了虚拟世界中。这座大山是什么？是在家庭中被忽视，是学业压力过大，是人际关系受挫，还是长期的压力得不到释放呢？无论是什么原因，对待网络沉迷的学生，班主任需要充分地认识到学生此时此刻仍然经历着非常大的困难，带着这样的视角做工作是非常必要且重要的。

(二)摸排班级学情并建立台账

在一个班级中，班主任都需要有一本台账，包括学生的学业表现、人际交往、上课状态、作业反馈、班级事务的组织管理、学生性格、兴趣爱好等内容。从入校开始，学生一定有各种不同的状态，班主任可以针对学情建立专门的台账进行记录。例如，学业表现较弱，课堂专注力低，作业质量低或者不完成作业，经常找理由不到校；人际沟通敏感，不爱和同学交流，与教师交流也有逃避表现，亲子沟通不畅等。网络沉迷的学生往往有以上的学情表现。

班主任在和家长的沟通中，一定要摸排学生在家的表现，当家长的反馈涉及孩子情绪不稳定、经常抱着手机、沟通不顺畅、特别爱打游戏时，要注意这有可能是网络沉迷的初期表现。在实际工作中，班主任和家长可能更加关心学生表现出来的学习情况。有时学生出现明显的网络沉迷情况后，才会引起班主任和家长的真正关注，而此时，网络沉迷的青少年往往已经进入了较为严重的沉迷状态。所以，对于班级来说，班主任建立好学生台账，及早发现和预防的效果一定大于后期的干预。

(三)沟通——从“心情”出发而非“表情”

对于网络沉迷的学生，最令人担忧的往往是他的学业，班主任常和家长沟通的也是学业、作业、课堂表现不良等情况，这些都是网络沉迷的行为后果，是看得见的，像我们的“表情”一样。而学生已处于网络沉迷状态，观其“表情”，远不如探其“心情”，即关注这类学生背后的成因、压力的来源等。因为这个时候的学生一定有教师“看不到”的“困境”。班主任需要明确，学生既然已经网络沉迷，这就是一场持久战，不是一次两次的谈话或者活动就能得到解决，所以，班主任一定要做好长期帮扶的心理预设，要看到学生不健全的人际关系，要看到学生对学科知识的畏难情绪，要看到学生单一的逃避方式，要看到学生内心的焦虑等。这样在面对这类学生时，教师内心是稳定的，更容易和学生建立更好的互动关系，有利于慢慢探寻学生网络沉迷的背后故事。

（四）使用小步子行为改善策略

网络沉迷的学生，他们在学校较难交作业并完成相关的学习任务。班主任可以和科任教师达成共识，帮扶学生需要大家一起配合，这样才能最终把学生带回正轨。例如，针对学生的学习情况，从他的优势开始，每天让他做1～2种学习任务，坚持一段时间后，慢慢地引导学生再增加一个学习任务，这样，学生在恢复学习的过程中就不会感觉负担一下很重，而且能较好地坚持。

（五）建立班级关爱体系

1. 营造温馨友爱的班级氛围

温馨友爱的班级氛围可以令网络沉迷学生有归属感、安全感。很多网络沉迷的学生不愿上学，在同伴交往中也较为敏感。班主任可以根据学生的个人特点，举办班级生日会；根据节日习俗，进行晨间播报，制作传统节日物品；根据学期特点，进行班级“闪光点大揭秘”等活动。当学生的状态是平静和轻松的时，他更容易回归班级。班主任可以举办一些活动吸引学生到校，例如，针对学生的兴趣和特长，在班级内举办体育小竞赛。

2. 根据学生特点创设相应的职务

网络沉迷的学生一般自信心不足，较难找到自己的价值感。班主任可以根据学生特点，创设多元化的班级职务，如电教委员、绿植小天使等。同时可以采用多元评价与鼓励，帮助学生逐步认可自己，让学生获得肯定。

3. 通过小组帮扶机制带动学生

青春期的学生更重视同伴的评价。所以，当小组内有网络沉迷的同学时，教师可以培训帮扶小组。帮扶小组自主召开小组会议，讨论目前成员的学习和生活困惑，从课堂听讲、课后问题探讨、作业提醒等角度建立小组契约。帮扶小组充分发挥成员之间相互提醒、互帮互助的作用。

4. 多学科协同帮扶

班主任可以采取多学科协同帮扶的方式，将学生的学情与学科结合。例如，班主任可以和语文教师沟通，采用语文写作中人物描写的方法，让学生来描写帮扶对象的优点，让学生在班级的氛围中感受到被认可、被看见；班主任可以和体育教师沟通，根据学生的体育运动特点，进行趣味的体育竞赛或开展相关活动。这种帮扶方式需要班主任和各科教师一起协调沟通，共同助力。

二、家校协作

(一)开设家长课堂，进行家庭教育指导

《中华人民共和国家庭教育促进法》中明确指出：父母或者其他监护人应当树立家庭是第一个课堂、家长是第一任老师的责任意识，承担对未成年人实施家庭教育的主体责任。而学生进入中学、生长发育进入青春期后呈现的学业、发展等问题较多。班主任可以定期进行家庭教育指导，让家长明确每个阶段的学生真实状态和理解学生的发展特点是非常必要的。同时，在家庭教育指导中，班主任可以开展网络沉迷相关案例的解析，提供有效沟通的路径，安排阶段性学生发展与家庭配合的相关任务。这样在学生出现一些问题时，班主任可以有效缓解家庭焦虑，并尽快解决问题。

1. 帮助家长重建沟通——透明化的小纸条

很多家长会抛出问题：孩子已经和我们不沟通了，怎么办？这是很多网络沉迷学生家庭的常见情况，家长着急，也不控制脾气，孩子不理、不听、拒绝沟通，说得多了就吵架，这令人非常头疼。这时，班主任可以建议家长在充分理解学生的前提下，采用写小纸条、写信的方式，每周写 3～5 次，把自己想表达的内容、自己对孩子的担忧、自己对孩子的理解，用有温度的文字写出

来。信的内容可以请心理教师把关。家长带着这份真诚，向孩子透明化自己的想法，放低家长的权威姿态，慢慢和孩子沟通。

家长在和班主任充分沟通后，制定了第一个目标——能和孩子沟通。小Q父母采用了“闭上嘴，动起手”的方式，相互提醒着把经常放在嘴边的话咽回去，开启小纸条模式。小Q母亲的记录内容如下。

刚开始，让我给孩子写信，自己内心也有一些抗拒，你不听我的，你这样逃避现实，自暴自弃，我还给你写信！可是自己的孩子总不能看他沉沦，我尽可能收起所有母亲的自尊和骄傲，放下自己经常摆的脸色，放下家庭里的权威，尽可能控制住自己停不下来的嘴巴，让自己平静下来，尝试给孩子写一写。刚开始，不知道写些什么，我按照老师的指导，写写今天的心情、今天发生的事情、自己的想法和情绪，分享的同时也表达一下对孩子的关心。我知道，他仍然不理我，但我相信，这些小纸条他肯定看了。在写小纸条的过程中，我突然意识到，自己从来没有和孩子这样平静地交流、谈心，更多的是我滔滔不绝的指令，从没想到孩子的感受，而现在，我多么希望得到孩子的一些反馈，我也开始反思自己。就这样，当我写到第5张小纸条时，孩子出门拿东西，好像开始留意我们的行为，开始有一些想交流的眼神。但是孩子仍然把门重重一关。虽然我非常焦虑，也有生气，但是我知道这是个开始，是个非常重要的开端，如果我还像之前一样，直接爆发或者和孩子吵架，我知道这不可能会好起来。

其实让家长认识、理解孩子，并忍住这份焦虑是非常艰难的，但是，后续工作能够起作用的必要条件是好的关系。班主任源源不断地给家长提供正面的反馈和指导，也是有效的辅导策略。在小纸条的内容上，家长可以增加一些“示弱”的内容，让孩子来帮忙解决家里的一些家务事，让孩子慢慢地走进真实的世界，重新进入家庭角色，慢慢回归家庭。

2. 帮助学生行为矫正

对于网络沉迷的学生来说，家长最希望看到的是他们尽早远离手机、远离电脑，但脱离网络的过程是长期的，因为网络沉迷的状况是长期积累起来的。在充分认识这一点的前提下，行为指导就能更有耐心，当教师和家长的期待值降低后，对学生行为的变化就可以多一些接纳。这个过程可以用小步伐的策略。

当家长和孩子针对网络沉迷的现状达成一致，且可以较好地沟通，只是孩子控制不住自己玩电子产品时，家长这样做：假如孩子每天玩的时间是晚上8点到12点，甚至更长，家长可以召开家庭会议，探讨每天玩多长时间。大部分家长的期待是对减少网络时间达成一致。但当孩子坚持不了，家长又开始指责孩子，孩子情绪一上来，就回到之前的状态了。这里面的关键问题是减少多少网络时间。解决这个问题有两个要点。第一，家长要和孩子商量，让孩子做主要决定。第二，小步伐减少，即如果孩子每晚玩4小时，家长可以建议每天减少20～30分钟。这样孩子也容易接受，行动起来也更加轻松。在坚持5～7天后，家庭再次召开家庭会议，总结这一周的坚持情况，然后确定下一步减少的时间，可以在上周的基础上再减少10～20分钟。

具体模式如下：良好的沟通→家庭会议1确定减少时间→家庭会议2总结，再次确定减少时间→家庭会议3总结，并确定后续减少时间→家庭会议4总结，并确定后续减少时间→确定后续孩子和家长都接受的网络时间。

小步伐的策略一方面满足了孩子的网络需求，另一方面，能够让孩子不费力地去慢慢脱离网络。在这个过程中，家长的配合与支持、对孩子的及时肯定和每周的家庭会议都是非常重要的。

(二)开展同辈工作坊

班主任和网络沉迷的学生家长沟通时，大多能感受到家长浓浓的焦虑和无奈，也能看到家长对解决问题的迫切希望，有时还可能受到家长的指责。实际上，这都反映了家长本身也需要很多支持。为了更好地帮助家长缓解焦虑情绪，建设和谐家庭关系，让家长得到更多支持，班主任可以在学校心理教师的帮助下，建设家长同质性小组。在小组中，通过倾听、分享等方式，让家长逐步认识到问题的正常化。家长互相诉说的时候，会激起成员们的共鸣，在这个过程中，家长互相见证、互相支持，看到彼此的进步。

三、走入真实世界

网络沉迷的学生待在网络世界的时间越长，对现实世界越有陌生感、惧怕感和抗拒感。班主任可以创造走入真实情境的机会和活动，帮助学生逐步去感受真实世界，在真实的实践活动中去探索自己，激发学生的内部动机。例如，学校的各种实践活动、社区的活动和家庭的户外活动。班主任也可以用访谈的方式，增加学生和身边人的交流，增加学生与真实的人、事的联结，以逐步弱化学生与虚拟世界的联系。

总之，班主任需要了解学生，并尝试走进学生的内心。网络沉迷是很多现实的压力和困扰导致的，班主任可以通过很多方式帮助学生走出来。虽然这个过程可能会很漫长，但家人以及同学都会提供帮助，也可以请心理教师给予专业的指导意见并一起进入家庭座谈。当然，最重要的还是在充分理解后，再去帮扶学生。

案例实践

心理教师从与学生沟通的情况、学生的表现、青春期的特点等方面和小 Q 的父母进行了深入的沟通，同时也表达了对小 Q 父母在家庭建设上的肯定。最终，双方达成一致，要先达到家长和孩子可以沟通的目的。小 Q 的父母开始给孩子写纸条、信件，每周会和心理教师商榷与调整内容。一周后，小 Q 的母亲说，孩子愿意打开门，和家长进行一些家庭事务上的沟通了，虽然孩子还是不去上学。

同时，班主任按每周 3 次的频率组织班级同学给小 Q 讲班级的趣事和最近学习的知识，求助小 Q 非常擅长的网络知识。两周后，小 Q 去了学校半天，但是因为学习上落下的内容较多，小 Q 整个上午处于听不进去也较为难受的状态，不过他和同学能够在课间交流。下午，小 Q 表示无法待下去，执意要回家。小 Q 答应班主任，回家后先从自己的优势学科补起。小 Q 的父母在征得孩子同意后，找了家庭教师进行补课。班主任和科任教师商议后，设计了一个网络的研究性课题，并邀请小 Q 进入课题小组进行研究。小 Q 对这个网络课题表现出极大的兴致，但是坚持了两天，就经常不参加小组会。后来，班主任每天让一名同学提醒小 Q 定好第二天讨论闹钟，在讨论开始前就呼叫小 Q。通过这样的方式，小 Q 断断续续地参与到课题中。

小 Q 的父母在和心理教师沟通的过程中，逐渐感觉到自己家庭有一些问题，也接受心理教师的建议去做家庭咨询。到了学期末，小 Q 仍然较难到校，但是学习没有落下很多，在人际交往、真实世界的实践活动和父母的沟通这些社会性功能上有了一定的保持和发展。

这个案例中，班主任发现了学生优势，在科任教师和班级同学的帮助下，小 Q 慢慢远离虚拟世界。心理教师配合班主任，为父母提供了指导意见。克服网络沉迷是一个漫长且需要大量耐心和关注的过程。在这个多方一起建立的支持系统和多元化的活动中，希望小 Q 能尽早回归校园，逐步远离虚拟世界，找回真正的自我。

相关提示

（1）网络沉迷学生的家庭需要做什么样的心理咨询？

网络沉迷的学生在家庭或者学校感受到了压力或者产生无法纾解的情绪时，如果班主任和家庭建立了信任且能够较好沟通，班主任可以建议学生的家庭做家庭咨询，帮助他们探寻和构建家庭内部的支持系统。班主任可以在心理教师的帮助下找到专业的咨询机构或者渠道。

(2)网络沉迷的学生是否需要接受心理咨询或心理治疗?

这里的心理咨询或心理治疗是指校外的心理咨询机构、医院的心理治疗科室所提供的心理服务。

①不需要。

可以采取家校协同助力的方式。在学校和家长的通力配合下,在班主任和心理教师的共同指导下,通过学校心理咨询、科任教师的鼓励等方式,让学生在班级逐步找到价值感或存在感,逐步认识到网络沉迷对自己的消极影响并慢慢回归正常的课堂。例如,学生开始慢慢进入感兴趣的学科课堂,听讲行为增加,作业能坚持完成一科,到完成两科、三科,人际关系良好。在观察到学生有以上的变化时,可以继续通过家校协作帮助学生。

②需要。

一是学生有主动求助意愿。网络沉迷的学生一般情况是不愿意走出家门和离开电子产品的。但是在沟通、互信的基础上,如果学生认识到了自己的难题和眼前的困境,产生求助意识,班主任可以建议学生去做相关的心理咨询。例如,帮助学生查找并咨询当地的三甲医院或者精神病类医院、有关网络沉迷的青少年咨询和治疗的相关科室或咨询机构。

二是学生阻抗情绪强烈。如果学生不愿意接受咨询,班主任可以建议家长先去咨询。学生网络沉迷的形成与家庭系统、学校社会压力和人际关系有非常大关系,家长是每天陪伴在学生身边的,所以家长要先去寻求帮助,逐步调整家庭系统的功能、内部关系。咨询过程通常较长,帮助孩子脱离沉迷的过程也非一日之功,要做好长期的打算。

参考文献

①方晓义、林丹华、房超：《感知的和实际的友伴吸烟行为对青少年吸烟行为的影响》，载《心理发展与教育》，2001(2)。

②雷雳：《互联网心理学：新心理与行为研究的兴起》，北京，北京师范大学出版社，2016。

③雷雳：《青少年"网络成瘾"探析》，载《心理发展与教育》，2010(5)。

④李宏利、雷雳：《青少年的时间透视、应对方式与互联网使用的关系》，载《心理发展与教育》，2004(2)。

⑤李英存、刘炳伦、李仁军等：《济南某校初中生网络成瘾现状及其相关因素分析》，载《中国学校卫生》，2012(2)。

⑥林丹华、方晓义：《同伴、父母对青少年吸烟认识、吸烟行为的相对影响力》，载《心理发展与教育》，2001(4)。

⑦马庆国、戴珅懿、王小毅：《网瘾概念的定义研究》，载《管理工程学报》，2006(2)。

⑧王烨捷：《孩子沉迷网络怎么办 专家建议重建家庭沟通模式》，载《中国青年报》，2022-11-15。

⑨王玉花、赵阿勐：《青少年网络成瘾者心理问题研究》，载《现代远距离教育》，2010(4)。

⑩王志昭：《短视频对青少年的利弊影响及治理》，载《新闻爱好者》，2019(11)。

⑪余丽：《应对方式在青少年压力性生活事件与网络游戏成瘾中的中介作用》，载《中国儿童保健杂志》，2017(3)。

⑫Milani，L.，Osualdella，D.，& Di Blasio，P.，"Quality of Interpersonal Relationships and Problematic Internet Use in Adolescence,"Cyber Psychology & Behavior，2009(6)，pp. 681-684.

⑬Siran，He，Lunnen，J. C.，& Puvanachandra P.，et al.，"Global Childhood Unintentional Injury Study：Multisite Surveillance Date,"American Journal of Public Health，2014(3)，pp. e79-e84.

⑭Yayan，E. H.，Suna Dağ. Y.，& Düken M. E.，"The Effects of Technology Use on Working Young Loneliness and Social Relationships,"Perspectives in Psychiatric Care，2019(2)，pp. 194-200.

第四章

焦虑

学习与考试焦虑是青少年群体中最为常见的一种焦虑类型，是由学业压力、学习情境或考试情境带来的焦虑症状，常表现为心神不宁、自卑自责、头疼头晕、失眠多梦等。

把烦恼当作脸上的灰尘、衣上的污垢，染之不惊，随时沉拂，常保洁净，这不是一种智慧和快乐吗？

——王蒙

第一节 主要表现及成因

情境再现

“我们班于佳又请假了。”收到家长的请假短信后，班主任王老师在办公室里抱怨道。同事们听到后又纳闷又好奇：高三即将过半，正是学习最为紧张的时候，这个于佳怎么还老请假呢？“这个于佳是怎么回事啊？”李老师忍不住问道。办公室里其他教师的耳朵也跟着竖了起来，听王老师讲起了故事。

“按说，于佳在我们班虽然不拔尖儿，但成绩原本是不错的，10 名左右吧。也不知道怎么回事儿，高二期末考试成绩一下子滑到了 30 多名。当时我还找他谈了话，想了解了解情况，他表现得很沮丧，也没说出什么来，我就鼓励了他几句，告诉他这没什么，高三好好努力就是了。谁知道高三开学摸底考试，他又没考好，甚至比高二期末还差了一点点。跟家长联系，家长说他暑假哪里都没去，每天都在家刷题复习，说要在高三证明自己。我看孩子都这么努力了，也不好再说什么。谁知道从那时开始，这孩子作业就经常迟交，有时上课还打瞌睡。家长说孩子每天晚上回家都学到很晚，说担心考不好，要更努力学习，可能是睡眠不够。我就嘱咐家长让孩子早些睡觉，高三是持久战，不要让孩子熬夜。但并没有什么用，孩子的黑眼圈儿越来越重。奇怪的是，作业却每况愈下，字迹越来越潦草不说，错误率也越来越高。后来就三天两头请假，尤其是要考试前，他一定会请假，就连高三期中考都请假了。找他谈话吧，就是唉声叹气，说自己总是担心考不好就一直拼命学习，但不知道为什么却总是做不好，晚上经常紧张得睡不着。再问就是一个劲儿地抹眼泪，什么也不说了，然后就是抠手指。我看他那个指甲啊，都是秃的，那个右手拇指的指甲都抠出坑儿来了……"

"于佳会不会是得焦虑症了呀?"孙老师忽然评论道，"以前我也遇到过这么一个学生，后来去看心理医生，说是焦虑症。"听孙老师这么一说，王老师感觉得到了提醒："对啊，我也该让于佳妈妈带孩子去看看心理医生，可别耽误了孩子"。

2022 年 6 月世界卫生组织发布的《2022 年世界精神卫生报告》指出，2019 年的全球统计数据显示，全世界已经有近 10 亿人患有精神健康疾病。其中，患有焦虑障碍的比例最高，占比为 31.0%。几乎每个人都曾经在人生某一时刻受到焦虑情绪的困扰。焦虑症状是青少年群体中常见的消极情绪反应。国外有研究表明：有 10%～20%的青少年患有焦虑障碍；2021 年 5 月，发表于《儿童心理学与精神病学》杂志的第一个中国少年儿童精神疾病患病率的流调报告显示：在 6～16 岁在校学生中，中国儿童青少年的精神障碍总患病率为 17.5%。其中，焦虑障碍患病率高居第二，占 4.7%。过度的焦虑和担忧严重影响了青少年的学习能力、社交能力和生活幸福感，侵袭着青少年的身心健康。

班主任虽然知道现在的学生普遍体验过焦虑情绪，但可能会困惑：焦虑是什么？有哪些具体的表现？在焦虑情绪如此常见的今天，怎样是正常的，怎样就可能是生病了？当班里有学生被诊断为焦虑症时，又该如何去帮助他呢？

常识科普

一、什么是青少年焦虑

焦虑情绪是一种内心紧张不安，预感到似乎将要发生某种不利情况而又难于应对的不愉快的情绪体验。焦虑情绪出现的频率相对普遍，而达到焦虑症往往意味着焦虑的程度已经非常严重，影响到了个体的正常社会功能。这种情绪体验在青少年阶段尤其容易多发，表现有焦虑、恐慌和紧张情绪，对于自己将要面对的以及未来可能面对的事情有很多糟糕的想法，常伴有身体不适、睡眠困难等问题，并常常对引起焦虑恐慌的事物采取回避措施。这类回避行为可能会影响到青少年正常的学习、交友等必要的社会功能。焦虑障碍发病率逐年增高，严重危害到青少年的身心健康。但由于家长对焦虑症的了解不足、对精神疾病存在一定的忌讳，青少年焦虑症爆发时所表现出来的回避退缩、沟通障碍等行为常常容易被误解为胆小、任性、意志不坚等。因此家长很容易错过为青少年提供有效帮助的最佳时机。

二、如何区分正常焦虑情绪和病理性焦虑

焦虑情绪是一种常见的内心体验。当学习、工作和生活中遇到某些压力或难以应对的挑战时，人们就会体验到焦虑情绪。但有焦虑情绪并不都意味着“生病了”。实际上，在适度的焦虑水平下，人们往往能充分调动出身体和心理的机能，从而表现得更好，这就是正常焦虑。然而也会有人在焦虑状态中，表现大失水准，甚至无法作为，这就是病理性焦虑了。病理性焦虑表现出来的往往是过度的、持久的，或者没有现实依据的紧张、害怕等情绪，常常感到提心吊胆，心烦气躁，坐立不安，注意力无法集中，思维和学习效率下降，小动作

增多，如啃咬手指、薅头发、敲打手指、捶胸顿足等。为了缓解焦虑症状，可能会采取回避(如拒学行为)、寻求刺激(如迷恋电子产品等)、物质依赖(如暴食等)等措施，严重时会有恐惧情绪、恐惧预感，对外界刺激容易出现惊恐反应，常常伴有睡眠困难和自主神经功能紊乱现象，如面部潮红、肌肉颤抖、口干出汗、胸部不适、心慌气短、头痛头晕、失眠多梦等。当有学生在长达一个月的时间里反复体验着担惊受怕，且没有丝毫好转的迹象，同时伴有躯体不适、睡眠困难、学习效能下降等问题，班主任就需要警惕了，因为这可能提示着病理性焦虑的存在，也就是学生可能会被诊断为焦虑障碍。

三、青少年常见的焦虑问题类型

焦虑问题多与童年期的不良经历有关，包括不良的家庭生活环境和家庭教养方式。年幼时，由于儿童语言尚未发育完善，无法很好地表达自己的情绪体验，加上环境的威胁、照顾者的不周或不敏感，儿童可能常常得不到有效的安抚而不得不长期忍受焦虑情绪和不安，甚至形成易焦虑的性格，例如，爱哭闹，容易紧张不安，难以独处，总爱黏着父母或其他大人，食欲不好，睡眠不好，容易惊醒等。青春期时，由于青少年身心的进一步发育和外部挑战的增多，其焦虑症状可能也会进一步增多，例如，害怕当众讲话，一个人不敢去陌生的场所，容易脸红，总是担心自己因为表现不好被教师批评，担心过去做过的错事被他人知道并嘲笑，自我意识过强，认为身边的人都能看到自己的不足，且在时刻关注着自己等着看自己的笑话等。在青少年身上，常见的焦虑表现有以下几种，而根据焦虑症状的严重程度以及对个体社会功能的影响，不同的焦虑表现都可能从正常的焦虑情绪恶化到焦虑障碍。

(一)学习与考试焦虑

学习与考试焦虑是青少年群体中最为常见的一种焦虑类型，是由学业压力、学习情境或考试情境带来的焦虑症状，常表现为心神不宁、自卑自责、头疼头晕、失眠多梦等。过度的焦虑情绪会使青少年注意力难以集中，记忆和思维品质降低，从而干扰学习和考试效果，并对身心健康产生威胁。学习与考试焦虑严重者还会产生厌学或拒学现象，就像开头提到的于佳同学一样，他们可能会频繁或长期地请假，缺席课堂学习或考试。这种行为又容易被误解为任性或逃避责任，从而加重青少年的心理负担，使焦虑症状进一步加重，甚至会发展为焦虑障碍。

(二)恐惧症

恐惧症是人对某种客观事物或情境产生的异乎寻常的紧张、害怕和畏惧状态，它是有着明确指向目标并伴有回避倾向的特殊焦虑类型，常伴有明显的自主神经症状，如面红耳赤、心慌气短、恶心呕吐、瘫软无力甚至昏厥等，强烈的焦虑和痛苦感常引发回避反应，例如，晚上必须开灯睡觉(怕黑)，不敢乘电梯(电梯恐惧症)，不能待在高处(恐高症)，不能上学(学校恐惧症)，不能参加考试(考试恐惧症)，回避社交(社交恐惧症)等。恐惧症患者也容易被误认为是胆小怕事、不够勇敢，甚至会因此受到嘲笑，这些都可能会引起症状的加重。恐惧症主要包括特定恐惧症(有特定对象的恐惧)，广场恐惧症(对某种场所的恐惧，如广场或电梯)和社交恐惧症。

(三)社交焦虑障碍

相对于其他焦虑而言，社交焦虑障碍在青少年中更为多见。社交焦虑障碍是一种对社交情境感到强烈焦虑或恐惧的障碍，俗称社交恐惧症，其特点是明显而持久地害怕社交活动中可能出现的令人尴尬的局面或结果。因此一旦面对社交，社交焦虑障碍者就会感到手足无措，不敢与人对视，并出现严重的焦虑反应。社交焦虑障碍者知道自己的反应是过分、不合理的，但他们无法控制，只能尽力地回避社交机会而让自己免于出丑或难堪，这明显地影响了其学习与其他社会功能。社交焦虑障碍多起病于青春期，患病率为3%～13%。[①]

(四)强迫障碍

强迫障碍是一种以反复出现多余的或不必要的行为或想法为主要表现的精神障碍，常与焦虑相关，因此在DSM-4中，强迫障碍被列为焦虑障碍的一个亚型，但因其主要临床症状、发病时间、神经学基础及治疗取向等方面的特点，在DSM-5中，强迫障碍被分化出来成为一组相对独立的精神障碍。主要症状表现为强迫思维、强迫行为、强迫意向和强迫情绪四种。

1. 强迫思维

强迫思维指反复出现、持续存在或不恰当地闯入头脑中的，难以克制的想法、表象或冲动。患者能意识到这些想法是无意义的或攻击性的，但却无法停止或控制它们，因此引起明显的焦虑和痛苦。常见的强迫思维[②]包括以下几种。(1)强迫表象：头脑里反复出现过去感觉到的或体验到的一些不必要的画面、表情、声音等形象，例如，头脑中反复回响某个声音或总是想起某个感到厌恶的画面等。(2)强迫联想：反复联想一系列不必要的或不好的事件或内容而无法克制，从而引发情绪紧张或痛苦，例如，总是会想到自己考试考糟了被父母或教师批评的画面。(3)强迫回忆：反复回忆曾经做过的日常琐事，虽明知无意义，却无法摆脱，挥之不去。(4)强迫怀疑：对自己完成的事情不确定，产生不必要的疑虑，要反复核实，例如，反复检查题目答案是否正确、门窗是否关好、答案是否填涂正确等。(5)强迫性穷思竭虑：对一些毫无意义的"问题"进行反复思考、刨根问底，明知无意义却无法停止，例如，反复思考"先有蛋还是先有鸡"。(6)强迫对立思维：相互对立的词句或概念反复在头脑中出现，明知无意义却无法释怀，例如，想到"高尚"，立刻就想到"卑鄙"等。

---

① 陆林：《沈渔邨精神病学(第6版)》，989页，北京，人民卫生出版社，2018。

② 陆林：《沈渔邨精神病学(第6版)》，1019页，北京，人民卫生出版社，2018。

2. 强迫行为

强迫行为指患者感到不得不反复进行某种行为或精神活动，以阻止、抵消和控制内心因强迫观念而带来的痛苦或不适。常见的强迫行为包括以下几种。(1)强迫洗涤：为了消除对肮脏、有毒或细菌感染的恐惧而反复洗手、洗澡或洗衣物等。(2)强迫检查：通常与强迫怀疑同时出现，对明知做好的事情却不放心而反复检查，例如，反复检查考试中题目是否回答正确。(3)强迫计数：不可控制地数台阶、步数、地板砖数等，或者对某个动作必须做够一定次数，例如，每道题目必须检查 3 遍，否则就会感到不安，若怀疑遗漏，需重新做起。(4)强迫仪式动作：在日常活动之前，必须进行一定的仪式化操作，例如，必须把课桌整理干净，把文具摆放好，把所有作业都梳理一遍并按固定次序排放好，才能做作业，如因某种原因出现纰漏，则必须重新按程序操作一遍，才能继续作业。(5)强迫性注视：控制不住地看某种认为自己不该看的物体，例如，与人交往时注视他人的隐私部位。(6)强迫重复：由于内心的焦虑或恐惧而反复重复某一个动作或操作，如强迫锁门、强迫洗手等。(7)强迫祈祷：企图通过强迫性的祈祷仪式来平复内心的不安。(8)强迫触摸：表现为通过不停地触摸某些事物或物品来缓解内心强烈的不安全感。(9)强迫性寻求保证：表现为反复向身边的人物寻求并获取保证，以让自己感到安全和放心。

3. 强迫意向

强迫意向指在某种情境中出现的一种明知不该有却无法克制的意向或冲动，如站在高楼落地窗前想要往下跳的冲动，虽未实际发生，但患者会因为这种无法克制出现的冲动而痛苦不堪。

4. 强迫情绪

强迫情绪指不必要的强烈的担忧或恐惧。这种恐惧常令患者感到自己将会失去控制，做出可怕的事情，如害怕自己会疯掉，然后做出可怕的违反法律或公序良俗的事情。如某个高中女生对于自己正处于叛逆期的弟弟有很多愤怒和不满，在弟弟做错事时经常会有想要杀死弟弟的冲动，这种冲动让她觉得自己像个恶魔。为了避免这种折磨，她选择长期待在学校里，避免回家与弟弟碰面。

总体而言，强迫障碍多存在“强迫”与“反强迫”共存的特征，即患者能够明显地感觉到自己反复或持续出现的某种想法或行为是不合理的，有强烈的、想要改变的意愿和倾向却苦于无法做到。所以有强迫障碍的青少年经常挣扎在自己的思维和行为的冲突当中而无法自拔。

成因解读

青少年的焦虑问题其实是多种因素导致的。

一、生物与遗传因素

近年来的神经影像学、生物学研究表明，部分脑区的结构或功能异常、某些神经递质的水平失衡可能与焦虑障碍相关，例如，前额叶皮质—杏仁核—丘脑的结构与功能异常可能是焦虑障碍的脑病理机制之一；眶额皮质和尾状核代谢活动增强可能反映了强迫性思维或慢性焦虑；γ-氨基丁酸(GABA，一种重要的中枢神经系统抑制性神经递质)水平降低时会出现精神紧张、失眠等症状，而去甲肾上腺素的水平增高与焦虑有关；最新研究显示，焦虑障碍患者的血清脑源性神经营养因子(BDNF)水平明显低于健康人群。

二、青春期的生长发育

青春期的生长发育具有两方面的意义：走向成人与独立。不得不提的是，青春期的发育带有严重的不平衡性。随着青春期的发育，青少年在外形上越来越像成人，但其心理的成熟却远远滞后于身体的成熟，认知和行为方式不乏幼稚和偏激，他们情绪、情感丰富，但理性和行为控制不足。身体发育带来的成人感常让外界对他们甚至他们对自己提出更高的要求，但心理的尚未成熟又常常让他们遭遇压力和挫败，加之社会和经验的欠缺，让青少年对焦虑有了更多的易感性。某学业欠佳的高三男生在高考前几个月频频与家人发生冲突，在难以忍受的痛苦中，该生找到心理教师诉说，因为自己已经年满 18 岁，他开始思考自己的未来，但感受到强烈的苦恼。糟糕的学业现状让他感觉高考不是自己的出路，加之低学历的父母供养自己读书的辛苦让他感觉自己需要及早独立，于是产生了放弃高考另谋出路的想法，却遭到了父母的强烈反对。该生在左右摇摆中不知何去何从。已经成人的责任感加剧着他对自己学业不佳的焦虑和痛苦，父母的心愿和期许又令他感到无从摆脱的束缚。在理解到他的痛苦后，心理教师协助他和父母进行了家庭会谈。在理解孩子内心的挣扎和痛苦之后，父母决定放手，让孩子自己理性思考和决定自己的未来出路。在反复斟酌下，该生选择了最后一搏，参加了当年的高考，最终发现结果并没有自己想象的那般糟糕，最终以超过一本分数线的成绩被当地一所师范院校录取。

三、家庭因素

大部分青少年的焦虑问题与家庭相关，如家庭环境不良、家庭不完整、父母的教养方式不良等。

1. 家庭环境不良

家庭环境不良包括家庭成员间关系不良，家庭成员经常发生冲突或争吵，家庭时常面对难以应对的压力或挑战，如被追债；家中有人有重病或突然去世，家庭经济负担过重等。青少年作为家中的重要一员，不可避免地要去面对这些压力，长期处于难以应对的压力之下很容易让他们身心失调，患上焦虑症。某学生母亲罹患乳腺癌，他因担心失去母亲，在母亲疗愈后仍感到过分的担心和焦虑，经常想象母亲不在的痛苦境地，难以安心学习，直到求医和咨询后才得到缓解。

2. 家庭不完整

家庭不完整包括显性或隐性的家庭重要成员缺失，这可能会导致家庭的某些功能欠缺，使青少年被迫去承担额外的压力或挑战。例如，某学生的父母离异，好强的母亲把所有的期望都放在了孩子身上，但这份期望过重和过于自我，让该生感到越来越窒息，陷入了抑郁和焦虑之中，成绩也开始退步。

3. 父母的教养方式不良

父母的教养方式不良包括父母教养严苛、父母教养方式不一致和父母过度溺爱等。父母教养严苛和父母教养方式不一致容易让青少年时常要挣扎于对父母的期望和愿望的满足中，而父母的溺爱可能剥夺了青少年应对压力能力的发展，对青少年都是不利的。有一女生进入高三后越来越焦虑，原来是父母各自对她有着不同的期望。母亲希望女儿优秀，能成为独立女性，父亲认为女儿快乐健康就好，父母因此时常指责对方，使该女生时常陷于父母的冲突中，难以专注于学习。

四、精神应激与个性因素

许多研究表明，焦虑障碍患者比健康人遭受着更多的压力，主要为人际关系、经济、家庭、学习或工作等方面的压力或问题。一方面，压力和应激事件多的个体对焦虑问题有易感性；另一方面，焦虑障碍患者的个性特征也使他们更容易对生活、学习和工作感受到压力和不满，例如，有着完美主义倾向、内向敏感、抑郁悲观、严肃保守的人容易患焦虑障碍。

五、社会文化因素

此外，不得不提的是，社会文化因素也对焦虑障碍的产生有重要的影响。

信息化时代将人类送上了社会发展的快车道，却也不可避免地带给当代人越来越多的焦虑情绪和内耗，甚至有人将当今时代命名为“内卷时代”。南京大学社会学院周晓虹教授将焦虑称为迅疾变迁背景下的时代症候。他在文章中这样写道：“这样看来，我们今天所体验到的四处蔓延的‘焦虑’也许倒是一种随社会急剧变迁而出现的社会心理特征，或者说是一种齐美尔所说的‘现代性体验’。”显然，作为未来社会中坚的当代青少年也无法对这种“现代性体验”免疫。

除以上影响因素，与青少年的焦虑问题有关的其他风险因素还包括家庭精神病史、身体疾病、疫情、地震及其他灾难等。

总体而言，青少年的焦虑问题多与生理、心理和社会文化因素有关，这些因素不仅可以帮助班主任理解为何青少年的焦虑问题会越来越多，还可以提示班主任在日常工作中从哪些方面着手，以帮助焦虑的青少年调整自己并回到身心发展的正常轨道上。

第二节 辅导与干预策略

一线有问

当焦虑问题在青少年中日益突出时，学校教师尤其是班主任的焦虑情绪也在逐步攀升。一方面是学生未来的成绩，另一方面是学生的身心健康，很多班主任困惑于该如何平衡这两者。毕竟，压力是人生中不可避免的因素，接纳压力、承受一定的焦虑情绪是适应性的表现。认同这一点的班主任可能会尝试更多地催促和激励学生，鼓励学生不要逃避，要勇敢坚持等。有些学生的确可以因此得到力量而挺过这个阶段，但是也有学生因此变得更加惶恐，焦虑症状加重并恶化了。我们知道，当焦虑情绪恶化成为焦虑障碍时，会剥夺人的理性和行动力，然后把人压垮。如何把握合适的教育尺度，如何在每个学生身上平衡激励和耐心，是每个关心学生健康和发展的教师思考的问题。在这样的思考下，有的班主任感觉自己都要得焦虑症了，甚至有班主任开玩笑说："感觉我也要去看心理医生，治治自己的焦虑症了。"也有的班主任在长期的工作中发现，容易产生焦虑情绪的学生可能受家长的影响更大，这部分学生只靠教师和医生是不够的。然而如何让家长理解孩子的焦虑情绪和困难并改进家庭教养方式也是个困难的问题。学生家庭的复杂状况、家长自身的压力及调节、精神疾病方面的"病耻感"都纠缠在其中，使家校的沟通与合作也变得复杂和困难。班主任在如何应对学生的焦虑问题方面通常存在如下困扰。

(1)班主任如何识别学生的焦虑表现是正常的焦虑情绪还是病理性焦虑？

(2)当学生可能存在焦虑问题时，如何跟家长沟通，帮助家长理解孩子并及时带孩子就医？

(3)对于确诊焦虑症的学生，班主任平时要注意什么？

(4)焦虑症患者必须吃药吗？

辅导策略

焦虑情绪是青少年常见的一种情绪问题，也有部分青少年被诊断为不同类型的焦虑症。研究表明，有10%～20%的青少年患有焦虑障碍，并常有焦虑症与抑郁症共病的现象。焦虑障碍虽然在青少年中有些普遍，但很容易被误解和忽视，这使很多有焦虑障碍的青少年得不到有效的帮助和治疗。焦虑障碍如果得不到重视，会严重损伤青少年的社会功能，表现为认知功能下降、学业失败、自信心下降、社交功能受损、对日常事务缺乏愉悦感，严重者甚至会因为极度且无法缓解的痛苦而出现自杀倾向和行为。因此，教育部和国家卫生健康委员会对此高度重视，采取了一系列措施，推进青少年心理健康的预防和筛查工作。那么，班主任该如何帮助一个存在焦虑障碍的学生呢？

一、识别与评估

当青少年深陷于焦虑问题时，他们多有明显的痛苦感，可能会跟自己的亲人诉说自己的烦躁、不安或睡不好等；也可能变得易怒或情绪低落、爱哭；在学习方面可能出现注意力难以集中、听课和作业效率下降、考试成绩下滑等现象；也可能表现为回避社交、容易跟同学发生冲突等；或者频繁地因为身体或其他原因请假不来校，身体检查多正常无碍，但青少年却深信自己健康有问题……这些情况如果持续一个月仍无缓解，班主任就需要警惕，学生可能出现了焦虑障碍。焦虑障碍多表现为以紧张不安为主的痛苦体验、躯体不适、警觉性增高(易受惊吓、睡眠困难等)，同时伴随社会功能下降。

当然，班主任作为非专业人员，不能由此就判定青少年一定是患了焦虑障碍，此时可以委托学校的心理教师帮忙评估，同时跟家长联系沟通并了解情况，辅助心理教师进行初步判断。如果情况严重，可建议家长带孩子去专科医院就诊，帮助孩子获得更具专业性的治疗，同时向学校德育部门和心理辅导室备案。

二、温和与耐心

存在焦虑问题的青少年经常因为过重的心理负担和紧张不安而陷入“越急越慌、欲速不达”的恶性循环里，久而久之就很容易出现顽固的焦虑症状，如失眠、考试恐惧等。因此，帮助这类青少年的关键是让他们能够放松自己，用相对淡定从容的心态面对压力和变化。这就需要班主任先有足够的温柔与耐心去理解和面对青少年的问题，班主任对待青少年的这种态度会传递给他们一种淡定从容的心态和应对方式。曾有一名因为数学成绩而自卑的青少年，他在高三时对数学产生了过度恐慌，成绩下滑到及格线以下。数学教师兼班主任与他谈话后给了他一个特别的建议：你每次考试选择题可以错两个，填空填也可以错两个，大题只要争取做对前三道就可以了。没想到这个建议产生了奇效，该生的成绩短时间内迅速地提升到了120分，高考时甚至考到了130分，最终被理想的大学录取。原来之前该生考试总是沮丧于自己的“不会做”，限制了他的发挥，而班主任的容错建议其实是有效地将他的目标定在了一个他可以从容应对的水平，他的实力就发挥出来了。所以，面对一个存在焦虑问题的青少年，最忌讳的是催促和施压，最有效的是松弛和耐心。

如果这位青少年已经出现了厌学甚至拒绝上学的回避症状，这会不会是另一种恶性循环呢？此时又该怎么办呢？这的确是非常重要的问题，因为这里涉及的可能是严重的功能受损问题。此时的关键在于恰当的评估(可以在心理教师的协助下)，班主任确定学生能够承受的恰当目标，从一个小目标开始，帮助其逐步恢复社会功能和自信心，并逐渐走出焦虑。需要注意的是，如果学生的社会功能受损非常严重，无法支撑在校学习，那么班主任就需要建议学生先请假一段时间，进行必要的治疗和休整，直到恢复到可以上学为止。在此期间，班主任需要与学生家长及学生本人保持特定的联系，了解学生的治疗和康复情况。如果学生请假时间长达3个月而难以保证继续跟读当前年级的教学时，那么，班主任需要建议学生及家长进行休学调整。同样，在学生休学期间，最好能与该生保持一定的联系，必要时给予一定的指导建议，以保证学生复学后的顺利适应。

不得不说的是，青少年一系列不同程度的焦虑表现受家庭氛围和家庭教养方式的影响较大。当青少年出现焦虑问题时，青少年的家长往往也变得比较焦虑，他们可能会频频向班主任提出诉求，希望班主任能帮助他们，这对班主任来说是不小的压力。这时班主任也要尽量理解家长的心情，同时可联合心理教师对家长进行必要的心理教育，帮助家长理解孩子产生焦虑情绪的原因，从而对家长的教养态度和方式进行必要的调整；如果学生的焦虑程度已经达到焦虑障碍时，班主任可以鼓励家长带孩子去医院进行诊断，从而得到更及时、更专业的心理治疗或药物治疗。

三、关心与指导

存在焦虑问题的青少年容易让人感觉心事重重、敏感多疑、担心和顾虑颇多，让班主任经常不知该如何引导和帮助他们，生怕自己说得不对，或做得不得当，而触动了他们的敏感神经，引发负面的效果。实际上，有焦虑问题的青少年内心是渴望多一些关心和帮助的。那么，班主任该如何关心学生？如何去帮助他们呢？

焦虑者因为有太多关于不确定的恐惧和担忧，他们会期待生活中的人和事是稳定的和确定的，这会让他们感觉到可靠和踏实。所以，班主任在面对焦虑的青少年的时候要尽量传递这样的感觉和力量：在具体之处肯定学生但不虚夸，不做无谓的承诺和保证；在学生信心不足时，能主动给予关心和鼓励，帮助学生看到他们的担忧和恐惧是过分的或多余的；在学生遇到困难时，能主动给予具体的指导和帮助；无论学生的现状如何，始终对他们怀有希望和信心，即便他们可能对自己不信任。

另外，存在焦虑问题的青少年的社会功能和行动力可能会有些受损，这些功能受损可能会进一步加重他们的焦虑和恐惧感。为了帮助他们逐步恢复必要的功能，班主任对这样的学生可以多一些指导性的帮助或陪伴，还可以陪伴学生采取一些有助于缓解焦虑的行动，如运动、聊天。

“全国模范教师”“名班主任”郑小侠老师是一位非常善于关心和帮助学生的班主任。参加工作之后，他每天都会陪学生跑步，他找学生谈话都是在操场上，边跑边聊。他也非常懂得如何帮助存在焦虑问题的学生缓解紧张：陪他们跑步，给他们写鼓励明信片；在高考前夕给学生送西洋参口服含片，暗示他们服了之后有助于“文思泉涌”。谈到一名差点因心理问题休学的学生，他说：“我经常逗她开心，跟她分享零食。考前那几天，她有点紧张。我给她的评语是这么写的：‘这是一个文静、善良、单纯、好学而富有内涵的小女孩，犹如一株含羞草，轻轻一碰，便收起美丽的叶子，但她却能打开自己的心扉，用灿烂、美丽的笑容去迎接学习、生活的每一天……她的顽强毅力必然会让她冲破人生的任何樊篱，用双手缔造幸福。’我看到拿到评语时小女孩眼角的泪花和坚定的微笑。后来，她被重点大学录取，他爸爸给我发来信息说：‘郑老师，你是孩子人生的贵人。要不是到你的班，我女儿不可能上本科，甚至有可能在高中辍学。’”

四、支持与合作

除上述做法外，有效的社会支持对存在焦虑问题的青少年也是非常必要的，班主任在实施个人化帮助的同时，还应注重学生心理支持系统的建设。具体可从以下几个方面着手。

(一)班级心理支持系统

心理学研究发现，在青春期发展阶段，同伴往往对青少年有更为重要的影响。所以，在帮助受焦虑困扰的青少年时，班主任尤其需要注重青少年所处班级和群体的影响。班级心理支持系统可分为两个方面：班级心理氛围建设和班级心理教育。一个温暖友爱的、竞争与合作并存的班级往往对有焦虑问题的青少年的帮助是巨大的，而一个鼓励竞争多于合作、强调适者生存的群体往往容易恶化青少年的焦虑问题。所以，班主任需要利用自身的角色优势树立班级“团结共赢”的价值导向，引导学生团结友爱和合作，逐步创建一个温暖友爱的班集体。此外，在班级中要进行必要的心理科普教育、放松技能训练和积极思维训练。对焦虑障碍的干预研究表明，针对全部群体进行的普遍性干预比专门针对障碍风险学生和轻度或中度心理障碍学生的目标性干预效果更好，研究认为普遍性干预方法与周围环境联系更为紧密，因此效果更好。

(二)友谊支持系统

同伴群体中，朋友或亲近伙伴比一般伙伴的影响更大，所以，班主任要建设班级心理支持系统，也要建设有焦虑问题青少年的友谊支持系统。例如，请青少年要好的伙伴多关心、陪伴他。当青少年在班级中缺少友谊时，班主任可以联系班级中那些热心友善又乐观的同学主动靠近他们，与他们成为朋友。

(三)家庭支持系统

青少年的焦虑问题往往和家庭有较为密切的关系，所以，班主任更加不能忽视的是青少年家庭支持系统的建设。班主任在确认青少年存在过度焦虑的问题后，可在合适的时机邀请家庭进行会谈(也可通过家访的形式)，一方面可以通过家长了解更多信息，确认青少年的问题现状和根源，另一方面可以对家长进行必要的心理教育，帮助家长了解焦虑障碍，理解自己的孩子，并能调整或改善家教风格，从而帮助到孩子。当然，有些家长一时难以接受和理解孩子的问题，会推卸责任甚至对班主任进行指责和攻击，这就需要班主任有更多的耐心和沟通智慧了(关于沟通的具体技巧，请参考本书第十章内容)。无论如何，班主任需要帮助家长意识到，班主任是伙伴，不是对手，双方需要的是沟通与合作，并最终帮助孩子走出焦虑，获得成长。所以，班主任一方面要理解和共情学生家长，另一方面要展示自身的友善意图，帮助家长感受到班主任的良好意愿，从而让家长放下防御，与班主任进行有效合作。在必要或有较大困难时，班主任也可邀请德育教师和心理教师等共同参与，进行多方会谈，多人之间可相互协调、补充，从而增强会谈效果。

(四)专业支持系统

当评估到青少年可能达到焦虑症的程度时，班主任还需要帮助学生建立专业支持系统，以给予学生更具针对性的、专业方面的帮助。例如，转介学生给心理教师或医疗系统，让学生定期接受心理咨询或治疗。这种指向性干预具有更强的针对性，对于患有中、重度焦虑症的学生往往是必要的。

研究发现，让受助者感受到他人想要帮助自己的意图也是非常具有帮助性的。所以，班主任要关注的也许不是可以为学生做多少事情，而是让学生感受到自己想要帮助学生走出焦虑和痛苦的意图。班主任的“有心”往往能够产生更多的智慧和力量，能够带领学生走出焦虑的泥沼，进入润泽丰美的开阔之境。

案例实践

回到本章开头于佳的故事。经孙老师提醒后，王老师先是查阅了焦虑症的表现和诊断标准，她越看越觉得像，但出于慎重，她还是请学校的心理教师跟于佳聊了一次。经过交谈和评估，心理教师认为于佳现在的焦虑症状非常明显，且日常功能已经受损，很难通过自身来调节，最好去医院检查一下。在心理教师的帮助下，于佳和父母到专科医院进行了及时的就诊，诊断结果为中度焦虑。医生给于佳开了一些安神和缓解焦虑的药物，嘱咐他一定要按医嘱服药，每半个月复诊一次。

之后，班主任在心理教师的建议下，与各科教师、心理教师一起讨论并制定了对于佳的帮扶措施。各科教师在听了于佳的情况之后，对于佳最近的表现又多了一些理解，他们表示会对他少一些催促，多一些肯定，在学科学习上，会多给他一些针对性的指导和建议。当然，考虑到于佳的内向、敏感，各科教师都认为工作要尽量做到自然，以免让他感觉自己被特别对待了。心理教师建议借着期末考试临近，在班级上一堂关于焦虑的心理课。通过心理课帮助学生了解焦虑，同时让学生学习一点儿心理放松技巧。班主任对此非常感兴趣，希望和心理教师一起学习。同时，心理教师和于佳在会谈时约定的心理辅导也会每周一次地继续下去。

三周后，心理教师在了解于佳更多情况之后，又通过班主任约于佳父母进行了一次会谈，通过会谈帮助父母理解于佳焦虑问题的来源，以及他们自身可以为于佳提供的帮助，例如，妈妈少些唠叨，爸爸多给鼓励；在孩子学习时，父母都给自己找些事做，尽量不要打扰孩子，把学习交给孩子自己；闲聊时，少说学习，多讲新闻时事，帮助于佳开阔视野；每天陪于佳运动半小时……会谈过后，父母在了解自己能切实为孩子做事后，感觉不再像之前那般焦虑了，他们认为虽然自身要做的改变不容易，但是为了孩子，会尽力做到，甚至为了减少对孩子学习的打扰，夫妻俩约定在孩子学习时出去散步，这样也能给自己一些时间和空间。

渐渐地，于佳除晚自习外都不再请假了，在校的状况也越来越稳定，只是，在期末考试前两天，他出现了较为严重的恐慌感，甚至想要放弃考试。班主任耐心倾听了于佳的感受和想法后，对他表示理解，并且肯定了他最近阶段的表现，说他带着焦虑症还能做到这些是很不容易的，对于此次考试，班主任愿意尊重他的任何决定，只要是经过仔细考虑过的就可以。在心理辅导中，心理教师带于佳对自己的“考还是不考”进行了探索，帮助于佳看到了自己“恐惧与期待”并存的内在冲突，并引导他和自己的这两个部分对话，引导他对两个部分进行联结。于佳感受到自己真实的渴望，他最终选择了面对，他说：“心理咨询让我明白了——所谓勇敢，就是虽然心怀恐惧，但依然选择面对。我就想证明一下我是敢于面对焦虑的，期末考试对我是个机会，至于成绩，以后再说。”结果这次考试，于佳恢复了往日的水平，取得很好的成绩。在期末反思里，于佳谈到了自己的感悟：尽力而为，方能无悔；至于结果，无问西东。

高三下学期的于佳越来越乐观，虽然成绩也有起伏，但因为相信自己每天都在努力，不再像之前那样忧虑未来了。在高考中，于佳发挥正常，进入了理想的大学，不过他认为“一切才刚刚开始”。同时，他很感谢高中的这段经历以及各位教师、医生还有父母为他所做的一切，他会带着大家的祝福开启自己的未来。

相关提示

(1)青少年出现病理性焦虑时如何就医?

焦虑障碍是精神障碍中比较普遍的一种障碍，通常需要在精神科或心理科就诊。综合医院和精神专科医院都设有精神科或心理科。相对而言，精神专科医院的医生经验更为丰富，但专科医院的医生也会定期到综合医院坐诊。当青少年出现过度焦虑或病理性焦虑时，建议先由学校心理教师进行评估，然后再在心理教师的帮助下进行转介求诊。若学校没有心理教师，则最好先推荐学生到当地精神专科医院的精神科或心理科求诊。若当地没有精神专科医院或综合医院没有精神科和心理科，也可去当地综合医院的中医科就诊。

(2)被诊断为焦虑障碍后一定要服药吗?

是否需要服药以及如何用药是一个专业的、需要综合考虑的事情。如果对服药有疑问或顾虑，可以跟医生进行询问和确认，听听医生怎么说。当医生认为一定要服药时，最好遵医嘱用药。当医生认为可服可不服时，听听医生的分析，跟医生协商最适合学生的决定。需要注意的是，精神类药品的药量和服用方式都是经过严格实验与测试的结果，用药和停药过程都要遵医嘱进行，万不可自行决定。

(3)抗焦虑药物有哪些副作用?

抗焦虑药物一般是通过降低大脑活动来减少焦虑，存在一定的副作用，但副作用反应因人而异，比较常见的副作用有头痛头晕、食欲下降、恶心呕吐、口干口苦、腹胀腹泻等。也有人会出现嗜睡、肢体发软无力、药物性皮疹等。一般在服药后 1～2 周，药物反应会逐渐消失，若身体反应较为严重，则需要咨询专业医生，这是否为正常反应，是否需要调整用药。

(4)焦虑障碍患者是否一定要心理治疗?

相对于门诊而言，心理治疗所需时间较长，一般每次 50 分钟左右，需坚持每周一次并持续一段时间才有效果。心理治疗的专业资源稀缺，往往需要排队等候，有时长达两个月以上，那么是否焦虑障碍患者一定需要心理治疗呢？实际上，焦虑障碍的治疗一般是综合治疗，且首先是心理治疗。但当专业心理治疗资源不足时，也可通过恰当的家庭和学校干预作为替代。研究表明，这些干预对于焦虑心理障碍风险学生和轻、中度焦虑障碍学生均有良好的干预效果。常见的学校心理干预方式有关心与理解、协助与指导、关心与陪伴、文体活动、放松训练、积极思维训练、学校心理辅导等。

参考文献

①程永琛、杜亚松：《基于学校的青少年焦虑障碍的心理干预研究现状》，载《临床精神医学杂志》，2015(6)。

②陆林：《沈渔邨精神病学(第 6 版)》，北京，人民卫生出版社，2018。

③马静、禹顺英、梁珊等：《长沙市中学生抑郁伴/不伴焦虑的调查》，载《中国临床心理学杂志》，2013(5)。

④朱仲敏：《青少年焦虑现状及应对措施》，载《江苏教育》，2011(93)。

⑤美国精神医学学会编著：《精神障碍诊断与统计手册(第五版)》，张道龙等译，北京，北京大学出版社，2016。

⑥[美]西盖蒂等：《儿童与青少年认知行为疗法》，王建平等译，北京，中国轻工业出版社，2014。

第五章

抑郁

抑郁症是一种精神疾病，治疗这种疾病不仅需要药物，还需要良好的支持系统。对于抑郁症的学生来讲，教师和同学的关心是非常重要的。

抑郁是心理的“感冒”，是一种常见的情绪失调病症。克服它，需要亲人、朋友或同事更多的关心、理解和呵护。

——史培勒

第一节 主要表现及成因

情境再现

班主任张老师这段时间发现优优上课状态不好，不仅注意力不集中，甚至还会经常趴在桌子上睡觉。作为一个高三的学生，这种状态显然是非常危险的。张老师把优优叫到办公室了解情况。没想到优优没说几句话就开始默默地流眼泪。本来张老师还想指出优优的问题，但是看到优优难过的样子，张老师只好安慰优优。下班后，张老师给优优的家长打了个电话，了解到优优这段时间在家里的状态也不好，以前特别懂事的孩子，这段时间却特别爱发火，有时候妈妈还看到优优在自己的房间发呆或是偷偷哭。昨天优优甚至说不想去学校了，妈妈现在也很着急，但是又不知道该怎么安慰孩子。张老师听到这里，建议优优跟学校的心理教师先谈一谈，看看是不是压力太大了。优优跟心理教师谈过之后，心理教师觉得优优还是需要到医院去做进一步的诊断，因为优优的这种状态很像抑郁状态。

《中国国民心理健康发展报告(2021—2022)》显示，约14.8％的青少年存在不同程度的抑郁风险，其中，4.0％的青少年属于重度抑郁风险群体，10.8％

的青少年属于轻度抑郁风险群体，调查还显示，女生相对于男生有更高的抑郁、孤独得分。

班主任可能会对青少年抑郁症的高发有所了解，但抑郁症的判断标准是什么？班主任如何甄别有抑郁症的学生？同在一个班级里，为什么大部分学生都好好的，怎么有的学生就抑郁了呢？现在的生活条件这么好，是什么造成抑郁的呢？

常识科普

一、什么是青少年抑郁症

青少年抑郁症表现为明显的情绪低落，入睡困难，早醒，睡眠质量差，思考问题感到吃力，对事物缺乏兴趣等，严重者会出现自伤或者自杀行为。抑郁症的发病率逐年增高，严重危害我国未成年人身心健康和生命安全。由于青少年在患抑郁症时容易表现出情绪不稳定和沟通障碍，加上家长对抑郁症缺乏了解，同时对精神疾病有一定的忌讳等，因此青少年的抑郁症很难及时被识别出来并得到有效的治疗。

二、青少年疾病诊断中常出现的与抑郁相关的医学术语

青少年疾病诊断中常出现的与抑郁相关的医学术语有：抑郁状态，抑郁焦虑状态，焦虑抑郁状态，轻度抑郁，中度抑郁，重度抑郁，抑郁症，重性抑郁障碍，持续性抑郁障碍(恶劣心境)，物质/药物所致的抑郁障碍，双相情感障碍的抑郁发作，伴精神病性症状的抑郁发作，破坏性心境失调障碍，其他躯体疾病所致的抑郁障碍。

三、如何区分抑郁情绪和抑郁症

每个人在生活中都会出现抑郁情绪。当生活中有压力或有令人不愉快的事发生时，出现情绪低落、哭泣等行为是正常的，这些行为被视为是一种适应性的反应。有时候，我们说自己最近比较郁闷，它代表的意思可能是难过或不开心。实际上，遇到烦心事或考试成绩不理想时，无论大人还是孩子，出现悲伤的情绪是正常和必要的。大多情况下，这种抑郁情绪能在短期内自行缓解。即使面对生活中的重大丧失，悲伤也会随着时间的推移慢慢变淡。因此，很多时候，我们自以为的抑郁其实并不是抑郁症，只是日常生活中常见的、正常的抑郁情绪。抑郁症虽然和情绪有关，但又不是一种单纯的情绪问题，而是一种涉及大脑、身体的疾病。除了悲伤这种感觉外，抑郁症患者还会伴有自责、羞耻、愤怒、无助、无望等情绪。虽然令人悲伤的事情已经过去了很久，或者处于悲伤情绪的人并没遇到具体的诱发事件，但是这种情绪低落的感觉会时常出现，这种感觉不仅会影响日常工作和学习，甚至会让当事人感受不到生活的快乐，这种情况就很可能是抑郁症。因此，班主任如果发现学生出现持续的抑郁情绪并伴有饮食、睡眠以及行为和人际交往问题时，就要考虑学生患上了抑郁症的可能性。那么，怎样才能判断学生是否患有抑郁症呢？以下是青少年出现抑郁症的信号和症状。

悲伤或无望感，易激惹、愤怒或有敌意，易哭泣或时常哭泣，与家人、朋友减少或停止交流，对参加活动失去兴趣，饮食或睡眠习惯的改变，无价值感和内疚感，缺乏热情和动力，注意力难以集中，无法解释的隐痛或疼痛，自伤，有死亡或自杀的想法。

四、青少年与成年人的抑郁症有何不同

青少年抑郁症的临床和诊断特点与成人抑郁症既有相似之处，也有不同的年龄特点。下列症状在受抑郁症困扰的青少年中要比在成年人中更常见。

(一)易激惹或愤怒情绪

在患抑郁症的青少年中，易激惹比悲伤情绪更为常见。这也是青少年抑郁症被误认为是青春期叛逆并贻误治疗的原因之一。患抑郁症青少年往往表现出严重、反复的突发脾气，例如，使用暴力言语和行为(以肢体攻击人或物)的强度或持续时间与所处情境或所受的挑衅完全不成比例。有位班主任在回忆他班里被诊断为抑郁症的学生时说："这个学生有时候会突然莫名其妙地发脾气。有一次，我在早自习时收作业，走到他身边的时候随口询问了一句：'你交作业了吗?'结果这个孩子突然冲我大声喊：'凭什么要针对我？为什么不问别人只问我？您怎么知道我没交?'我当时不知所措，因为他的反应超出了我的理解范围，我还以为是他家里发生了什么事。然后我发现那段时间他的情绪状态一直不太稳定，总是爱发火。后来他会因身体不舒服请病假，直到他被诊断为抑郁状态，我才明白他愤怒的情绪其实是抑郁症的症状之一。"在临床实践和研究中发现，越来越多的青少年抑郁症患者的首要症状是愤怒。当然这不意味着每一个愤怒的青少年都有患抑郁症的可能，与抑郁症相关的愤怒情绪爆发以后，青少年往往会出现内疚和自责，从而产生无价值感和更严重的情绪低落。

(二)无法解释的隐痛或疼痛

与成人相比，患抑郁症的青少年经常抱怨躯体的不适。这与成年人表现出的情绪困扰有所不同。青少年更多地表现为自主神经功能紊乱，如疲劳感、失眠、食欲变化(贪吃或食欲下降)，尤其是躯体不适感，如肌肉伴骨骼疼痛、头

痛、颈部及胃部疼痛等，这些症状在青少年抑郁症中比较常见。因此很多青少年常首诊于普通内科、中医科、消化科、神经内科、疼痛科等科室，却较少考虑精神情绪问题。如果彻底的身体检查并没有发现身体疾病，则要考虑这些隐痛和疼痛可能暗示着抑郁症。

(三)对于批评的极端敏感

患抑郁症的青少年常被“无用感”所困扰，这让他们十分容易因为被批评、拒绝和失败而感到受伤。抑郁症会导致注意力和记忆力下降、易疲劳等问题，在别人看起来轻松就能完成的学业任务，对于有抑郁症的青少年来说却变成了巨大的压力。因此，他们会经常被“我做不到”“我完蛋了”“我没有希望了”等消极观点所困。同时，反复失败的经历也会使患抑郁症的青少年更加关注生活中的负面信息。因此，他们面对批评时，往往更敏感。

(四)与一部分人减少联络

成年人容易在患抑郁症的时候孤立自己，而青少年通常会与一些朋友保持联络。由于青少年抑郁症的典型症状是易激惹，这使得他们在面对人际交往时会遇到更多困难。当昔日的玩伴聚在一起讨论他们感兴趣的话题或参与团体活动时，受抑郁症困扰的青少年会觉得自己的存在毫无价值，从而产生社交退缩，最后导致他们远离父母和朋友。但这不意味着患抑郁症的青少年没有社交，他们可能只是与以前相比减少了自己的社交，或者开始与不同群体的人交往。例如，他们可能在回避现实中的社交场景后，转而在网络中结识新的朋友，他们也有可能去寻找被抑郁症困扰的同龄人，甚至在一起交流各自的病情。

(五)自伤

自伤也称非自杀性自伤行为(non-suicidal self-injury，NSSI)。NSSI 是指个体在无自杀意图的情况下直接、故意、反复地伤害其身体组织且不被社会认可的行为，包括割腕、划伤皮肤、咬、掐、用头撞墙等形式。有资料显示，我国青少年中的非自杀性自伤行为的检出率为 21.9%[①]，而青少年是 NSSI 的高发人群，并且在抑郁症患者人群中更常见。一项研究显示，住院的青少年抑郁症患者中，非自杀性自伤行为的发生率是 56.01%(163/291)。[②] 虽然 NSSI 这类行为并非以结束生命为目的，但频繁、极端的自伤行为会加大自杀风险。与正常青少年相比，青少年抑郁症患者的情绪管理能力较弱，且缺乏有效缓解压力的技巧。为了缓解消极情绪带来的糟糕感受，自伤就可能作为一种缓解消极体验的方式出现。青少年用这种有“掌控感”的痛使自己得到暂时的解脱。自伤并不能真正解决消极情绪的问题，长期的自伤反而会使情绪问题恶化，最后，导致自伤成为缓解消极情绪的自动化反应，形成恶性循环。尽管抑郁症与自伤关系密切，但并不是所有患抑郁症的青少年都会自伤。

此外，深陷抑郁的青少年为了让自己感觉好一些，还可能尝试饮酒或使用其他药物。需要说明的是，并不是所有被抑郁症困扰的人都有相同的行为或感受，有些青少年可能不会出现所有上述行为或症状，也有可能出现上面没有提到的症状。因此，抑郁症的诊断还需要专业的医生进行评估。

成因解读

青少年抑郁症的产生其实是多种因素导致的。

一、大脑发育

青少年的大脑发育还不完善。脑功能影像学研究发现，在青少年期，负责

① 苟双玉、杜美杰、刘晓容等：《中国青少年非自杀性自伤检出率的 Meta 分析》，载《现代预防医学》，2023(2)。

② 文炳龙、吴柳、杨春娟等：《青少年抑郁症患者非自杀性自伤行为危险因素分析》，载《西部医学》，2023(2)。

认知和行为控制的前额叶皮层尚未发育完全，而青少年处于生理的快速发展的阶段，其情绪冲动又非常强烈，二者很难匹配。随着发育日趋成熟，青少年大脑高级神经中枢日趋完善，大部分青少年的抑郁情绪会呈现下降的趋势。相关研究①还显示，青少年抑郁症可能有不同于成人抑郁症的神经病学基础。因此，针对青少年的抑郁症诊断与治疗也会与成年人有所不同。

二、父母的养育方式

很多人会有这样的疑问：为什么以前生活条件不好时，孩子们都健康快乐，现在生活条件比以前好了，却有越来越多的孩子患抑郁症呢？当我们审视现代家庭养育孩子的过程，就会发现父母的养育方式发生了变化。首先，孩子的运动量不足。很多父母更希望孩子能在文化课或艺术特长方面投入更多精力，而带着孩子一起运动的父母却不多。运动不仅能增强肌肉和肺活量，还能使人体分泌多巴胺、内啡肽、肾上腺素等激素，这些激素可以使人精神愉悦，被称为"快乐激素"。其次，孩子与大自然接触的时间变少。在大自然里，孩子会接触到泥巴、各种昆虫和植物，置身于大自然可以使紧张的情绪得到放松；而现代家庭里，孩子可能更多时间是在钢筋混凝土的家里做功课，一直处于神经紧绷的状态下，无法很好地放松。最后，当青春期的孩子遇到成长中的各种压力和烦恼时，他们更需要父母情感上的支持和理解。而现实的情况是，父母担忧孩子未来竞争力不足，不能给予孩子足够的共情，反而传递焦虑，成为压力的施加者。家庭的氛围是孩子情绪的重要影响因素，如果家庭成员间相互关爱、关系和谐，孩子就会有内在的安全感。父母离异、家庭失和也是孩子产生各种心理问题的根源。要知道，孩子往往是"生病"家庭的代言人，孩子的抑郁症可能只是家庭问题的另一种表达。

---

① 邓杰、何建波、汪雨婷等：《青少年首发未治疗抑郁症患者脑灰质体积改变》，载《中国医学影像技术》，2023(1)。

三、慢性压力

在生活中，我们常说“人无压力轻飘飘”。其实，少量或短期压力可能会对人们有所帮助，使人们提高工作效率并提高心理弹性，而过度的压力会给身心健康带来负面影响。压力是否过度取决于每个人的抗压能力，同样的事件对不同的人产生的影响会有很大差别。

青少年长期处于学业、家庭期望导致的压力之下，可能会产生习得性无助，从而出现抑郁症状，例如，高兴不起来、欲望减退、睡眠变差、打不起精神，以及记忆力减退、反应迟钝等。

心理学家在研究抑郁症的模型时，往往会设计一些动物实验，其中的“慢性应激”实验就说明了长期慢性压力对个体产生的影响。参与这项“慢性应激”实验的老鼠不得不忍受如下的处境：缺食少水，连续多晚的灯光照射，鼠笼倾斜45°角，跟陌生动物待在一起，湿透了的窝，不断的噪声骚扰，不时闪烁的闪光灯，寒冷的空气，以及昼夜节律颠倒。在几周的时间里，这些老鼠分泌了更多的应激激素。实验的结果是，被置于这种场景下的老鼠，它们的快感寻求能力下降，出现了明显的抑郁迹象。这个实验的结果说明，慢性压力虽然没有急性压力产生的冲击那么迅猛，但是这种长期的失控感对个体的生理和心理都会带来较大的危害，需要引起我们的关注。

四、受欺负的经历

研究发现，儿童期曾受到过欺负的青少年比没有这类经历的青少年更易出现抑郁等情绪问题。我们这里谈到的“受欺负”，也被称为“遭遇欺凌”“遭受虐待”等。“受欺负”也不仅指被打或身体上受伤，还包括遭到排挤、情感虐待、情感忽视等。这些不良童年经历都更容易使个体在生理和心理上对长大后的压力事件产生过度反应。在受到欺负后，有的青少年可能会通过其他途径来宣泄自己压抑的情绪，例如，自伤、加入另外的暴力群体以寻求认可或保护等。而有些青少年则在默默忍受的过程中产生了抑郁症。研究发现，青少年遭受校园欺凌能显著正向预测抑郁症状，即青少年受欺凌水平越高，其抑郁水平越高。[①]一些被欺负的孩子会表现出非常明显的抑郁行为模式，这种模式会一直持续到成年。（关于校园欺凌的相关内容，请参考本书第六章内容。）

五、与重要他人的情感联结

青少年对友情和团体归属感的渴望，甚至超过了对学业成绩优秀的渴望。青少年成长过程中的核心任务之一就是回答“我是谁”这个问题。青少年对自我的认同依赖于周围人对他的评价，包括同学、父母、教师以及其他的重要他人。青少年会根据别人的观点重新审视自己的想法，并调整自己的行为。青少年在成长过程中，如果与身边的重要他人有紧密的情感联结，则会感到被接纳、被尊重、被喜欢，而这种感受不仅有利于形成自我价值感，还会使青少年在遇到压力事件时更容易获得支持和帮助，提升其心理弹性，增强其社会适应能力。此外，新型冠状病毒感染疫情对青少年人际交往能力的影响也不容忽视。中国科学院陆林院士在《科创中国·院士开讲》科普栏目中也曾提到，新型冠状病毒感染疫情对精神健康的影响，至少持续二十年，对青少年的影响尤其明显。有一些学生在返校后出现了人际不适应的情况，更喜欢独处、和同学相处不融洽，产生孤独和不被需要的感受，害怕与同伴交流等。社交剥夺被认为是青少年抑郁问题的重要影响因素，这也是近年来学校出现抑郁学生增多的原因之一。

---

① 文冰绡、刘夕兵、詹林等：《校园欺凌对青少年抑郁的影响：认知灵活性的调节作用》，载《湖南工业职业技术学院学报》，2022(2)。

六、过度使用网络和社交媒体

研究发现，网络和社交媒体的过度使用对抑郁水平具有显著正向影响。网络过度使用与不良情绪也有可能互相影响，形成恶性循环。青少年沉迷于网络和社交媒体，会使得睡眠时间减少，睡眠不足不仅直接影响青少年情绪和行为的调节能力，还使得学生的学业投入时间减少、成绩下降，出现比较消极的自我认知，进而产生抑郁情绪。压力应对理论认为，网络过度使用是抑郁症的症状之一。这种理论认为，当个体处于压力情境时，为了排解这种压力和伴随产生的消极情绪，个体可能会使用互联网来暂时转移注意以消解抑郁等消极情绪，若毫无节制最终会导致网络成瘾。

除以上影响因素，与青少年抑郁症有关的其他风险因素，还包括家庭抑郁史、身体疾病或丧亲等。

了解与青少年抑郁症相关的风险因素，不仅可以帮助班主任理解现在青少年抑郁症高发的原因，同时也提醒班主任在工作中可以以这些因素为切入点开展教育和辅导工作。虽然抑郁症形成的原因尚待进一步研究，但有一点可以肯定，抑郁症是能治好的精神疾病。根据程度不同，药物治疗、心理咨询等方法都可以让青少年重归心理健康。

第二节 辅导与干预策略

一线有问

在感叹患抑郁症的学生逐年增多的同时，很多班主任会出现担心和害怕的情绪，担心自己对学生的态度和辅导方法不正确，害怕学生会因为病情出现自伤或自杀的行为等。因此，遇到学生可能存在抑郁症的风险或已被确诊为抑郁状态后，有些班主任的第一反应是让家长把孩子领回家，但这种做法只会增加孩子和家长的不安全感。也有些班主任会持有这样的观点，即现在的孩子就是太脆弱，经历的挫折太少了，让他多吃点苦就好了。甚至在学生出现明显的抑郁症信号时，抱怨家长太溺爱孩子了，要让孩子自己勇敢面对生活中的压力。抑郁症是一种精神疾病，治疗这种疾病不仅需要药物，还需要良好的支持系统。此外，遭遇抑郁症的学生和家长也会被很强烈的病耻感困扰，不敢声张，偷偷摸摸看病吃药。甚至有些家长会隐瞒孩子患病的事实，并禁止孩子向教师透露服药的情况。班主任在应对患有抑郁症的学生时，一般会有以下困扰。

(1)班主任要怎么判断学生是不是有抑郁症？

(2)如果学生有患抑郁症的可能，班主任怎么跟家长沟通，让家长带孩子就医？

(3)班主任在面对确诊抑郁症的学生时要注意什么？

(4)抑郁症患者必须吃药才能好吗？

辅导策略

研究发现，约有五分之一的青少年会在青春期的某些时刻被抑郁症状所困扰。虽然抑郁症是可以被治愈的，但大多数青少年抑郁症患者从未得到帮助。抑郁症不仅影响学生的情绪状态和学习生活，还会诱发饮食障碍和自伤、自杀等行为，如果不及时治疗，而是寄希望于症状随着时间推移自行消失，只能带来更多问题和危险。因此，教育部和国家卫生健康委员会对此高度重视，采取了一系列措施，推进青少年抑郁症预防和检测工作。班主任是学生成长道路上的重要他人，班主任对抑郁症学生的关爱、指导和支持可以极大地帮助他们战胜抑郁症，使他们的生活重回正轨。

一、识别

在实际工作中，当学生表现出更多的烦躁、易怒等情绪时，可能会被理解为性格的问题；当学生表现出上课注意力不集中、学习成绩下降时，可能会被认为是厌学或是玩手机导致的；当他们的行为冲动偏激，甚至离家出走时，可能会被认为是青春期的叛逆……通过前面的介绍，可以发现，上述这些行为或反应，往往是青少年抑郁症的信号。

因此，当班主任发现学生情绪、行为反应等与以往相比变化较大时，要警惕起来。虽然大多数班主任不具备专业评估水平，但是可以委托学校心理教师完成初步评估，班主任也要及时与家长进行沟通，做好家校配合。如果学生的情况严重，可建议家长带孩子去医院进行医学诊断，使学生获得更专业的治疗。同时，班主任需要向学校汇报情况。

二、理解

研究发现，被抑郁症困扰的人，其行为与大脑内的某些神经递质异常有着密切的关系，大脑中某些递质减少会导致青少年情绪低落、失去活力。学生的一些行为表现并不是偷懒，而是抑郁症的症状，例如，上课发呆、注意力不集中、无法按时完成作业等。因此，当学生被专业人员诊断为抑郁症时，班主任要根据学生的具体情况适当降低学业的要求，也要和其他科任教师进行沟通，帮助其他教师了解该生的情况，给予学生更多的理解和支持。不要试图通过言语让学生摆脱抑郁症，一味地劝他不要胡思乱想其实是在否定他的感受，即便他们的情绪和担忧看起来十分不理智。班主任不必过于较真地对待他们的情绪，承认他们正在经历的痛苦和悲伤，就可以在很大程度上让他们感到被理解和被支持。

班主任不仅要理解学生的行为表现是疾病导致的，同时也要理解患抑郁症学生及家属的病耻感，这种病耻感会导致他们对治疗的抵触；他们会有这样的抵触，原因之一就是长期以来因社会偏见带来的对抑郁症的恐惧和污名化。这也直接导致学生和家长宁可相信“没准过几天就好了”，也不愿意去医院诊断并接受治疗。因此，抑郁症相关知识的科普，任重道远。

三、关心

面对有抑郁症的学生，很多班主任不知道如何应对，生怕自己的哪句话使学生出现情绪波动。事实上，对于患抑郁症的学生来讲，教师和同学的关心是非常重要的。那么，班主任该如何关心学生？如何跟有抑郁症的学生相处？如何让周围的其他学生表达关心？哪些话能说，哪些话不能说？我们不妨先来看一看，处于治疗康复中的抑郁症患者小 A 同学是怎么说的吧。

我特别感谢好朋友小 E，他发现我情绪状态特别糟糕的时候，首先鼓励我跟学校的心理教师聊一聊。在跟心理教师沟通过后，教师征得我的同意，建议父母带我去医院做了诊断。小 E 在得知我服用抗抑郁的药物后，没有一味地给我讲大道理，他把我当正常人对待。经过药物治疗和心理辅导，再加上我自己的调整，我慢慢感觉到，我不是一个只有缺点的人，我看到了自己的优点。我的痛苦和我想象的也不一样，我感受到了我对别人的重要，我感受到了别人的关心，我的生活开始有了变化。其实，跟抑郁的人相处，不必给他们额外的关照，因为这样会让他们有压力和病耻感。聊聊日常生活中的小事对我来说就很有帮助。

小 A 同学的话对我们班主任而言，是不是更有启发呢！

带有评判性的语言会使有抑郁症的人感觉更糟糕，因为抑郁症会让一个人觉得自己毫无用处，自尊感降低，他们更容易感觉被指责。因此，班主任可以给予学生更多的鼓励，表达对学生的关心，让学生看到自己的优势和价值。这里的鼓励不是指“你一定能做到”“你没问题的”“你一定能考出好成绩”等单纯的激励语言，而是发现学生学习或生活中的一些优势能力，在这些方面给予其更多的表现机会，从而提升他们的自信。例如，安排一些他能胜任的班里日常工作，让他在一些活动中有展示的机会等。当然，前提是这个任务或机会没有带来更大的压力。

四、支持系统

很多学生和家长因为害怕别人的看法，即使在专业机构被诊断为抑郁症，也会选择隐瞒病情，甚至隐藏抑郁的感受，这其实阻碍了学生获得更多来自周围人的帮助。我们要通过更多途径进行科普宣传、心理教育，建立更完善的支持系统，帮助学生回归丰富多彩的校园生活。班主任是学生支持系统(图 5-1)中的核心和纽带。

首先，班主任要与心理教师进行沟通。班主任若对学生的情绪和行为表现有所怀疑，可以求助学校心理教师，并及时把学生转介到学校的心理咨询室，由心理教师进行初步的评估。班主任也可以请心理教师对本班学生进行抑郁相关主题的科普和心理教育。必要时，可以邀请心理教师一起与家长进行沟通，以便更准确地向家长转达带孩子就诊的必要性等。需要说明的是，心理教师的工作伦理要求其对学生的心理辅导内容进行保密，有些班主任在了解到班上的某个学生找过心理教师后，会特别想知道学生具体谈了什么，这其实会使心理教师陷入两难的困境。一般情况下，除非涉及学生的自杀自伤或他伤他杀等议题，大多数情况下心理教师都要最大限度地为学生在咨询中谈及的内容保密。

其次，班主任要与家长进行沟通。如果学校没有设置专职的心理教师，就需要班主任直接跟家长进行沟通了。然而，并不是所有家长都能接受孩子可能有抑郁症的事实，甚至对班主任的建议表现出愤怒和指责，这时就更需要班主任的沟通智慧了。(关于沟通的具体技巧，请参考本书第十章内容。)班主任要理解家长得知孩子有抑郁症之后的恐惧和病耻感，要有更多的共情，而不是让家长直接把孩子接走，让家长感受到班主任对孩子的关心。班主任可以跟家长交流孩子在校期间的表现，同时也了解孩子在家里的行为等。有些时候，班主任可能需要对家长做一些心理教育，使家长理解孩子的情绪和行为，而不是一味地否定甚至指责孩子。孩子出现抑郁症的原因非常复杂，但是在治疗过程中，家长的态度和做法将直接影响治疗效果。因此，班主任可以通过与家长的沟通，使家长反思自己的教育方法，给孩子提供更多的支持和陪伴。家校共同创设安全温暖的环境可以帮助孩子早日恢复正常的学习和生活。

最后，班主任要创设良好的班级氛围。如何让周围的同学给予有抑郁症学生适度的关心，是班主任需要谨慎应对的问题。需要注意的是，过度的关心会给抑郁症的学生带来更大压力。在学生被诊断为抑郁症后，班主任要注意保护该生的个人隐私，不要直接告诉全班同学该生患有抑郁症的事实，可以让与该生关系比较好的同学多关心、陪伴他。同时，班主任可以通过班会对学生进行“团结同学、温馨集体”等主题的教育。当然，也可以请心理教师进班做科普。如果有的学生已经获知该生生病的消息，班主任则可以在适当范围作出相应的解释，消除学生对精神疾病的误解，为学生创设良好的班级氛围。其他科任教师也需要了解患抑郁症学生的情况。班主任可以根据学生的严重程度，提醒科任教师适度降低对该生的要求并给予适度的鼓励。

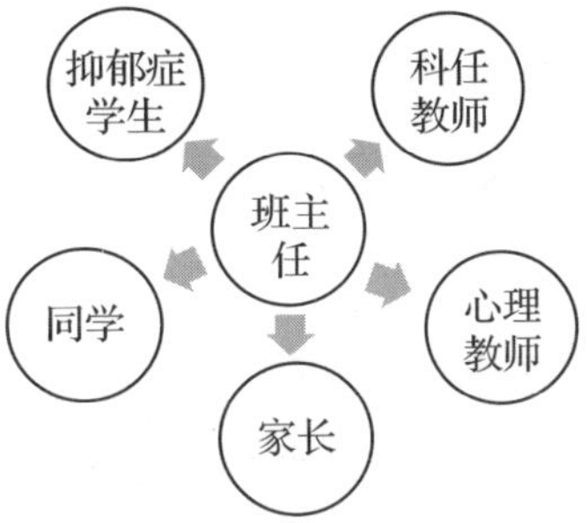

图 5-1　支持系统

总之，我们要让学生理解：抑郁症不是懦弱，不是心理素质差，更不代表失败。被抑郁症困扰的学生要积极寻求帮助。我们对情绪的控制力比想象的要强大。无论现在的生活看起来多么令人沮丧，我们都可以做很多事情来改变自己的心情，让此刻的我们更加有掌控感，也让未来的自己越来越好。

案例实践

还记得本章开始提到的优优同学吗？在班主任张老师的建议下，她约学校的心理教师做了一次辅导，心理教师通过初步评估，觉得优优的问题很像抑郁症。在征得优优同意后，心理教师与优优的妈妈做了进一步的了解和沟通，并建议优优家长带孩子去医院的心理科做一下诊断，并提出在医院诊断结果出来以后，希望家长能与学校有进一步的沟通，这将有助于学校了解孩子的状态，以便学校更有效地帮助孩子。

一周后，医院对优优的诊断为抑郁症，给优优开了一些调整的药物。除了按医嘱服药，优优还需要定期去医院复查。班主任张老师了解到这些情况后，请优优家长和心理教师一起商议后续对优优的“帮扶计划”。心理教师首先给优优家长和班主任做了科普：青少年抑郁或焦虑状态成因复杂，当优优面临高考压力时，情绪的困扰就更为明显，但只要早发现、早治疗，孩子的状态会很快得到缓解。当然，前提是家长和教师对孩子有更多的理解和情感上的支持。心理教师提出，接下来会跟优优再谈一下，跟优优一起制定一个心理辅导方案，以配合医院的药物治疗。如果有必要，可能还会在优优的家庭层面做家庭辅导，因为优优妈妈反馈，优优和爸爸的关系比较紧张，优优爸爸对孩子的高考寄予厚望，经常会给优优转发一些目标大学的招生信息，平时也不断督促优优要更努力，这使本来就害怕高考的优优陷入更无力的状态。通过这次沟通，大家达成了共识，明确了各自在“帮扶计划”中的任务，即：心理教师给优优做定期的心理辅导，班主任张老师在优优日常学习生活中给予适当的关心和鼓励，优优家长除了要给孩子更多的理解外，也要调整自己与孩子的相处模式，帮孩子减压。

这次会谈后，班主任张老师与另外两位平时教学比较严格的教师也进行了沟通，希望他们在优优的学业上适当降低要求，并在优优进步时给予肯定和鼓励。同时，张老师也经常与心理教师沟通优优在班里的表现。虽然张老师很好奇优优每次来心理辅导室跟心理教师说了什么，但心理教师总是微笑着说：“为学生保密是我们心理教师的工作要求，如果学生的状态出现危险，我会跟您和家长及时沟通的。”

优优在治疗期间，也出现过病情的反复。那是高考前的一次重要模拟考试，班上的同学都在紧张复习，优优又出现了入睡困难和莫名的烦躁、忍不住想哭等现象，张老师及时发现了情况，并请心理教师对优优做了疏导，同时医生对优优的用药也进行了一些调整，优优的状况才得到了缓解。通过学习，张老师也掌握了更多帮助抑郁症学生走出困境的方法。例如，要保证睡眠，要多锻炼身体，要允许不良情绪偶尔出现反复，要学会与抑郁症和平共处等。

在药物治疗、家庭环境改变、心理辅导、学校系统的支持下，优优的状态也越来越稳定。

相关提示

(1)医院的哪个科室可以进行青少年抑郁症的诊断?

精神疾病治疗可以去的医院分为综合医院和精神专科医院两种。相对来说精神专科医院治疗精神疾病的水平会高一些，综合医院虽然也有精神科，但精神疾病治疗并不是综合医院的主要业务，所以通常只设置精神科门诊，而没有对应的住院部，所以建议首选精神专科医院的精神科或心理科就诊。若当地无精神专科医院，可到综合医院的精神科或心理科就诊。若就诊的综合医院没有精神科和心理科，也可在神经内科就诊，若无神经内科，则可到内科、全科或中医科就诊。

(2)医院诊断抑郁症的流程是怎样的?

一般来讲，医生首先要进行评估，这也是非常重要的一步。在这个评估的过程中，医生会询问青少年本人或家长一段时间内患者的基本情况，往往通过一问一答或问卷的方式来了解患者的内心体验、对一些事情的反应、患者的想法、情绪表现等。当然，评估的过程也可能让患者做一些身体的检查，目的是排除激素紊乱或其他的身体原因。

接下来，医生会根据评估的结果推荐后续的治疗。如果诊断的结果是轻度抑郁，医生可能会把非药物治疗作为首选治疗方式，如心理治疗、家庭辅导、环境调整等。如果抑郁症是由环境因素、人际困难等引起的，那么，通过环境调整，相对远离压力源，就可能会使症状有改善。当然，医生也可能会根据评估的结果，在心理治疗的同时加入药物治疗，从而缓解症状的强度。

此外，有证据表明，其他的一些方法也将有助于改善抑郁的问题，如正念练习、瑜伽以及针灸等方式。虽然这些方式不能代替心理治疗或药物治疗，但这些方式会暂时缓解情绪和身体上的不适感。

(3)抗抑郁药物的副作用大吗？

一些青少年和家属担心药物的使用会带来一些副作用。例如，药物会不会让我变笨？多长时间才能停药？如果我忘了吃药会发生什么？药物会不会改变我的性格？吃抗抑郁的药物后，我会不会形成药物依赖？药物会使人发胖吗？

需要明确的是，与抑郁症带来的心理与躯体危害相比，服用抗抑郁药物明显是利大于弊的。抗抑郁药物的起效时间一般为2～4周，可能刚开始用药时患者会出现明显不适，而体会不到抗抑郁药物带来的正向治疗作用。但随着用药时间的延长，药物疗效显现后副作用也会随之减轻。医生一般会在用药初期给患者使用小剂量的药物，之后再慢慢增加药物剂量，这种方法可以提高患者对副作用的耐受程度。而对于能引起疲劳嗜睡的药物，医生将嘱咐患者在睡前服用，这样在减少副作用的同时还能有助于患者的睡眠。饭后服药也能减轻药物的胃肠道副作用。关于用药的问题，询问主治医生是正确的选择，医生会作出专业的解释。

研究表明，有时药物治疗与心理治疗同时进行，效果会更好。事实上，在专业人员的指导下接受药物治疗是一种积极和成熟的做法。当然，并不存在一种可以立即消除抑郁的神奇药物，药物的作用是缓解抑郁的思维和行为。

(4)如果学生用药以后，情绪得到有效缓解，而家长擅自停药怎么办?

突然停药往往会导致药物在血液中的浓度出现骤然下降，由此造成一系列的撤药反应，如头晕、心慌、紧张、焦虑等，但这样的副作用持续时间并不长，而且只在少部分抗抑郁药中会出现。其实擅自停药的更严重后果在于患者缺少了抗抑郁药物的保护。精神疾病的药物治疗与头痛、感冒不一样，不能症状有所好转后就立即停药，因为抑郁症、焦虑障碍、双相障碍、精神分裂症等都有较高的复发率，50%以上的患者会出现二次发作，75%～80%的患者会多次发作。如果第一次用药没有持续到足够长的时间就擅自停药，那第二次服药所需要持续的时间就会更长。为了尽可能地降低复发风险，一定要让家长遵医嘱，在药物效果稳定维持了一定时间后才能逐步降低药量直至停药。

(5)青少年抑郁症导致自杀的风险大吗?

一项回顾性分析发现，情绪障碍、物质滥用、反社会障碍以及攻击性人格特征等与青少年的自杀行为密切相关。有精神障碍的青少年的自杀风险是没有精神障碍的青少年的 12～35 倍。抑郁症患者心境低落到一定程度，会感觉前途一片渺茫，认为自己是一个没有价值的人。当症状不断加重就会出现自杀的观念，甚至出现自杀的行为。然而，相关研究发现，青少年的支持系统中，家庭亲密度高、同伴关系良好、师生关系融洽等都是重要的保护性因素。这就提示我们，要重视青少年的轻度抑郁，轻度抑郁往往是重度抑郁的前奏。很多重度抑郁的青少年都有一段与轻度抑郁打交道的经历，而轻度抑郁状态下人的复原能力要好于重度抑郁，这也是青少年抑郁症早发现、早治疗的重要性所在。另外，为患抑郁症的学生提供更多的系统支持会大大降低抑郁症青少年自杀的风险，例如，来自家庭的温暖、教师的鼓励、同学的关心。

参考文献

①邓杰、何建波、汪雨婷等：《青少年首发未治疗抑郁症患者脑灰质体积改变》，载《中国医学影像技术》，2023(1)。

②荀双玉、杜美杰、刘晓容等：《中国青少年非自杀性自伤检出率的 Meta 分析》，载《现代预防医学》，2023(2)。

③文冰绡、刘夕兵、詹林等：《校园欺凌对青少年抑郁的影响：认知灵活性的调节作用》，载《湖南工业职业技术学院学报》，2022(2)。

④文炳龙、吴柳、杨春娟等：《青少年抑郁症患者非自杀性自伤行为危险因素分析》，载《西部医学》，2023(2)。

第六章

校园欺凌

校园欺凌分为言语欺凌、肢体欺凌、关系欺凌、性欺凌、网络欺凌。
班主任在应对欺凌事件时，需要进行一系列深度的沟通。

校园，应该是最阳光的地方，而欺凌就是阳光下的罪恶。花季的真相不但美好而且残酷，身体的伤口终能愈合，心灵的伤害却可能伴随一生，校园欺凌不容忽视。

——《少年的你我 走出雨季》

第一节 主要表现及成因

情境再现

小慧和小欣是小学同学，也是要好的朋友。上了初中以后，小欣很有男生缘，小慧非常嫉妒班里男生和小欣说话。有一天，小慧看到班里的一名男生和小欣说话，就径直走到小欣面前，阴阳怪气地奚落她，说她很“绿茶”，骂得很难听，说到气愤处，还把小欣的书和其他物品扔到了地上。这还不算完，第二天，小欣感觉到身边其他要好的同学也不理自己了，还向她投来厌弃的目光，她主动打招呼也没人理她。男生见了也都躲着她，谁敢跟小欣说句话，立刻谣言四起。课间，小慧和几位同学经常有意在班里指桑骂槐。小欣非常难过，开始据理力争，但越这样，越被小慧等人羞辱。

后来，小欣只能求助班主任，班主任了解情况后，先找来除小慧外的几位同学了解情况，得知她们听小慧说小欣的妈妈就是“第三者”，小欣也是上梁不正下梁歪……班主任严正说明这些都是子虚乌有的谣言，不要瞎听、瞎信、瞎说，几位同学诺诺连声，表示会跟小欣和好。班主任又找来小慧，单独跟她沟通，指出她这样做的危害，如果她不收敛，就会请家长并且受到处分。班主任针对这类问题设计并召开了班会，说明这种做法属于校园欺凌，是要坚决杜绝和禁止的。小慧当着全班同学，正式向小欣道歉。但班会之后，小欣感觉到小慧更恨她了，她们一伙儿同学不再明着说什么，却在暗中捣鬼，一些外班的同学也开始对小欣指指点点。小欣有苦无处诉……

2019年，联合国教科文组织发布了一份涉及144个国家和地区调研情况的报告——《数字背后：结束校园暴力和欺凌》，报告中呈现了一组令人触目惊心的数据，在调查日期前一个月内，有32%的学生至少遭受过一次欺凌。

那么，什么是校园欺凌？校园欺凌有几种形式？如何甄别校园欺凌和开玩笑？校园欺凌的原因是什么呢？

常识科普

一、什么是校园欺凌

学生欺凌[①]，是指发生在学生之间，一方蓄意或者恶意通过肢体、语言及网络等手段实施欺压、侮辱，造成另一方人身伤害、财产损失或者精神损害的行为。

——《中华人民共和国未成年人保护法》第九章　附则　第一百三十条

二、判定校园欺凌的重要指标

教师在判定校园欺凌的过程中需要把握好四个重要指标，包括是否是欺凌者蓄意实施，欺凌行为是否具有重复且长期对待的特征，欺凌者和被欺凌者之

① 校园欺凌的定义有多种版本，本书选用了这个版本的定义。

间是否存在权力不平衡性，被欺凌者的真实感受和反应是否已显示出受到伤害。

蓄意指欺凌行为的发生并非偶然无意和一时冲动，而是有目的、有预谋、有针对性的。欺凌者无论因何种原因对其实施欺凌行为，从第一次实施欺凌行为开始，欺凌者与被欺凌者的角色就已经建立了。

重复且长期对待指一个或多个学生长期重复地对某一学生采取负向行为，或者一个或多个学生经常反复对不同的学生采取负向行为，这些都可视为校园欺凌。值得注意的是，在偶然发生的打架、骂人情境中，如果其中一方具有明显的优势，却不顾对方的生命安全，长时间发起殴打等行为，哪怕只有一次，也属于欺凌范畴。

明显的权力优势指具有颠倒是非的能力和经验，或是拥有一些重要的地位或资源，如身体强壮、人多势众，在与被欺凌者对话时，明显表现出双方权力不对等。这就是被欺凌者的无助之处，他们的力量根本不足以对抗欺凌者，他们如果敢反抗，结果会更严重。如果欺凌事件初期不能得到及时的干预和解决，随着欺凌者权力优势和经验的积累，被欺凌者就会像猎物一样，被一口咬住以后便很难脱身。如果欺凌者是以群体形式出现的，被欺凌者脱身的难度就更大了。

被欺凌者的感受。经常能听到欺凌者说是在“开玩笑”，也听到很多成年人说“孩子们之间在玩闹，不要当回事”，但被欺凌者却在遭受着极大的痛苦和折磨。所以被欺凌者的伤害感受很重要。在调查和干预过程中，被欺凌者可能迫于压力和恐惧说自己“没事儿”“这是在开玩笑”，或者说自己没有受到伤害，而根据实际观察到的被欺凌者的面部表情、行为表现能够判断其确实受到了伤害，班主任就要和被欺凌者进行深入沟通，消除其顾虑，帮助其掌握面对校园欺凌的应对方法。

三、欺凌的分类

校园欺凌分为言语欺凌、肢体欺凌、关系欺凌、性欺凌、网络欺凌。上述案例中的欺凌形式就属于言语欺凌和关系欺凌。

言语欺凌是指欺凌者以取绰号、讥讽、威胁、吓唬、骂脏话、传播谣言和人身攻击等方式对他人反复进行欺负侮辱，造成对他人的伤害。言语欺凌是最常见的一种欺凌方式。在班级里，言语欺凌者常常以他人的形体、肤色、行走姿势、名字谐音或者口吃等某一方面特征为取绰号的依据，反复多次在公众场合喊对方"胖子""黑猩猩""瘸子"或者"结巴"等，脱口而出，刻意宣扬，或当众学口吃的同学说话，学他人行走姿势，引起哄堂大笑。当他人表达愤怒或者表现出很难堪、已被伤害时，欺凌者仍不顾及他人感受，觉得自己说的就是事实，明里暗里表达"他(她)就是这样子，还不让说啦?"等观点。如果言语欺凌者这种行为得到默许或者未被管束，会不断强化欺凌者对自己侵犯他人的言语欺凌经验和权力的认同。

肢体欺凌是指欺凌者直接攻击他人的身体，以推搡、抓挠、咬、拳打脚踢、掐、捏等方式，给他人的身体造成伤害。这类欺凌是最容易被发现的，也是最容易被重视的。

关系欺凌是指欺凌者通过联合其他同学，有组织地孤立、排斥他人来实施欺凌。这种欺凌方式较为复杂，常常是通过群体行动的方式来达到欺凌的目的，伴有阴阳怪气、轻蔑眼神等态度攻击和指桑骂槐等言语攻击。这种欺凌方式使被欺凌的学生感到身边没有朋友、孤立无援，感觉无处可逃、自卑无助，最后导致被欺凌者回避社交等。关系欺凌是最隐蔽，也是最煎熬的一种欺凌方式。

性欺凌是指欺凌者通过语言、肢体或其他形式，针对他人的性别特质、性倾向、性别认同等进行贬抑、攻击、威胁或侵犯对方性器官等行为。例如，骂他人"娘炮""娘娘腔"或"男人婆"等都属于性欺凌。性欺凌给人造成的羞辱感是最多的。

网络欺凌是指欺凌者通过网络(如短信、即时消息、电子邮件、聊天室、社交网站等)来威胁或者侮辱他人。网络欺凌者通常会对被欺凌者进行匿名恐吓、网络造谣、传播不堪资料等。任何年龄的人都可能遭受到网络欺凌。网络欺凌是波及面最广的一种欺凌方式。

四、如何区分欺凌和开玩笑

欺凌经常是隐蔽的，有时难以与开玩笑区分开，常常有人会持有“就是闹着玩儿”“没什么大不了的”“不至于那么严重”等想法而忽略欺凌事件。殊不知，欺凌意识的淡薄在无形中合理化了欺凌行为，埋下了欺凌再次发生甚至升级的隐患。因此，班主任要掌握以下校园欺凌与开玩笑的基本辨别原则，不再让欺凌者轻易“逃之夭夭”，造成校园欺凌的继续蔓延。班主任可以从以下几个方面进行辨别。

在面部表情上，开玩笑时的面部表情是自然、愉悦的，遭遇欺凌时的面部表情则是痛苦的。

在参与意愿上，玩闹时，所有人可以自行决定是否参与，遭遇欺凌时，则是被迫加入。

在用力程度上，开玩笑时，参与者会有意识地控制力道，不会施加大力去伤害他人，遭遇欺凌时，参与者则是激动的、失去理智的，会使劲攻击他人。

在角色转换上，打闹时，参与者的角色会轮流转换，遭遇欺凌时，参与者则是固定角色。

在是否群聚上，打闹结束后，参与者还会一起玩乐，欺凌结束后，则是一哄而散，只留被欺凌者独自在那里难受。

在蓄意程度上，玩闹时，参与者并非蓄意，欺凌发生时，欺凌者有明显故意伤害的意图。

在是否重复发生上，开玩笑是偶然、短暂发生的，欺凌是指特定受害者长期并且重复受到欺凌。

五、学生受欺凌后不愿意告诉教师和家长的原因

1. 学生认为被欺凌是可耻的，担心不被理解

通常情况下，学生在受欺凌初期是有求助和解决困境的意愿的，但多数学校和家庭还没有对欺凌有一个正确的态度和认知。当学生向教师和家长表达自己被欺凌的时候，教师和家长通常会说“只是闹着玩儿”“躲开他就行了”“都是这么过来的”“恶作剧而已”“被欺负就是你自己没本事”等话；有的教师或家长还会反问一句“为什么不欺负别人，就欺负你呢？你也好好反思一下吧！”“苍蝇不叮无缝的蛋！”，这便让学生感觉被欺凌是自己不好、自己太差劲、自己无能，同时感觉自己不能被理解和接纳，告诉教师或家长自己被欺凌了，却成了自取其辱，学生的自尊心会再一次受损；有的教师和家长会给出貌似很励志的鼓励，例如，“不经历风雨，怎能见彩虹啊？经历一下被欺负也不一定是坏事儿”等，这也会让被欺凌的学生更加觉得没人能理解自己的无助和痛苦，最终放弃向教师和家长求助。因此，班主任在面对被欺凌的学生时，千万不要说以下类似的话。

“一个巴掌拍不响，你肯定也有错。多从自身找原因。”“你是不是先招惹人家了？不然怎么就打你不打别人？”“同学之间开个玩笑很正常，心胸开阔些，不要太计较了。”“为什么不欺凌别人，就欺凌你？”

2. 教师和家长很难理解这种遭遇并感同身受

对校园欺凌，家长和教师可能会毫无觉察，也可能会感到手足无措，不知道该怎样正确地处理。有的家长害怕被学校认为是自己太敏感或者过度操心了，有的家长则因反应过度，以暴制暴，弄得局面无法收拾。除此之外，家长还会因顾忌自己的不当处理会使孩子的处境更加艰难，想着不了了之，而最终

导致惨剧的发生。

还有些家长和教师并不认为“取绰号”“散播谣言”“目光恐吓”“拿走别人的东西”算是欺凌，还会反过来说学生矫情、小心眼等，这也让学生在遭遇欺凌后不敢再声张。

3. 学生担心被报复

很多学校对校园欺凌行为没有清晰的界定和认知，对欺凌者的处理方式一般也只是以批评、责罚、处分为主。如果教师用打骂的方式教育学生，这种方式不会阻止欺凌蔓延，反而会导致欺凌者与被欺凌者的关系僵化，引发欺凌者更强烈的报复，促使欺凌升级。有些学校甚至出现因教师批评欺凌者，使教师也卷入了被学生欺凌的境况。

成因解读

由童年向青少年时期的过渡是个体在群体中的控制力重新调配的一个时期。控制力决定着个体在群体中的地位以及可以获得的资源。因此，青少年早期是欺凌行为的增长期，欺凌行为的发生是一个动态的过程。

一、家庭环境因素

第一，家庭成员关系紧张，家庭气氛缺乏温暖、欢乐，沟通不畅，成员之间动辄吵架、冷战等。

第二，家庭教养方式简单粗暴，家长经常打、骂、吼孩子，经常对孩子实施关小黑屋、不让睡觉、罚站等惩罚。

第三，家长行为粗暴无礼、不关注他人感受、经常摔打物品等，家庭周边环境复杂。

第四，家长的管教方法过严，要求过高，总是与别人比较，这导致孩子妒忌心强；有的家长溺爱孩子，一切事务都由家长包办，孩子犯了错误家长都代之摆平，久而久之，孩子骄纵跋扈、蛮横无理；有的家长疏于管教，令孩子缺少关爱和安全感。

从目前的校园欺凌案例中可以看出，在参与校园欺凌的学生中，有很大一部分学生的家庭关系紧张或者存在家暴的问题。家长本身的心理健康状况对孩子的成长有极大的影响，这也是校园欺凌的原因之一。

二、个体因素

第一，欺凌者拥有某一方面的优势资源。实施欺凌行为者常以团伙形式出现。欺凌者或者是年龄大、人数多，或者是成绩优秀、身体强壮，或者是家长有一定的社会地位、家庭条件较好等。

第二，欺凌者个性霸道、自私、冷漠，嫉妒心强。欺凌者通常好强斗狠，不能很好地控制自己的情绪和行为，易激惹，表现出超强的攻击性行为，缺乏对他人的同情和理解，沟通方式粗暴单一等。欺凌者的心理需求往往是寻求刺激和被关注，被同伴接纳和敬佩，获得权力感与掌控感，寻求宣泄与平衡。为了满足这些需求，他们宁可实施负向行为。教师和家长在进行干预时，可以把分析欺凌者的心理需求作为工作的切入点。在群体中，青少年会开始通过一些手段来获得地位和资源，一些学生通过欺凌行为获得群体控制力。一件极其微小的事情都可能引发校园欺凌，很多学生法律意识淡薄，欺凌者变得有恃无恐。

第三，被欺凌者变成欺凌者。一些被欺凌者忍受着羞辱和痛苦，在强大起来之后，他们会爆发出攻击行为，转而去欺凌比自己弱小的人，成为反击型欺凌者。他们既是欺凌者，又是被欺凌者。在校园欺凌中，欺凌者、被欺凌者、旁观者的角色会发生转换，任何人都有可能成为欺凌者或被欺凌者，一次欺凌事件被发现之前很可能已经出现过多次其他欺凌事件。

三、学校管理因素

如果学校管理松懈，缺乏有效的监控和指导，会导致校内欺凌事件的频发。学校的办学理念也起着至关重要的作用，有些学校只重智育而轻德育，学生和教师长期处在分数竞争的压力之下，情绪难以得到及时疏解，也容易引发校园欺凌。教师对待学生的态度、言行举止都对学生身心发展起着巨大的影响作用。

四、同伴影响因素

青少年开始较多地关注同伴关系，同伴的选择与同伴的交往都有着至关重要的作用。青少年容易受“面子”和“义气”的影响，在群体中往往会被群体氛围感染，会随着其他成员做出欺凌行为。如果同伴间形成了欺凌的文化或风气，青少年就会无视欺凌的危害，有些成员最终也不得不参与欺凌；有些成员害怕被群体排斥而不得不忍受群体里的欺凌，成为被欺凌者；还有些成员感觉“法不责众”，受到从众心理的驱动而做出欺凌行为。

五、不良媒体误导等因素

现代媒体具有广泛性、快捷性、便利性等特点，欺凌者很容易受不良媒体内容和价值观的误导，崇尚叛逆、暴力、权力等，使其社会规则和法律意识淡薄，这会削弱学生对真善美的追求以及对自己和他人的人性关怀。有些学生对外来文化缺乏辨识力，会模仿一些不良行为，导致他们疏离现实，情感冷漠，最终心理扭曲。

世界关于校园欺凌问题的研究已有多年的历史，很多工作在教育一线的班主任在不断丰富的教育管理经验中总结出，预防和解决校园欺凌问题不能只看单一因素，不能只用单一办法，应当将家庭系统、学校系统和社会资源也纳入预防和解决校园欺凌的环节中来，不断积累出具体、有效的方案。

第二节 辅导与干预策略

一线有问

肢体欺凌是最广为人知的校园欺凌形式，是学校最重视的领域，有较为清晰的处理流程。然而精神伤害的形式更加隐蔽，虽然没有造成什么皮外伤，但带来的精神折磨同样不容忽视，比如起难听的外号、调侃男女关系、造谣中伤、排挤和孤立等。当学生告知班主任他被欺凌时，班主任有时很难分辨，一方面，班主任认为学生之间互相开玩笑很正常，很多学生和伙伴们的相处状态就是“相爱相杀”，互相捉弄和怼来怼去是他们彰显亲近关系的方式。另一方面，班主任也会考虑一个巴掌拍不响，双方可能都有责任，被欺凌的学生在人际关系的处理上同样可能存在很多问题。如果无法掌握明确的证据，该怎么处理呢？定性为欺凌事件会不会意味着给学生扣上了帽子，影响班级的氛围？班主任的介入会不会放大问题的严重程度？而班主任犹豫不定的态度往往会导致欺凌问题得不到真正的解决，埋下隐患。班主任在应对学生校园欺凌问题的时候，一般会有以下困扰。

(1)班主任应如何识别、发现学生被欺凌的求助信号？

(2)如果班级发生了校园欺凌事件，如何与各方家长进行沟通？

(3)对于欺凌他人的学生，班主任应该如何教育，避免事态升级？

(4)对于被欺凌的学生，班主任如何帮助其重获对他人的信任？

(5)如何创设公平公正的班级氛围，预防欺凌的发生？

辅导策略

校园欺凌的危害决不能低估，被欺凌者的身体创伤尚可痊愈，但心理阴影可能会伴随终身。而欺凌者的犯罪率在24岁之前就能达到60%，旁观者也会产生不安全感、内疚和自责，或者模仿不良的榜样。在校园欺凌事件中，没有赢家，学校和教师必须高度重视，本着零容忍的原则，早发现、早干预，及时采取措施，减少欺凌的发生，把危害降到最低。

一、尽早捕捉到被欺凌的信号

当教师或家长发现学生出现以下迹象时，需要立刻对学生进行深度访谈，进而来判断学生是否正在经历或已经经历校园欺凌。

第一，较之以前，学生近期会经常发呆，双眼无神或充满悲伤。

第二，学生回避社交，眼神躲闪，不再和他人说说笑笑，不敢直视他人。

第三，身上出现了显而易见的伤痕，但学生总是躲闪地说是自己摔的、碰的等。

第四，成绩明显下滑，经常做噩梦。

第五，情绪长时间低落，会莫名流泪；或者会突然激动，激动时通常会双手紧握，身体紧绷，表现出很紧张、害怕或者很愤怒的样子。

第六，学生开始出现偷窃钱财等行为。

第七，家长反映孩子总是回家才上厕所，回家后猛喝水。（因为学校的厕所是欺凌的高发场所。）

二、班主任要冷静处理，保持中立

班主任作为班级的大家长，发现或者被告知班级出现欺凌事件，很多时候会被愤怒情绪裹挟。这会使其难以客观地看待问题，学生也会因害怕承担后果，只想着撇清责任，不敢说出真相。欺凌事件的发生不意味着班主任工作不到位，我们可以将其转变为学生成长的契机。

如果当场目睹事情的发生，班主任需要立即用身体和权威将欺凌者与被欺凌者隔开，确保学生安全。特别是将双方的眼神隔开，并在第一时间疏散旁观的学生，避免双方学生受到二次伤害。当双方平静下来后，班主任要在一个安全且保密的空间分别与欺凌者和被欺凌者单独谈话。

班主任被告知班级发生欺凌事件时，既不能忽略问题，也不能着急下结论。冷静下来，秉承中立的态度，小心求证，尽可能收集详细的信息。

(一)向积极旁观者收集信息，肯定其行为

教师和学生可能存在信息不对等的情况，旁观者才是欺凌事件中的大多数。当欺凌事件发生时，教师的注意力往往会集中到欺凌的行为上，这很可能会遗漏一些关键点，因此需要充分了解事情的来龙去脉并调查事实。积极旁观者①数量虽少，但意义重大，是班主任处理欺凌事件的助力。班主任可以向这部分学生了解情况，具体话术如下。

“我发现某同学最近不太开心，你一直很关心咱们班同学，知道他发生什么事情了吗？他和同学之间是怎么回事呀？”

“事情发生有多长时间了呢？他们是怎么处理的？”

“同学都是怎么看待这件事情的呢？有没有其他同学目睹了过程？有没有同学后来也参与到其中了呢？”

班主任在收集到信息后，要及时肯定积极旁观者的正义行为，提醒其注意自我保护，以“巧妙”的方式帮助被欺凌者，进一步坚定积极旁观者继续维护班

---

① 芬兰学者萨尔米瓦利(Salmivalli)将旁观者分为四种类型。消极旁观者包含协同者、煽动者和局外人三种类型，他们的漠视、鼓动甚至共同参与都加重了欺凌。积极旁观者指保护者，他们能够体会到被欺凌者所处的困境，会主动站出来发声或者求助于外部的力量。

级的信心。综合双方当事人的描述、旁观者的描述、造成的后果以及视频监控等多方面的信息，班主任可以对事件的严重性进行初步判断，酌情通知家长并上报学校。

(二)重视被欺凌者的需求，积极赋能

许多被欺凌的学生不会主动向班主任求助，他们往往会陷入自我怀疑和自我否定中，认为是自己不够好，才会被欺负，不想被班主任知道自己丢脸的样子，或者笃定班主任帮不到自己。

第一，班主任要表明态度，给予支持。班主任可以向被欺凌者明确表达自己对事件的了解程度，并强调“学校不能接受任何理由的欺凌行为”的坚定立场；关切地询问：“你还好吗？能跟我说说你现在的情况吗？”在被欺凌者诉说遭遇时，班主任能够共情到学生，例如，说“哦！孩子，发生欺凌事件不是你的错”“你没有找麻烦”“不要一个人独自面对，我一定会帮助你”。这些话语都能给予被欺凌者莫大的支持和安慰，让他有机会充分表达自己的害怕和无助、愤怒和不甘。

第二，学生本人的感受和想法是处理欺凌事件的关键。而班主任对感受的充分理解和接纳，会帮助学生减少内心被欺凌的羞耻感，促使他更加有力量去面对问题。班主任要尊重学生本人的处理意愿，与学生一起商定解决方案，并询问学生还可以做些什么让他感到安全，如调换座位等。

第三，班主任要想办法帮助学生找到朋友，建立支持系统。遭遇欺凌的学生常常是没有朋友的，有个朋友能陪伴他(她)，遇事有人替他说句话，他们就会获得直接的力量，也能有效摆脱被欺凌的状况。所以教师要想办法帮助被欺凌者获得友谊，把跟他同路回家的同学安排在同一个小组，鼓励班里有正义感、有同情心的学生与他做朋友。教师也要多找机会与他聊聊天，或者通过在作业上写两句鼓励的话语，让他获得认可和信心。

第四，有一种欺凌来自嫉妒。有的学生成绩名列前茅，同学之间成绩不相

上下，这很容易引起嫉妒，甚至导致校园欺凌的发生。所以教师以权威的身份，告诉被欺凌者“这不是你的错，不是你不好，反而可能是因为你表现突出”。此类肯定的话语会让被欺凌者释怀很多，会增添很多积极面对的力量。

(三)对于欺凌者，否定行为，不否定个人

班主任的工作原则是“适当的处罚”和“有针对性的帮扶”。

第一，班主任要第一时间向欺凌者传达自己不偏不倚的处理态度。例如，“没有人从来不犯错，在咱们班级，没有不可救药的坏孩子。偶尔的行为偏差是允许出现的，只要知错就改，为自己的行为负责，老师就愿意给你们机会，不会对你们区别对待。但咱们班对欺凌行为零容忍，任何一名同学都不应该受到伤害，这是底线。如果未来发现类似行为，这个班级甚至这所学校都不会欢迎你”。

第二，班主任要了解背后的原因，有的放矢。制止行为的发生，仅仅是第一步。如果止步于此，就是“治标不治本”了。校园欺凌问题的背后，往往隐藏着学生的成长经历、心理需求等复杂的因素。倘若欺凌者在欺负和操纵同学的过程中获得了自尊或掌控感，这种感觉是充满诱惑力的，一时的惩罚或许只是缓兵之计。他很可能不会轻易放弃，转而采取更加隐蔽的方式，继续实施欺凌。班主任更重要的任务是在冲突缓解后提供进一步的帮助。这需要班主任全方面收集信息，深入了解欺凌者的“另一面”。

一方面，向家长了解学生在家的表现，获得亲子关系、家庭教养方式等方面的信息。家长过于专制，过于宠溺，过分强调学习的重要性等，都可能是欺凌者行为背后的原因。班主任需要指导其家长调整家庭教育的方向，帮助学生获得来自家长的温暖且有界限的关爱。

另一方面，向欺凌者的好朋友了解其日常人际交往情况。我们往往会发现欺凌者虽然多有攻击和伤害的习惯，但也具有一定社会技能，他们在同学中更有号召力和组织力，他们缺少的是获得成就感的机会。班主任可以给他们提供

满足心理需求的替代性活动，例如，代表班级参加艺术或体育比赛、为班级组织集体活动等，当他们能够从替代性活动中获取被需要的感觉，欺凌的行为就会随之改变。

第三，针对女生的被动攻击，班主任要教给她们正确的表达方式。教育专家蕾切尔·西蒙斯认为，社会文化对女性隐忍、温和、文静的传统性别要求压抑了她们自身的需求，在人际摩擦中她们不被鼓励正面冲突，而是要求维持表面的和平。这种压抑机制导致一些女孩不知如何处理人际冲突，她们可能会采取不恰当的方式表达和应对攻击性。班主任需要告诉她们明确的改正方向，教会她们以非暴力的方式来表达情绪、处理矛盾、应对问题。例如，“排挤和孤立同学并不能消除你的痛苦，只会让你感觉更糟，你愿意一起来寻找更好的方法表达你的愤怒吗?”“如果不认同一个同学的行为，我们可以怎么做传达出自己的观点，但不伤害对方的自尊呢？直接说出自己的感受，会发生什么呢？在和同学相处的过程中你能发现什么呢?”。即使是5％的改变，也会给一直以来的行为模式带来新的可能。

改变需要时间，不要盲目乐观地认为欺凌行为会马上消失，班主任要至少保留一个月的观察期，并且循序渐进地为欺凌者和被欺凌者提供帮助。

(四)与双方家长积极沟通，保持协作

班主任要尽量与双方家长在当天单独会面，分别解释所发生的事情，并邀请学校政教处或校园安全处的工作人员一同参与到家长会谈中。

第一，面对被欺凌者的家长时，班主任要共情，提出有效措施。

对于被欺凌者的家长，愤怒、指责都是可能出现的情绪。班主任要知道家长这些强烈的情绪不是针对你的，更多的是针对那个没有保护好孩子的自己，任何家长都无法忍受自己的孩子受到欺负。学校和班主任的公正立场和态度就是共情和稳定家长情绪的最好工具，要明确告知家长无论哪种形式的欺凌，都是学校绝对禁止的行为。有些时候，家长只想要“以其人之道，还治其人之身”，

需要让家长理解这是不能解决问题的，只有找到欺凌行为的真正原因，才能保证自己的孩子远离欺凌。在处理好家长的情绪后，要进一步解释学校和教师正在采取哪些具体行动处理欺凌事件，及时告知家长事情的处理进展。

第二，面对欺凌者的家长时，班主任要让欺凌者认识错误，对欺凌行为负责。

同样，没有哪个家长愿意承认自己的孩子是欺凌者，因为这意味着自己的家庭教育很失败，震惊、怀疑和否认通常都是欺凌者家长的第一反应。班主任需要向欺凌者的家长清晰描述孩子的行为，告知欺凌事件的频率、严重程度、如何被制止以及学校和班级对这种行为的处理方式或处罚措施。与家长合作的重点在于传达出帮助孩子的坚定态度，强调惩罚孩子不是教育的最终目的，学校始终致力于消除欺凌行为，而不是欺负人的学生，不会因为孩子犯错就将其拒之门外。因此，学校和家庭的第一要务都是让学生认识到行为的错误，并为自己的行为负责。接下来，为了全班同学都可以回归平稳的校园生活，学校需要监护人紧密的配合，一起理解学生行为背后的意义，满足学生缺失的心理需求(如掌控感、认同感等)，帮助学生改变行为。

(五)消除消极旁观者的顾虑，使其转换阵营

俗话说“枪打出头鸟”。质疑在班级有权力的同学是一件令人害怕的事情，大部分学生会担心自己被波及而保持观望，小部分学生会认为欺凌者是自己的好朋友，自己应该为朋友“两肋插刀”，故而选择加入其中。

在对协同者和煽动者的欺凌行为进行处罚后，班主任还需要帮助他们理解真正的友谊不是是非不分，而是帮助彼此做正确的事情。好朋友犯了错，自己非但没有纠正，还助长其嚣张气焰，只会让彼此都受到伤害。

班主任要消除局外人介入欺凌的顾虑，将其转化为保护者。让学生意识到置身事外任由欺凌发生也是一种默许和赞同，会使每一名学生都失去对班级的信任，最终影响到每一名学生的学习和生活状态。要利用班会等契机宣传“人人为班，班为人人”的理念，鼓励每位学生关心、关注班级动态，发现特殊情

况都要在第一时间向班主任汇报，以“班级匿名信箱”“班级树洞”等形式畅通学生求助的途径。

(六)寻求心理教师的专业支持，抚平伤口

受欺凌是一种很深的创伤体验。有喜剧演员在读书期间曾经因为“长得太丑”遭受过严重的校园欺凌，被打之后他会假装镇定地爬起来逃走，但不安感是无法掩饰的，每当他静下心来想要认真学习的时候，被欺凌的画面就像放电影一样，一幕幕地在脑海里回放。所以在学生“我很好”“没关系”的背后可能藏着很多负面的感受，表面看起来恢复如初，实际上对他人、对世界的不信任感始终如影随形，不敢轻易接受他人释放的善意。班主任可以向被欺凌者介绍学校的心理辅导流程，帮助其向学校的心理教师求助，让学生接受专业的心理辅导，与糟糕的经历告别，一点一点接纳自己。班主任也可以邀请心理教师在班级中开展团体辅导，让经历过欺凌的学生相互支持、重塑信任。

案例实践

还记得本章开篇小慧和小欣的故事吗？班会之后，班主任并没有掉以轻心，仍在暗中观察班级的动态。

班主任与小欣的家长保持密切的沟通，了解小欣在家里的情况。小欣的妈妈告诉班主任，他们夫妻很早就离婚了，她很怕小欣受委屈，尽可能给予小欣最好的照顾。从小就让小欣学舞蹈，希望她自信乐观。小欣也一直很优秀，学习和才艺都很出色。小欣这段时间情绪低落，经常默默流泪，晚上睡不安稳，常常做噩梦。看到她现在的样子，妈妈很担心，但是问她究竟怎么回事，她却什么都不说，妈妈不知道该怎么帮助她。班主任建议小欣妈妈让小欣继续坚持自己的兴趣爱好，并且与舞蹈班的同学朋友多多交流，友好信任的友谊关系对于目前的小欣是非常重要的。在小欣妈妈的知情同意下，班主任也帮小欣联系

了学校的心理教师，预约了定期的心理辅导。

班主任与平日里性格沉稳的团支书沟通得知，这件事最开始的导火索是小慧喜欢的男生不喜欢她，但男生和小欣有来往(其实小欣跟那个男生根本就没关系)。而且小欣最近又得了几个奖，大家都挺羡慕的，小慧可能有点嫉妒。谁要是帮小欣说话，就会被她们一起嘲讽，所以同学也不说什么了。其实看到小欣这么低落，心里也挺不好受的。班主任请团支书继续留意班级动态，在合适的时机给予小欣关心与帮助，一个善意的眼神、一个友好的动作，都是有作用的。

班主任再次与小慧单独沟通，小慧神色略紧张。班主任没有急着批评小慧，而是采用“三明治”沟通法，即两个积极肯定之间，夹一个提出的问题，就像三明治一样，这样的沟通方式有利于对方接受。班主任先肯定小慧的好人缘，接着和小慧复盘与小欣之间的矛盾，询问两人原本是好朋友，现在关系不如从前是什么感受。如果因为误会错失友谊可能会很遗憾。

小慧：“就是不喜欢她那样子，和女生玩的时候就这不对那不行，和男生说话的时候就假装温柔。”

班主任：“那小欣有做过什么伤害朋友的事情吗?”

小慧：“那倒是没有。”

班主任：“好像每个同学在和异性相处的时候都会想要展现自己好的样子，谁不希望被别人喜欢呢?可以告诉她，不舒服的地方，哪怕绝交，但是背后给同学贴标签性质就不一样了。”

班主任：“下个月是艺术节，咱们班要出一个节目。我一直信任你的组织能力，咱们班计划出一个歌舞节目，你来邀请小欣和其他同学一起参与。你不和小欣做朋友，我能够感受到小欣很伤心，我也担心过一起排练节目会不会再给你们带来伤害。我不要求你们重新和好如初，但我相信你们能够处理好情绪，同学一起合作为班级争光。老师可以信任你吗?”

小慧：“嗯……可以。”

在排练节目的过程中，团支书和其他同学展现出来的友善给予了小欣更多的信心。小慧和小欣由最初的互不说话，也渐渐开始有所交流。当节目拿到了一等奖时，笑容也再次回到了小欣脸上。

相关提示

(1)如何留意隐形歧视行为？

班级就好比一个小型的“社会”，学生的身体特点、性格特点、家庭经济状况等很多方面存在差异，很容易出现强对弱的歧视行为。班主任如果忽略了隐藏在学生一言一行中的歧视，放松了警惕，甚至自己也在无形中带头歧视，这很容易会导致事态升级和欺凌行为的发生，进而给学生带来巨大的伤害。例如，班级只有学习成绩这一单一评价标准，教师处处偏爱成绩优异的学生；为了管理班级纪律，教师总是批评固定的学生“杀鸡儆猴”；虽统一穿校服，但学生私下里球鞋、手表攀比成风；班里有很多固定的小团体，有些学生始终处于“领导”位置；班级同学心照不宣的“外号梗”，总喜欢开不合时宜的玩笑；有些学生把脏话挂在嘴边，但不以为意；恶性竞争的班风。

类似的现象都需要引起班主任的重视。班主任要第一时间了解更多细节信息，判定这些现象有没有可能会演变发展为校园欺凌事件。班主任还要特别关注那些情绪管理能力差、争强好胜的学生，引导他们以积极的方式宣泄情绪，挖掘他们的潜力为班级做贡献。

(2)如何创设公平、公正的班级氛围？

班主任可以利用日常的班会等契机，开展形式多样的活动，向学生渗透尊重、平等的教育理念，普及校园欺凌相关知识，帮助学生有效识别玩笑与欺凌。

例如，可以开展学生喜闻乐见的剧本杀活动，依托校园欺凌的剧情，让学生切身体验欺凌中每个角色的心路历程，也让学生理解世界上有形形色色的人，或许有些人的表现与主流社会文化不同，我们可以不喜欢，但没有权力去伤害他们，这是最基本的尊重。还可以开展模拟法庭活动，邀请公检法系统的家长或工作人员作为专业指导，以社会影响较大的欺凌事件为案例，按照案情分析、角色划分、法律文书准备、预演、正式开庭等流程，学生穿上律师袍或登上审判台，还原庭审现场，从而深入了解校园欺凌相关的法律法规，明确事件发生后欺凌者会面临的后果与处罚，为自己的行为划出红线。在此基础上，班主任还可以与学生一起"头脑风暴"，分享每个人为班级作贡献的方式，制定班级的"反欺凌公约"。

参考文献

①程斯辉、李汉学：《学校欺负类型及其应对策略》，载《教育科学研究》，2016(2)。

②董会芹、张文新：《家庭对儿童欺负受欺负的影响》，载《山东师范大学学报(人文社会科学版)》，2005(3)。

③方芳、赵婷：《校园欺负行为研究述评》，载《科教导刊(上旬刊)》，2015(1)。

④李燕秋：《校园欺凌研究综述》，载《教育科学论坛》，2016(14)。

⑤李缘、苏普玉：《校园欺凌事件旁观者不作为行为研究进展》，载《中国学校卫生》，2022(10)。

⑥林瑞青：《青少年学生言语欺凌行为研究》，载《天津师范大学学报(基础教育版)》，2007(3)。

⑦刘春建：《少年的你我 走出雨季——校园欺凌的预防与干预》，北京，电子工业出版社，2022。

⑧邱献辉：《从文化变迁观点探究亲密暴力合并儿虐施暴者的心理机制》，载《山东警察学院学报》，2013(2)。

⑨孙昭、赵红霞：《中学生欺负行为的现状调查与分析》，载《和田师范专科学校学报》，2014(6)。

⑩王丽萍：《中小学生受欺负与其社会行为、同伴关系之间的关系》，载《中国特殊教育》，2011(11)。

⑪王智超：《新时期学校欺负问题原因解析及应对策略》，载《中国青年研究》，2016(9)。

⑫张家智：《台湾校园霸凌现象的成因分析与对策建议》，载《重庆科技学院学报(社会科学版)》，2011(7)。

⑬[美]蕾切尔·西蒙斯：《女孩们的地下战争：揭秘人际交往中的隐形攻击》，徐阳译，海口，海南出版社，2021。

⑭[英]格雷厄姆·拉姆斯登：《欺负别的孩子时，他们在想什么》，一言译，北京，北京日报出版社，2022。

⑮Olweus，D.，*Aggression in the Schools：Bullies and Whipping Boys*，Washington，Hemisphere，Publishing Corporation，1978.

第七章

精神疾病

大量研究发现，班主任和学校的参与可以促进学生精神疾病的康复。因此，班主任是使患精神疾病的学生得到早期发现、早期干预、长期支持并获得规范治疗的关键。

我越来越努力地做我自己，对于别人赞成或反对，越来越不在乎。

——文森特·梵高

第一节
主要表现及成因

情境再现

班主任王老师发现最近妍妍有点怪，之前品学兼优、乐观开朗的她突然变得情绪波动非常大，有的时候在课间甚至在课上会突然之间生气和大笑，嘴里念叨着什么，似乎在自言自语，又仿佛在与人对话。过去打扮得精致得体的她，现在看上去有点“邋遢”，在课间休息的时候，她会主动和别人搭讪，这似乎在过去是从未有过的。很多同学都说，妍妍变成另外一个人了。但是，王老师也发现，妍妍有的时候会偷偷地抹眼泪，有的时候会沉默不语，眼神呆滞。下课后，王老师请她到办公室坐坐，她的眼神流露出与过去不同的大胆和攻击性，让王老师也感到有一丝害怕。她的语速似乎比过去快了很多，有的甚至是脱离现实的、不切实际的想法，她说学习太没意思了，要去做直播“明星”，这似乎和过去她想考985高校的梦想有很大的不同。王老师和妍妍的父母沟通后发现，最近他们也觉得孩子不大一样，“是不是谈恋爱了?”“最近受到什么刺激了吗?”，现在回家以后，妍妍就一直抓着妈妈的手机看各种美妆直播，也买了很多很多的化妆品，这和过去那个勤奋学习的妍妍判若两人。而且，最近妍妍似乎经常会在家里大喊大叫，有的时候会摔自己的文具和书，有的时候她会关起房门，在里面号啕大哭，爸爸妈妈怎么劝都不开门，也束手无策。王老师听后非常担心，建议爸爸妈妈带妍妍去医院做全面的评估和检查。经检查，医生给了初步诊断是“双相情感障碍”。

重性精神疾病是指临床表现为幻觉、妄想、行为紊乱等精神病性症状的精神疾病，在我国严重精神障碍管理中将六大类重性精神疾病纳入临床管理，包括：(1)精神分裂症；(2)双相情感障碍；(3)偏执性精神病；(4)分裂情感性障碍；(5)癫痫所致精神障碍，但是不包括所有癫痫患者；(6)精神发育迟滞伴发精神障碍。在学龄期，班主任接触比较多的是前两种，即精神分裂症和双相情感障碍。当我们的学生出现这两种精神疾病时，他们通常会丧失自知力，即自己对自己精神状况的一个认知能力，因此很多学生都没有求治的意愿，他们可能会有危害公共安全、自身及他人生命安全的行为，这是班主任需要非常警惕的。

根据我国首个儿童青少年精神障碍流调报告，6～16 岁儿童青少年中有 17.5%存在精神障碍，依照美国精神障碍诊断统计手册第四版(DSM－Ⅳ)的分类，流行率最高的几种障碍分别为：注意缺陷与破坏性行为障碍(10.2%)，焦虑障碍(4.7%)，抑郁障碍(3.0%)，抽动障碍(2.5%)，物质相关障碍(1.0%)，其他精神障碍(1.3%)。在 6～11 岁样本人群中，注意缺陷/多动障碍、品行障碍、对立违抗障碍、抽动障碍、强迫障碍和分离焦虑障碍患病率较高；12～16 岁样本人群中，重性抑郁障碍、双相情感障碍、创伤后应激障碍、社交恐惧症和精神病性障碍的患病率较高。[①] 然而由于家庭对心理卫生知识的缺乏、患者和家属的病耻感等，很多家长并不会带孩子及时就医，从而耽误了最佳治疗期。

班主任与学生接触时间最多，通常可以在较长时间段内观察学生的精神状

① Li, F., Cui, Y., & Li, Y., et al., “Prevalence of Mental Disorders in School Children and Adolescents in China: Diagnostic Data From Detailed Clinical Assessments of 17, 524 Individuals,” The Journal of Child Psychology and Psychiatry, 2021(1), pp. 34-46.

态，这样会更加容易发现学生的情绪、认知和行为的变化，同时通过与同班同学的对比，收集来自周围同学的反馈，可以更早地发现青少年时期的重性精神疾病，这为学生的早期治疗和康复提供了有利条件。在本章中，我们将聚焦“双相情感障碍”和“精神分裂症”两个问题，那些听起来非常可怕的“诊断”到底有哪些表现？如何区分精神疾病患者和健康人？青少年经常表现出与众不同、愤世嫉俗、举止夸张、情绪激烈等，这些是他们的青春期特征还是疾病表现？

常识科普

一、什么是精神疾病

精神疾病包括了各种各样的症状，越来越多的研究发现这些行为和功能的改变和异常都有相应的脑功能或结构改变的证据，就像“头痛”的产生有不同的原因和表现，精神疾病的发生原因也是多样的，其表现也有严重程度的差异。一些精神疾病经过短期的治疗，只会持续很短的时间，患者很快就能康复，而有一些则持续时间较长，最后的结局也是不容乐观的。

（一）双相情感障碍

双相情感障碍是以情感低落和高涨为主要特征的精神疾病，即同时包括抑郁相和躁狂相。根据情感高涨的程度和持续时间分为轻躁狂发作和躁狂发作。如果至少持续 4 天且大部分时间出现明显异常的持续心境高涨、活动增多和精力旺盛，则定义为轻躁狂发作；如果持续时间超过一周，几乎每天都出现明显异常的情绪高涨、容易激惹、思维和活动增快，则定义为躁狂发作。青少年双相情感障碍的表现和成人接近，但是又带有青春期特有的易冲动、易激惹等特点，学生除了在抑郁相时会表现出本书第五章的抑郁特征外，在躁狂相时会表现出容易生气，怨恨，从言语或肢体上攻击周围的同学甚至教师，破坏生活用品和文具，注意力下降，夸夸其谈，喜怒无常，对自己的评价忽高忽低，食欲增加或下降，性冲动和性行为增多等。

目前，青少年的双相情感障碍特征是不典型的，一方面，不典型症状占大多数，这些不典型情感症状包括睡眠问题（难以入睡或睡眠减少）、激惹（自我评价高，以掌控为目的的攻击）和激越（警觉性增高，以防卫为目的的攻击）、强迫症状（反复且严重的强迫观念为主）、精神病性症状（幻觉和妄想）、迟钝症状（包括情感、语言和行动能力）、注意力下降、冲动控制障碍（情绪稳定性下降、做事缺乏计划性）等；另一方面，表现形式很少呈现典型的抑郁相和躁狂相，混合特征越来越常见，而且，在青少年时期，双相情感障碍的症状和体征可能会与这个年龄常见的其他障碍的症状重叠，如注意缺陷/多动障碍（ADHD）、品行障碍、重性抑郁障碍和焦虑障碍等。

（二）精神分裂症

精神分裂症是以妄想、幻觉、思维紊乱、行为异常等阳性症状和以情感表达减少、意志减退、难以保持社会关系等阴性症状为主要特征的精神疾病。青少年的精神分裂症与成人一样，也会表现出感知觉障碍，如各种形式的幻觉，有些幻觉与学生日常生活有一定的联系，但大多数内容为恐怖的和惊悚的。例如，有的学生会形容在房间里看到怪兽在瞪着自己。幻听也较为常见，通常为评论性幻听或命令性幻听。例如，听到有人评论自己的长相和衣着，议论自己的为人和学习，有人命令自己必须和谁保持距离，或者有人与自己对话，有的学生因为与幻听对话会表现出自言自语等。在思维障碍上，青少年的精神分裂症多为各种内容的妄想，这需要和青少年富有幻想进行区分，妄想常常是有人会跟踪自己、伤害自己、给自己下套、身边的很多东西都与自己存在关系，自己是受到某种力量控制的。很多精神分裂症的学生会表现出认知功能的衰退，在人际交往中表现得非常淡漠，对周围人漠不关心，很多学生无法来学校上课，有的时候会出现行为的紊乱，会出现伤害自己和周围人的冲动行为。

二、相关的医学术语

青少年疾病诊断中常出现的与双相情感障碍相关的医学术语有：双相Ⅰ型障碍，双相Ⅱ型障碍，快速循环，环性心境障碍，物质/药物所致的双相及相关障碍，非典型特征，混合特征。

青少年疾病诊断中常出现的与精神分裂症相关的医学术语有：妄想，幻觉，思维紊乱，紧张症，阳性症状，阴性症状，妄想障碍，短暂精神病性障碍，精神分裂症样障碍，精神分裂症，分裂情感性障碍，物质/药物所致的精神病性障碍。

三、如何区分青春期情绪变化和重性精神疾病

青春期的学生常常会表现出各种各样的情绪变化，例如，情绪体验的敏感度增高，情绪强度的增高和情绪控制能力的波动。受到激素分泌、神经发育、人际关系、学习压力等影响，很多学生此时会出现性格和脾气的改变。青春期充满挑战、变化和不可预测的情绪，很多学生会表现出对权威的反抗，例如，违抗家长或教师的指令。这些情绪一般与现实世界的刺激、事件、环境紧密联系，也就是“事出有因”。但是，精神疾病的情绪和行为紊乱常常与现实不符，例如，精神分裂症的幻觉和妄想在别人看来就是“子虚乌有”“不可理喻”；而双相情感障碍的情绪波动也超出正常理性控制的范畴，躁狂发作时会给人浮夸的感觉，并且这种情绪高涨或低落的持续时间更长，躁狂发作一般超过 7 天，轻躁狂发作持续 4～7 天，抑郁发作持续 2 周以上。重性精神疾病的精神病性症状会对学生的社会功能造成重大的影响，表现为无法专注学业、注意力下降、认知功能减退、行为激越或退缩。这种负面影响会加剧学生与周围社交环境的

割裂，使他们的情绪易感性进一步增高。

四、双相情感障碍的早期危险信号

第一，睡眠减少。很多学生可以在熬夜之后正常进行一天的活动，虽然睡眠的时间减少，但是不影响学生的情绪强度和目标导向性的行为。

第二，抑郁。抑郁通常在青春早期、躁狂发生之前出现，通常会伴随长时记忆、短时记忆、注意力广度、注意力集中等认知方面的损害(造成学习成绩明显下降，原来感兴趣的事情都不感兴趣了)。

第三，交流改变。学生在躁狂发作的时候语速会很快，从一个话题不停地切换到下一个话题，不容易被打断，也可能会突然失去思路。在抑郁发作的时候语速会变慢，语量会减少。

第四，精力增加。突然过度专注或痴迷于一个新的活动，可能是艺术创造、科学实验、家务活动、整理书柜、制订计划。

第五，冲动。处于躁狂或轻躁狂的学生会有一些没有经过深思熟虑的行动，或者不考虑自己身体的限制从事一些危险的活动。例如，在寒冷的天气只穿单薄的衣服出门、不吃不喝或暴饮暴食等。

第六，性欲亢进。处于青春期的学生可能会表现出对异性的兴趣增加，自慰频率增高，穿着更加暴露和性感，追求性接触或性生活。

第七，易激惹。愤怒和攻击性增加，更加容易在一些别人看上去稀松平常的话语或动作后作出激烈的反应。

第八，自杀意念。学生会告诉周围同学和教师他们的自杀想法，这也许是一个求救信号。

五、精神分裂症的早期危险信号

第一，严重的睡眠问题。很多学生会说他们有至少两周的严重睡眠不足，这也是很多学生报告的第一个症状。

第二，新的感觉敏感性。精神疾病会影响大脑过滤感觉刺激的能力，如光、声音、气味、触摸等，很多学生会形容自己被自己的感觉所淹没，或者一种别人无法理解的感觉。

第三，知觉扭曲。在精神疾病的早期，一些知觉系统会出现紊乱，如看到的颜色异常强烈刺眼，直线呈现波浪形，面部视觉图像可能失真。

第四，认知能力下降。学生的批判性思考、注意的集中性、已有技能的运用能力都有显著下降，学生会变得困惑和迷失方向，无法遵循复杂的顺序，例如，服从多个指令。

第五，严重的进食和卫生问题。很多学生受到感觉敏感性、认知能力下降和症状的影响，出现进食的频率和量的剧烈变化，生活逐渐懒散，变得不爱干净、邋遢。

第六，情感淡漠。精神分裂症的阴性症状包括情绪的"扁平化"，很多学生表现出失去面部表达和感受情绪的能力，但是与抑郁不同的是，他们较少感到沮丧。

第七，快感缺失。学生失去了享受之前能感到的快乐的能力，感受愉悦情绪的能力也下降了。因此，更加不愿意参加一些令人愉快的活动。

第八，社交孤立。出于对病耻感、快感缺失等的担忧，学生经常表现出退缩，不愿意与家人和朋友联系。

第九，惊吓。学生会在没有明显原因的情况下表现出恐惧、害怕，班主任需要评估此时有没有出现校园欺凌。

第十，语言和行为内容发生重大而奇怪的变化，并出现一些"我想我的脑子疯了"等令人费解的话。

六、双相情感障碍和精神分裂症在症状上的重叠性

从上面的描述不难看出，双相情感障碍会出现幻觉、妄想等精神病性症状，而精神分裂症也会有很多抑郁、易激惹等情绪症状。事实上，现在很多研究发现这两种严重的精神疾病在遗传基因、神经生化改变、神经环路受损等有很多重叠的地方，这使得两种疾病在外部症状上也出现重合，特别是双相Ⅰ型，在躁狂发作时就存在很多丰富的精神病性症状。在有些患者身上，阳性、阴性症状和躁狂、抑郁发作同时存在或交替发生，反复发作，症状都很典型，这可能是另外一种精神疾病——分裂情感性障碍。

七、精神疾病的长期性和危害性

重性精神疾病对很多青少年来说，在很长时期内都是非常艰巨的挑战。首先，疾病影响的时间较长，虽然大多数罹患精神疾病的学生经过规范的治疗，症状得到了控制，社会功能得以恢复，但是这种疾病的影响通常会延续较长时间，一般会到成年早期，有的甚至是终身患病。其次，重性精神疾病的治疗通常需要较长时间，以双相情感障碍为例，其急性期一般为10～12周，巩固期和维持期一般为1～2年，完成维持期的患者需要经系统评估后才能考虑缓慢减药，并在减药期间还要密切关注停药反应和疾病是否复发，对于精神分裂症患者来说，治疗周期可能更长甚至达终身。最后，治疗带来的不良反应影响可能也是长期的。很多治疗重性精神障碍的药物，如抗精神病药、情绪稳定剂（如锂盐、丙戊酸盐）、抗抑郁药物的不良反应较多，可能会导致体重增加、认知功能下降等，这些可能会引起学生学业成绩的下降、自卑、坐立不安等。考虑到重性精神疾病本身也会导致患者的脑功能受损，两者叠加可能会影响学生的预后功能。

很多重性精神疾病的学生会出现更高风险的社会和经济问题，例如，社交隔离、自杀尝试或自杀意念、辍学、无家可归、难以就业、失业以及多次住院。这些问题会使学生感受到更多的病耻感和受歧视感。很多学生会因此而害怕就医，担心被贴标签或者被学校和其他团体拒绝，这会导致他们更有可能失去社会支持，甚至体验到比症状更严重的压力。

成因解读

青少年重性精神疾病的发病机制一般包括遗传因素、神经生化异常、神经发育和神经可塑性异常、环境因素中的危险因素及其之间的相互作用。

一、遗传因素

遗传因素是青少年精神疾病的主要因素。双相情感障碍和精神分裂症都有明显的家族聚集性，而双相情感障碍的遗传倾向较精神分裂症更为突出。近年来的群体遗传学研究、家系研究、双生子研究、分子遗传学研究等都发现了这些规律。双相情感障碍的一级亲属患病风险大约是健康对照组的10倍，当双亲中有一位患有双相情感障碍时，孩子有30%的概率患有其中一种情感障碍，如果父母都有情感障碍，孩子患病的概率会增加到70%。精神分裂症一级亲属的精神病患病率为1.4%～16.2%，而健康对照组的一级亲属精神病患病率为0.2%～1.1%。这种一级亲属患病率增高的现象，除了需要考虑遗传因素之外，还要考虑家庭成员暴露在相对一致的风险因素下，如家庭社会经济水平、饮食习惯、感染等，很多认知和行为方式都会通过学习和模仿进行代际传递。

二、神经生化异常

在大脑中，负责神经和神经之间信号传递的中枢神经递质系统本身非常复杂，并且各种递质之间存在着广泛的相互作用。目前认为在精神疾病发生过程中，主要相关的递质包括5-羟色胺、去甲肾上腺素、多巴胺、乙酰胆碱、谷氨酸、γ-氨基丁酸、神经肽等。一般认为，双相情感障碍患者大脑中5-羟色胺的功能降低与抑郁发作的食欲减退、失眠、昼夜节律紊乱、内分泌失调、性功能障碍有关，而5-羟色胺的功能增高则与躁狂发作有关。双相情感障碍患者的多巴胺系统、去甲肾上腺素等递质也存在功能紊乱。针对精神分裂症患者，多巴胺功能亢进假说在过去半个多世纪一直处于主要地位，该假说认为脑内多巴胺功能亢进与精神分裂症阳性症状有关。谷氨酸、5-羟色胺、γ-氨基丁酸等其他神经递质也在精神分裂症的发生过程中扮演着重要角色。

三、神经发育和神经可塑性异常

随着神经影像学研究的发展，越来越多的证据表明精神疾病患者不仅存在脑部结构的形态学改变，还在局部脑血流、脑葡萄糖代谢、受体功能状态、脑组织生化代谢和神经纤维传导等方面表现出功能状态的改变。双相情感障碍患者的主要表现为前额叶、边缘系统前部和中部脑区的局部灰质减少和脑白质高信号。精神分裂症患者的主要表现为大脑重量减轻、侧脑室扩大、海马和海马旁回等内侧颞叶结构的体积减小，弥散张量分析研究发现精神分裂症患者的额叶、颞叶、枕叶、岛叶、胼胝体、基底节、小脑半球和脑内主要联合纤维束的各向异性分数均有降低。很多药理学和病理学研究发现，抗精神病药物、情绪稳定剂等可以改善大脑的结构。此外，近年来针对某些脑区的物理治疗（如经颅磁治疗）也可以通过调节大脑的神经活动来改善精神疾病的症状。精神分裂症可能是一种神经发育性疾病，儿童精神分裂症的发展轨迹可能包括抑制通路的表达减少和兴奋通路的过度修剪，这会导致前额叶皮层兴奋—抑制平衡的改变。那些早期发现的、处于前驱期的儿童可能不会进展到精神疾病阶段，从而阻止疾病的发展(图 7-1)。

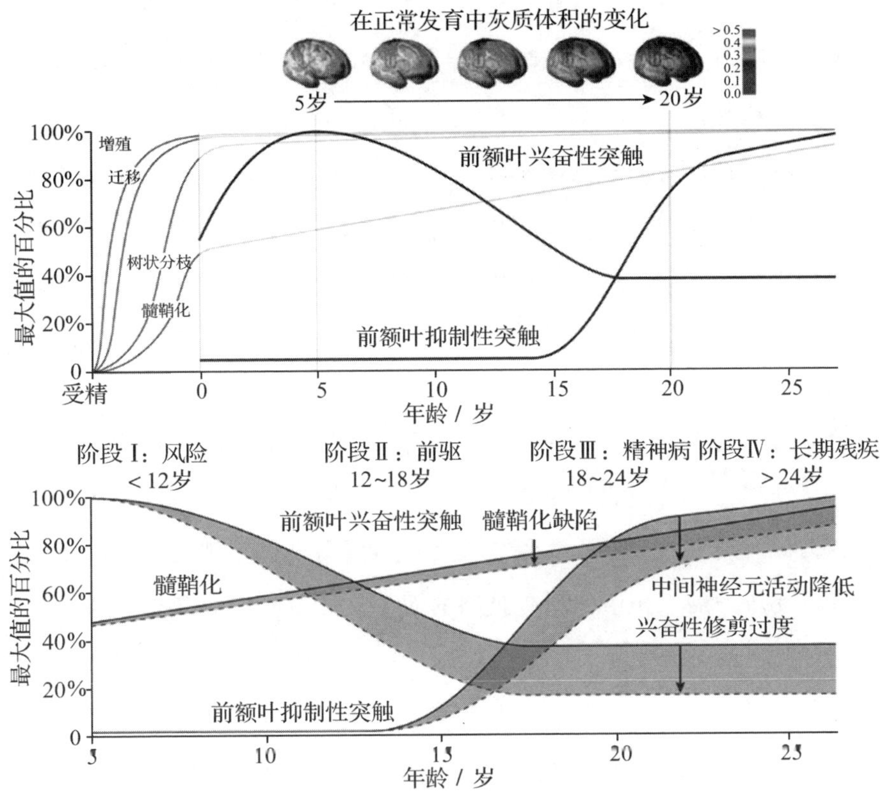

图 7-1　大脑中灰质体积、前额叶兴奋/抑制突触的发育轨迹与精神分裂症的关系

四、环境因素中的危险因素

不良的家庭教育环境或者应激事件都会增加精神疾病的患病率。在双相情感障碍的发展中，年龄、性别、季节、社会经济状况、家庭因素和人格特征都可能是危险因素。双相情感障碍的高峰年龄在 15～19 岁，国内外调查数据显示：大多数患者初发年龄在 20～30 岁，男性患者多以躁狂发作的形式发病，而女性患者首次发作大多表现为抑郁发作。部分患者的发作形式具有季节性，一般秋冬季(10～11 月)为抑郁发作，夏季(5～7 月)为躁狂发作。具有环性人格、情感旺盛型人格的个体更易患双相情感障碍。在精神分裂症的发展中，孕期应激(如遭受精神创伤等)、孕期感染、产科并发症等可能造成婴幼儿中枢神经系统发育障碍，孕妇在妊娠期吸烟、饮酒和接触有毒有害物质也会增加患精神分裂症的可能性。

在青少年精神疾病的发生、发展、维持、转归的过程中，需要充分考虑以上四个部分的相互作用，我们可以从内在的自我调节和外在的其他调节两个维度去考虑精神疾病发展的过程，如图 7-2 所示。在发育的早期，外部的其他调节，如环境的危险因素可能会引起内部调节的改变，这种改变又会反作用于外部，从而形成一种“交易模型”。该模型于 1984 年提出，压力可以被认为是由需求和资源之间的不平衡引起的，或者是当压力超过了人们感知的应对能力时产生的。该模型将压力概念化为如何评估压力源以及一个人如何评估他的资源以应对压力源的结果。如果压力源被认为是积极的或具有挑战性的，而不是威胁的，并且受压力的人相信他拥有足够的而不是不足的应对策略，那么压力可能不一定伴随着潜在压力源的出现。通过帮助受压力的人改变对压力源的看法，为他们提供应对策略，并提高他们对自己应对能力的信心，以减轻压力。这也是我们在学校对患精神疾病的青少年进行早期干预的理论依据。近年来，神经炎症、脑肠轴等成为精神疾病发病机制研究的新热点，这些最新的研究成果与交易模型理论相结合，提供了更加科学、丰富、有效的干预途径。

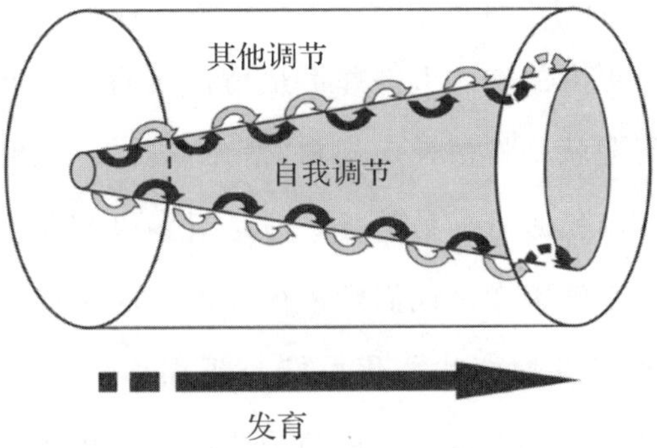

图 7-2　自我调节和其他调节的交易模型

第二节
辅导与干预策略

一线有问

很多学生都会说，他们能听到别人听不到的声音，或者看到别人看不到的画面，有的时候他们脑子里的想法天马行空，或者与现实也明显不符，有的学生也会出现比较偏执的想法，觉得有那么几个同学总想着陷害自己，或者有时候自命不凡，吹嘘自己有多大的能耐，这些看上去像是精神病性症状或者躁狂的表现，上述表现如果持续时间比较久，影响了学生的学习和社会交往，周围人应予以重视。事实上，很多人都可能在不同时期出现精神病性症状(如看到阴影，听到雨声，听到有人喊自己的名字)，虽然这些经历让学生感到害怕和不安，但是他们能够检查自己的经历是不是真实存在的，也就是现实性检验，并且有对自己这些想法或行为的洞察力和自知力。这些想法和行为往往都是短暂的、临时的，很快就会消失，因此也不需要过分担心，教师可以鼓励学生继续观察，及时沟通。

精神疾病并不是“暴力”的同义词，虽然很多媒体会报道精神疾病患者的伤人事件，但事实上，更多的伤人事件并不是精神疾病患者所为。导致精神疾病污名化的一个常见问题就是将精神疾病和“暴力”等同，虽然有双相情感障碍或精神疾病的学生表现出易激惹、易怒等，但是很多研究发现，他们更容易成为“暴力”的受害者而不是施害者，他们经常被周围的同学或家长歧视、孤立甚至打骂。很多精神疾病患者的症状恶化可能与延误诊治或成瘾物质等有关。所以，班主任需要给这些学生更多的支持和关注，因为相比于伤害他人来说，身患精神疾病的青少年更容易伤害自己。班主任一定特别想知道以下几点。

(1)有幻觉、妄想等表现就是分裂症或者精神疾病吗？

(2)患有精神疾病的学生知道自己生病了吗？

(3)患有精神疾病的学生会伤害自己和别人吗？

辅导策略

无论是双相情感障碍还是精神分裂症，重性精神疾病的早期干预都是至关重要的，大量医学证据都表明，有两个途径可以显著提高青少年康复效果：一是症状的早期发现，二是在症状严重影响生活之前提供支持。如果学生在较早的时期得到治疗和支持，那么他们很可能不会经历那些严重的发作情况和心理社会压力，并且耽误治疗的时间长短会影响学生回归到正常生活的时间。也就是说越早发现、越早干预，那么他们更有可能会实现自己的人生目标和人生价值。

学校在青少年的生活中扮演着一个必不可少的重要角色。在疾病早期，学生可能就在学校里表现出了一些困难，如学业成绩下降、问题行为增多、旷课、拒学、与同学冲突、与教师对抗等。因此，学校也是心理和精神问题首先被发现和被解决的重要场所。学校也是一个预防和干预的场所，同学之间相互交流和支持很重要。在这里，班主任可以更加亲切地与家长交谈——而不是在略显严肃的医院里，并且，学生和家长也可以减少因为“污名化”带来的心理压力。大量研究发现，班主任和学校的参与可以促进学生精神疾病的康复。因此，班主任是使患精神疾病的学生得到早期发现、早期干预、长期支持并获得规范治疗的关键。

一、双相情感障碍学生的辅导策略

双相情感障碍的治疗通常包括药物、心理咨询和(或)物理治疗。教师需要注意双相情感障碍的学生往往最初表现为情绪低落或情绪极端不稳定，表现为剧烈的行为改变或自杀念头的迹象。班主任应及时向学校汇报、通知学生的家长或监护人，心理教师应制定如何应对这类情况的方案。对学生的积极行为给予肯定性描述性的表扬，鼓励他们尽可能参加所有的学校和班级活动，并为每个双相情感障碍的学生制订个性化的行为干预计划。班主任可以与学生一起规划一个“安全处所”或“心情角落”，这个角落可以在教室的后面，或者学校的心理咨询室，如果他们感到不知所措或者需要放松的时候，他们可以去这个“安全处所”或“心情角落”，但尽量不要影响到其他同学。学校的心理教师可以作为家校联络人，负责将学生在学校和家庭中的表现与班主任和家长进行及时沟通。此外，还可以采用以下的举措帮助双相情感障碍的学生：(1)减少作业量，延长作业和考试的截止日期和时间限制。(2)如果学生有严重的睡眠问题，允许他们不上早读或晚1～2小时上课。(3)如果学生出现难以集中注意力或发呆的情况，请温柔地提醒他们。(4)确保教师和家长之间能就学生的进步和课堂行为进行定期和持续的沟通。(5)如果学生的病情较重，长时期未能来上课，可以适当安排额外的补习时间，并与专科医院联系，评估继续上学还是休学的利弊，保证学生的生命安全。(6)鼓励学生参加艺术、音乐、体育项目，这可以缓解与学校有关的压力和挑战。

二、精神分裂症学生的辅导策略

精神分裂症学生需要一个全面治疗和康复的计划，这种合作式的、以康复为导向、多方面的治疗方法可以促进学生个人生活目标的达成和综合干预。这需要学校和教师投入更多的精力去支持学生学习如何就医、如何学会新的应对机制和生存技能。无论如何，班主任的目的应该是帮助学生保持健康的应对策略，并提供一个满足他们需要的支持性教育环境。学校的心理教师需要了解学生正在服用的任何与精神疾病相关的药物，以及这些药物是通过怎样的机制有效改善精神症状，这些药物可能可以控制幻觉和妄想等症状，但是它们往往有明显的副作用，包括体重增加、嗜睡、肌肉无力或紧张、震颤、坐立不安等。有的学生会自己偷偷停药或减药，这样可能导致更加不良的学业和社会后果。班主任应该尽量鼓励学生与他们的医生讨论药物使用的事项，并制订适合他们个人需求的计划。班主任可以让学生写下服用药物的优点和缺点，以作出更明智的决定。此外，班主任可以与学生的家长、主治医生进行沟通。教师、心理教师、家长和医生一起就学生的行为、症状和功能进行有效和持续的沟通，是教育者参与治疗精神分裂症学生的重要组成部分。对学生进行定期的、非正式的接触，可以减轻学生寻求心理健康支持的焦虑。多数的精神分裂症都有社会退缩的表现，我们主动提供援助，并重视学生的需求和愿望，对学生的康复是有益的。在个体化水平上了解学生，也使班主任能够持续监测和观察潜在的精神疾病的预警信号。此外，班主任还可以采用以下的举措帮助精神分裂症的学生。

第一，开展以学校为基础的咨询。咨询师可以与学生一起回顾与学校有关的压力源，了解他们的真实情况，并提高他们的社会功能(如社交技能)。开展以学校为基础的咨询是为了帮助学生重回学校，并与学校里的同龄人进行有意义的接触。

第二，学校的校医可以帮助学生管理药物，班主任可以允许学生离开教室去接受药物治疗或处理药物带来的副作用(如口渴、饥饿、疲劳、神经过敏)。

第三，识别痛苦的触发因素。某些特定的人或者环境可以是幻觉或其他症状的触发因素。班主任可以识别这些触发因素，并通过帮助学生发展有效的应对技能来尽量减少它们的影响。

第四，提供替代环境来降低精神症状。在教室内部(某个角落)或外部(班主任办公室、心理咨询室)都可以找到完成作业或考试的安静空间，班主任也可以根据学生的病情对其学习内容和作业要求作一些调整。对于一些公开演讲的作业，允许学生以不同形式呈现，如提前录好的录音、录像。

第五，优待座位。避免让学生坐在令人分心的同学旁边或嘈杂的地方，这可以帮助学生减少可能存在的压力。

第六，安排额外的时间来完成考试。有些学生可能会因妄想、幻觉，以及抗精神病药物的镇静作用而分散注意力，所以安排额外的时间是适当的。

第七，采用灵活的时间安排。精神症状的出现是波动的，所以可能需要额外的时间，特别是对复杂和长期的任务。

第八，提供课后辅导。班主任为学生提供额外的课后辅导，以帮助学生专注于相关信息。通过家校沟通来跟踪学生的学业和症状情况。

三、积极主动的自杀干预策略

患有精神疾病的青少年的自杀风险更高，班主任可以通过以下方式积极干预。

第一，传播知识。班主任可以分享关于精神疾病青少年自杀风险的相关知识，如果合适的话，班主任可以与家长沟通，与家长、专科医生、心理教师等建立治疗联盟。

第二，敞开双臂。班主任可以真诚地向学生表达你的关心，让他们知道他们有可以求助的人。

第三，保持开放。当一个人的压力超过了应对能力，可能会产生自杀的念头，但是，很多学生会担心别人给自己贴标签就隐瞒事实。我们可以通过开放和不加评判的方式鼓励学生诚实地分享。

第四，询问计划和手段。班主任可以询问学生是否有自杀的具体计划，并考虑他们是否有可能获得自杀的手段(如器具或可能过量服用的药物)。

第五，采取预防措施。如果该学生有自杀的计划和手段，这意味着有更高的风险。班主任需要立即通知学生的支持系统(家长、医生等)，可以采用措施来限制学生获取手段(管理好器具和药品)。

第六，帮助学生感到被接受和联结。学生越感到被人接受、被人考虑，他自杀的风险越低。未成年人指导中心或心理援助热线都可以起到积极的作用。

案例实践

很多学生在重性精神疾病的早期都表现出与之前行为的明显不同。本章“情境再现”的妍妍同学，王老师发现过去她是一个积极上进、对人热情、善于交流的孩子，但是她突然不愿意来学校了。虽然和她本人及家长都做过交流，但是妍妍说“我感到很难在教室里集中注意力”“我感到同学很吵”。刚开始，王老师担心她有抑郁症的问题，因为她在家里也表现得不怎么说话，在做作业的时候经常会发呆。有一些情况更让王老师担心，妍妍说她似乎脑子里总有一些声音，这会不会是精神分裂症呢？王老师建议家长带孩子去专科医院就诊，评估的结果是双相情感障碍，这种疾病需要长期的药物治疗和心理干预。妍妍能不能康复？能不能继续回到教室？周围同学会有怎样的反应？这些都需要王老师认真考虑。

经过四周多的治疗，妍妍的情况似乎又有所改观。家长说医生建议密切观察病情的变化，并让妍妍记录自己的心情“晴雨表”，即每天从早到晚心情的变化以及当时发生的事情，帮助她识别自己的消极想法，鼓励积极的自我对话。周围同学和心理教师也参与了妍妍的康复计划。心理教师为妍妍设置了专门的倾听时间，每周固定一个时间段与她交流一周的心情和发生的事情，并且作为她与家长沟通的联络人。班主任和心理教师对妍妍的过度悲伤或烦躁都给予了认可，并教给她如何以适当的方式表达愤怒、沮丧和悲伤的情绪。在课间休息或体育课中，同学会主动约妍妍一起慢跑和进行其他团体活动。在吃饭的时候，妍妍的同桌和她一起去食堂，鼓励她规律地吃饭。班主任还与其他科任教师沟通，允许妍妍以更加灵活的时间期限交作业，或者适当地减免一些作业。

对于可能存在的幻听问题，王老师并没有因此直接否定妍妍的感受。很多患有重性精神障碍的学生，都可能出现幻听或幻视，但是因为很多人并不能理解幻觉是真实存在的痛苦体验，大众普遍认为这是“疯子”的表现，这种“贴标签”的行为会让有这些幻觉的学生感到更加无法言说的痛苦，他们害怕被看成“疯子”，所以会更加远离自己的同学或朋友，不愿意再去学校，这使他们越发孤单并缺乏支持。对于幻听或幻视的出现，班主任及家长要充分重视，药物治疗及定期门诊随访是关键，如果持续出现这种现象将严重影响学习及同学关系，班主任应积极建议学生以治疗为主并办理休学，以保证患病学生及其他学生的安全。

相关提示

(1)重性精神疾病的学生什么时候能够返回课堂?

患有双相情感障碍或精神分裂症的学生的众多挑战之一是上学，特别是那些因为病情而不得不休学的学生。经过一段时间的规范治疗和休息，大多数学生的病情缓解后，班主任需要思考如何帮助学生由休息的状态调整回上学状态，并适应更大压力的校园生活，特别是对某些寄宿制学校的学生，更加需要考虑周全。一般建议学生慢慢适应，逐步接近正常的作息、学习日程、从走读到寄宿等。在返回校园之前，班主任需要再次对学生的病情进行完善的评估。在复学之前，班主任需要和家长进行全面的沟通(如果能与专科医院建立绿色通道，学校与医院建立紧密联系，方便评估病情及返校事宜，例如，在什么情况下请假和休学），对可能出现的问题、需要跟踪的情况（如学生的情绪、药物治疗情况、药物不良反应等）、行为预案等深入讨论，并向学校主管部门汇报，可以与心理教师和同学一起为患有精神疾病的学生建立良好的治疗康复联盟。学校可以专门创设一块安全区域，这个区域可以是在教室里，也可以是在学校的心理咨询室里，允许学生出现情绪崩溃时进入这个区域。

（2）双相情感障碍的长程管理中班主任需要注意哪些内容？

双相情感障碍一般呈发作性病程，躁狂和抑郁常以反复循环、交替往复或不规则等多种形式出现，但也可以是混合方式。双相情感障碍的本质是“情感不稳定性”，双相情感障碍不仅波动性强，且易复发。疾病的长期稳定是学生自己和家庭的追求，其中，心境稳定是治疗核心。因此，班主任需要对复学后的学生进行长期的跟踪，也可以询问之前的班主任，收集更多关于学生的情况。如果有可能的话，绘制双相情感障碍的病程示意图（图 7-3）。这个方法也可以教会家长，让家长根据孩子的病情特点，在家里监测孩子的情绪变化。目前，医学证据表明基于家庭的心理干预是治疗双相情感障碍最有效的方法，因此，班主任可以鼓励家长在长期规律治疗的基础上进行相应的家庭心理治疗。

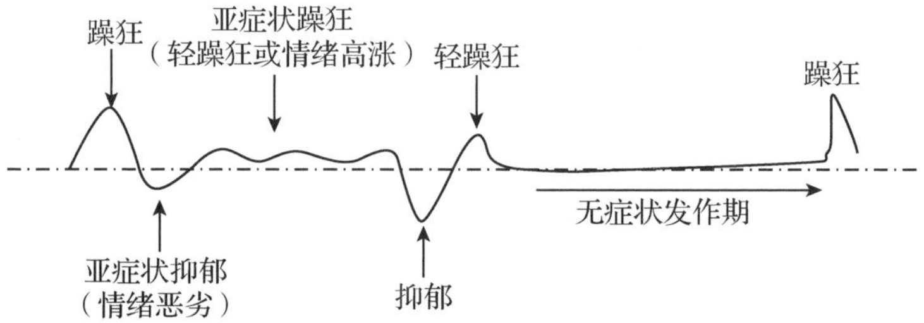

图 7-3　双相情感障碍的病程示意图

（3）重性精神疾病的非药物治疗有哪些？

由于青少年处于生长发育的特殊时期，药物的应用相对有限。因此，以心理治疗为主的非药物治疗方法也有着较好的治疗效果，包括近年应用越来越广泛的重复经颅磁治疗或者无抽搐电休克治疗等物理治疗手段。在双相情感障碍的躁狂期，一般不采用心理治疗，但在帮助重性精神疾病患者改善情绪症状、改变认知歪曲、提高人际交往能力、恢复社会功能等方面，心理治疗发挥着越来越重要的作用。目前有临床研究证据的主要治疗方法包括认知行为治疗(CBT)、人际心理治疗(IPT)、家庭治疗或其他心理治疗(包括沙盘游戏治疗、心理动力学疗法等)。

参考文献

①苏林雁:《儿童精神医学》，长沙，湖南科学技术出版社，2014。

②陆林:《沈渔邨精神病学(第6版)》，北京，人民卫生出版社，2018。

③Harald Sontheimer, *Diseases of the Nervous System*, New York, Academic Press, 2015.

④Li, F., Cui, Y., & Li, Y., et al., "Prevalence of Mental Disorders in School Children and Adolescents in China: Diagnostic Data From Detailed Clinical Assessments of 17,524 Individuals," The Journal of Child Psychology and Psychiatry, 2021(1), pp. 34-46.

⑤Thapar, A., Pine, D. S., & Leckman, J. F., et al., *Rutter's Child and Adolescent Psychiatry: Sixth Edition*, New York, John Wiley and Sons, 2015.

下篇

中学生心理健康的维护与促进

第八章

班级管理中的积极语言与行为

班主任的语言对学生成长影响极大，班主任使用积极语言是一种幸福的行动。

语言是率领人们冲锋陷阵的统帅，是拨动人们心灵琴弦的乐师。

语言是争取人们灵魂的坚强战士。

有的话语像患呆小病的人那样瘦弱难看，有的话语像枯草的影子一样没有力量和感情，有的话语则像永恒的星辰那样光辉灿烂、永不熄灭，为人类指引着道路。

——苏霍姆林斯基

第一节 班主任的积极语言

情境再现

小李是一名七年级学生，开学两个多月了，每次轮到他值日时都找不到人，值日班长每次问他为什么不做值日，他都说忘了，小李多次逃避做值日，其他同学看到小李这样，也都不认真做值日，为此班里被扣分多次。班主任多次强调班里的值日制度，知道这件事后也很生气，让值日班长把小李叫到办公室，要批评教育他，对话内容如下。

“小李，为什么中午不做值日？”班主任问。

小李一副不在意的样子说：“忘记了。”

班主任说：“你就是偷懒，还说什么忘记了，为什么会忘记，别人怎么不忘记就你忘记，按照班级值日规定，多次忘记加倍惩罚，多做几天值日免得下次还记不住！”

班主任刚说完，小李生气地说："我不就是忘记了吗，一会儿就去做，凭什么明天还要做，不做！"

班主任说："那为什么前几次都忘记？"

小李说："还不允许我忘记啊，我就是忘了！"

听到他这话，班主任顿时火冒三丈，生气地拍桌子说："你不做值日你还有理了呢？大家都像你这样，班里值日谁来做？没有一点责任意识和集体荣誉感啊！"

……

近些年，在学校教育环境中，人们越来越重视教师在教育学生时的语言运用，教师语言不当可能会导致师生矛盾的不断升级。"语言暴力"导致的极端事件也时有发生，班主任是教师队伍中处理学生问题的主力军，班主任的工作又比较琐碎，例如，不少学生故意不做值日，上课经常迟到，逃避课间操、体育课，上课不认真听课等，这种情况都需要班主任去处理，在反复教育后也没有明显效果，班主任为此也很苦恼。

一线有问

语言是人类从几千万年演化历史中选择出来的生存优势，是人类智慧和灵性的伟大体现，是人们交流思想、情感、信息、意图、愿望等多种资源的最直接的工具。班主任的语言是学生发生行为反应的重要外部环境条件，其语言不论是奖励式还是惩罚式的刺激，都会影响学生的行为发生，班主任如何运用好语言变得越来越重要。随着人们越来越关注学校教育的方式方法，班主任倍感压力，话说重了怕学生承受不了，说轻了又没用。遇到消极的事情时，消极的情绪体验就会出现，带有消极情绪的语言就会随之而出，不但没解决问题，还令师生双方都感觉不舒服，有时学生的问题不仅没改还变本加厉，这也是班主任普遍感觉困惑的。人们常说专业的人就要做专业的事情，班主任作为专业的教育工作者，在应对这些问题时，该用什么样的语言，怎样使用语言呢？一般会有以下几方面的困惑。

(1)班主任在处理学生问题、和学生沟通交流时，怎样注意语言的使用？

(2)什么样的语言是合适的语言？合适的语言就是说好听的话、就是表扬吗？

(3)班主任怎样说话学生会愿意听，并能听得进去？

(4)班主任如何使用积极语言解决实际工作中的问题？

专业视角

语言是教师在教育教学过程中与学生进行沟通交流的最主要方式。从语言的性质来看，语言可以分为积极语言和消极语言。积极语言又称正向型语言或俗称的良言，是一种在沟通对话中基于发现个体优点及潜能，引发个体(或双方)积极情绪，促进个体积极品质及潜能发挥，有利于建构积极人际关系，促成个体积极行动的语言。反之，不能引发个体积极情绪，不利于建构积极人际关系，阻碍个体积极行动的语言，便是消极语言。[①] 中小学班主任是学生成长的教育者和引路者，是班级文化建设的指导者，是班级管理工作的组织者，是各科教师之间联系的纽带，是学校和家长合作交流的桥梁。[②] 班主任的语言对学生成长影响极大，班主任使用积极语言是一种幸福的行动。例如，班主任早自习收作业时会说："今天第五组作业又没收齐，某某同学为什么不交作业，不要因为你而影响全组的作业率。"换一种说法效果会更好一点："今天作业上交情况较好，个别学生如果在做作业时有困难或忘记带，可以请教老师给予讲解或找组长帮忙解决。"这段语言表述既表达了对学生的正向期望(上交作业)，又表达了对学生的理解(学生未完成作业可能是有原因的)，还能让学生得到安

---

① 李文柱：《论教师的积极语言及其运用》，载《中小学心理健康教育》，2021(2)。

② 董艳、鲁利娟：《信息素养：班主任核心素养的必要利器》，载《教育科学研究》，2019(6)。

全感(如果有困难，教师或同学会乐于帮助)。

大量实证研究证明，积极情绪主要有四个作用：(1)能产生创造力和创新性，有助于创造性地解决问题和更灵活地思考问题；(2)能使人更好地整合信息，更好地学习，有助于提高记忆力；(3)能更好地激发内在动机，使人更快乐地完成任务，更负责地工作，更好地自我调节，设置更高的目标；(4)更容易激发助人行为，使人更加慷慨。[①] 积极语言能够为自己或他人带来愉快的情感体验，积极语言关注的核心是普通人说什么样的话、如何说话，才能有利于引导自己或他人注意到生活中美好的东西和使人生活变得美好的有利条件，积极语言能激发人们的优势和潜能，也能促进积极的人际关系。

塞利格曼(Seligman)[②]在《持续的幸福》一书中具体解释了实现幸福人生的五元素：积极情绪、投入、他人、意义(目标感)、成功，如图 8-1 所示。积极语言影响着积极情绪，并带来积极的情绪体验，这为促进人类幸福的课题研究又提供了一个视角。

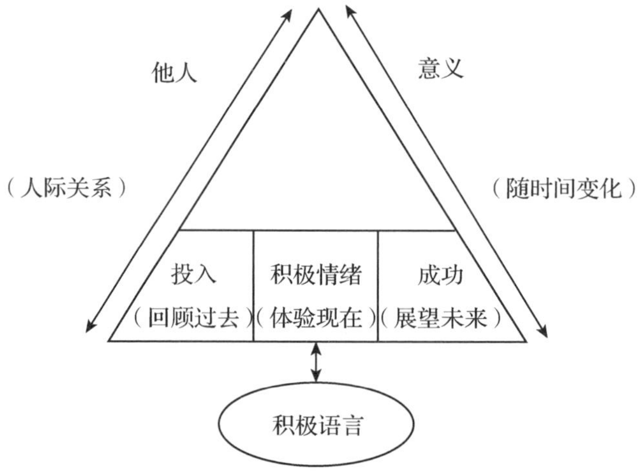

图 8-1　幸福五元素结构和积极语言应用图

---

① 陈虹、黄骐、王小一个：《培养青少年积极品质的理论与方法——访美国密歇根大学副教授朴兰淑》，载《基础教育参考》，2012(1)。

② 塞利格曼是美国心理学家，被称为“积极心理学之父”，他从“习得性无助”研究中走出来，不再只关注人性黑暗、脆弱与痛苦的一面，发出了“积极心理学”的召唤——帮助普通人增加幸福感。

有效策略

积极语言能够带来积极的情绪体验，带来积极的人际关系，形成积极的人格，从而获得积极的社会支持，让生活变得更加幸福。班主任在运用积极语言处理学生问题时，什么时候说什么话、怎么说话是有迹可循、有章可依的，班主任可以从积极语言层次、积极心理品质、积极语言 HAPPY 模式三个方面来进行学习和应对。

一、积极语言层次

班主任在学生工作中，对于同一个情境、同一件事或者同一个问题，使用的语言是积极还是消极，是鼓励还是打击，是引导还是制止，是肯定还是否定等，将会对学生产生极大的影响。根据语言表达的内涵可以把语言层次分为积极表达内容和消极表达内容，积极语言层次中“总说”和“多说”的词语更多指向未来的建议和有目标效果的行为，表现为理解、肯定、赞赏、尊重学生，更容易让学生感到有希望，能有效地激发学生的潜能，而消极语言层次更多表现为误解、否定学生，批评、制止学生，打击、降低学生自尊，剥夺学生的爱和归属等。还有学者在此基础上总结出八种积极语言和消极语言，积极语言对应了以下八种类型的消极语言①。

(1)接纳亲近型语言—嫌弃厌恶型语言，前者传递给对方的是说话者的理解、接纳，例如，我看到(听到、感觉到)你，我注意到你，我喜欢你，我愿意等；后者表达出说话者内心的厌恶感受，例如，没有人比你更让人讨厌了，你这人真恶心，我再也不想见到你，赶快在我面前消失等。

(2)平等尊重型语言—歧视侮辱型语言，前者传递给对方的是说话者的平

① 李文柱：《论教师的积极语言及其运用》，载《中小学心理健康教育》，2021(2)。

等和尊重，例如，你好，请，谢谢，我尊重你的(意见、观点、想法、权利)，我理解你等；后者表达说话者内心看不上对方并说出侮辱型的话，例如，你简直是个笨蛋！你真傻，没常性，没出息等。

(3)表扬肯定型语言—批评否定型语言，前者传递给对方的是说话者的认可，例如，是的，对，可以，我同意，(你说的)有道理，有新意，有提高，有进步，有本事，有能力，很独特等；后者表达说话者内心的不认可、不接纳，看不到对方的优点，例如，不行，不好，不对，你不敢，别动，不听话，不学好，不努力，不求上进，不认真，不细心，不争气，不能做，马虎，浮躁等。

(4)满意赞赏型语言—贬斥嘲讽型语言，前者传递给对方的是说话者的赞赏和高度认可，例如，好，很好，非常好，棒，令人满意，有趣，我很欣赏等；后者表达说话者带有贬义的否定或一种蔑视，例如，你看看人家，你看你；你还会做啥；你可真行、真不简单、真厉害(用其反义)等。

(5)理解鼓励型语言—抱怨打击型语言，前者传递给对方的是说话者的理解和支持，例如，你试试，再努力一下，你行，你能做好，想一想其他办法，别着急，别灰心，再加把劲儿等；后者表达了说话者消极和不耐烦的感受，例如，讨厌，烦人，老拖后腿，老是破坏纪律，求你别给我丢脸了，让我省点心吧等。

(6)期待信任型语言—失望怀疑型语言，前者传递给对方的是说话者的期待和信任，例如，我期待，我相信你，你一定会完成，你一定会成功，相信自己，一定能行，有收获，有希望，还有机会，咱们再争取等；后者表达了说话者的失望不信任，例如，你太让我失望了，你就不是读书的料，什么都做不好，我都替你丢脸，你干得了吗？我不相信你会干这好事等。

(7)宽容安慰型语言—严苛恐吓型语言，前者传递给对方的是说话者的宽容和安慰，例如，我知道你努力了；我看到了；我知道你后悔；你感到内疚；虽然没有达到预期目标，但是事情没有那么糟糕；困难只是暂时的等。后者表达了说话者的苛刻要求和恐吓态度，例如，罚站、罚写，我再也不管你了，随你便好了，你再不听话就不管你了等。

(8)支持帮助型语言—强迫关怀型语言，前者传递给对方的是说话者的关注、理解、尊重、认可、肯定、赞赏、信任、期待和支持等态度，例如，我同意，我赞同，我支持你，我建议等；后者表达的虽然是关怀，但是带有强迫性，更多的还有抱怨、不理解等消极含义，例如，我这是为你好，我还不是为你好，为你我伤透了心等。

积极语言是发现个体的优点及潜能，引发个体(或双方)的积极情绪，促进个体的积极品质及潜能发挥，有利于建构积极人际关系，促成个体积极行动的语言；反之，消极语言不能引发个体的积极情绪，不利于建构积极人际关系，阻碍个体积极行动。班主任可以对比这些积极语言和消极语言的作用，结合实际工作进行运用。同时，班主任还应注意，运用积极语言并不意味着对学生不能批评，正向中肯的批评也是很重要的。班主任要掌握批评的方式方法，要尊重学生人格，让学生能够感受到教师的爱和支持帮助，以培养积极心理品质为目的，避免用消极语言伤害学生的自尊心。

二、积极心理品质

班主任在使用积极语言的同时，要清楚积极心理学的核心内容。积极心理学是关注人类的积极心理品质，积极心理品质是积极语言运用的基础和前提，只有清楚应该培养学生哪些方面的心理品质，才能进行有效的指导和教育。积极心理学对积极品质和美德进行了分类，包括每个文化都认同的六大美德和每个美德中的积极品质，如表 8-1 所示。

表 8-1　六大美德、二十四个积极品质①

美德	积极品质
1. 智慧和知识	(1)创造力；(2)好奇心；(3)开放的思想；(4)热爱学习；(5)洞察力
2. 勇气	(6)真实性；(7)勇敢；(8)坚持不懈；(9)热情
3. 仁慈	(10)友善；(11)爱；(12)社会智能
4. 正义	(13)公平；(14)领导能力；(15)团队精神
5. 节制	(16)宽容；(17)谦虚；(18)谨慎；(19)自律
6. 超越自我	(20)欣赏美和完美；(21)感激；(22)希望；(23)幽默；(24)信仰

“智慧和知识”美德包括五个积极品质。(1)创造力：这类人喜欢用非传统的方式考虑问题和做事，对事物有自己的独特见解，喜欢从事发明、创造、创新活动等；(2)好奇心：这类人希望知道、了解更多的事物，爱提问、爱探究，有好奇心的人对世界中的一切都很感兴趣；(3)开放的思想：这类人会从多角度、多层次思考问题，逻辑思维能力强，善于变通，不轻易否定自己，不会草率地下结论；(4)热爱学习：热爱学习是众所周知的优秀品质，这类人是自愿的而不是因外界的压力，有学习的兴趣，喜欢阅读，喜欢学校，喜欢去任何可以学到新东西的地方；(5)洞察力：这类人有智慧，能够透过现象看本质，看人准，善于处理重要、复杂的事情等。

“勇气”美德包括四个积极品质。(1)真实性：这类人真心实意，诚恳正直，对自己的感觉和言行负责；(2)勇敢：这类人遇到挑战、威胁、挫折等敢于面对不退缩，在危险面前虽然害怕但仍然面对，即使存在反对意见也为正确的事辩护，即使不被大多数人支持也坚持正确的信念；(3)坚持不懈：这类人会说到做到，勤奋、用功、有耐心、有恒心，同时在学习中能够获得愉悦情绪和满足感；(4)热情：这类人会乐观地面对一切，做事积极主动、精力充沛，无论什么事情都会全心全意、竭尽全力。

① 陈虹：《教师积极语言在课堂中的运用》，7 页，天津，天津教育出版社，2013。

“仁慈”美德包括三个积极品质。(1)友善：友善的人有同情心，为别人着想，主动帮助别人并能够得到快乐；(2)爱：这类人内心拥有爱，常被别人接纳、喜欢、亲近、需要，拥有爱与被爱的能力，能够珍惜与别人亲密的关系；(3)社会智能：这类人能够了解和理解自我与他人，善于接纳、欣赏、赞美和激励他人，拥有很好的社交技巧，能够快速地识别自己和他人情绪，准确地找到自己的位置，把自己的优势和兴趣充分利用起来。

“正义”美德包括三个积极品质。(1)公平：公平的人会一视同仁、对人对己一律平等；(2)领导能力：这类人拥有宏观的决策能力和策划能力，能够坚持信念，值得信赖和尊敬，善于协调关系；(3)团队精神：这类人善于融入团队，有凝聚力和归属感，尊敬领导，不简单地去顺从。

“节制”美德包括四个积极品质。(1)宽容：懂得宽容的人会给别人第二次机会，原谅他人的同时不存怨恨；(2)谦虚：这类人为人低调而不张扬、不炫耀，能虚心向别人请教；(3)谨慎：这类人考虑周到，深思熟虑，注重细节，小心谨慎，不随意冒险；(4)自律：这类人能自觉控制自己的欲望，调节自己的情绪，有纪律，能自觉规范自己的行为，遵守法律法规、道德规范等。

“超越自我”美德包括五个积极品质。(1)欣赏美和完美：懂得欣赏美和完美的人会去欣赏每个领域和环境中的美；(2)感激：这类人常表达自己的感谢，能够意识到美好的事物并心怀感激，欣赏他人身上的优点和品德，不会把好事当成理所当然；(3)希望：这类人有理想、有追求，乐观积极，相信好事总会发生，对未来充满期待，持有积极观点；(4)幽默：这类人能够看到生活中的乐趣，善于有分寸地开玩笑，营造轻松愉悦的氛围；(5)信仰：这类人相信每个人、每件事都有更高、更深奥的目的和意义，使自己的人生有追求和寄托。

三、积极语言 HAPPY 模式

班主任在培养学生积极品质的目标前提下，采用积极语言 HAPPY 模式结构，让学生形成积极的元认知监控，从而达到影响学生的健康发展、幸福生活的终极目标。陈虹等提出了本土化的“积极语言 HAPPY 模式”①理论。众所周知，“HAPPY”意为“幸福”，这个模式旨在能通过语言来引发彼此之间的快乐体验、积极情绪、幸福感受，促进人的积极人格品质的形成，引导个体走向人生幸福。

班主任在运用“积极语言 HAPPY 模式”时，需要掌握的重点、关键点是积极语言，对于班主任来说形成积极语言的思维习惯，需要借助一定的手段慢慢培养。积极语言 HAPPY 模式由五部分组成，分别是期望(H：Hope)、行动(A：Action)、过程(P：Process)、关键点(P：Point)、收获(Y：Yield)，组合在一起是 HAPPY，中文意思是幸福。班主任如果恰当运用这种模式结构，会在日常班级教育管理中达到很好的效果，会为学生的幸福创造良好的发展环境，具体内容和结构如下。

第一，期望指班主任在和学生说任何话前，心里一定要有个明确期望，期望学生具备或可以达到某项积极品质(二十四个积极品质)的培养目标，并能了解当时情境中学生需要培养的是什么。

第二，行动指一种促使学生动起来的语言方式。班主任使用积极语言，关注学生自我效能感，协助学生树立能够成功地完成某种行为的信念，激发和鼓励学生认识到自己已有的积极品质，提高学生的积极情感体验，让学生感到自己能做、想做，让学生能够行动起来，尽量用语言把外部压力(要我做)转化为

---

① 陈虹：《给老师的 101 条积极心理学建议：积极语言 HAPPY》，4 页，南京，南京师范大学出版社，2012。

内部动力(我要做)。

第三，过程指一个怎样说话的过程，即班主任和学生语言的互动过程，是班主任指导学生形成新行为，或调整和改变某些行为及习惯的过程，在这个过程中，班主任语言引导的重点是考虑学生的动机。

动机是激发学生行动、维持并促使这个行动朝向某一目标进行的内在心理过程或内部动力，对于这种内在心理过程，班主任不能直接观察到，但可以通过学生行为的发动、方向、强度、持续性和语言表达五个方面来判断学生动机的大小。

(1)发动就是学生能否开始、愿不愿开始、如何开始，这一步骤在前面的"行动"中已经完成。

(2)方向就是学生朝向的目标，通过什么途径或使用什么方法去做，例如，成就动机驱使人们选择挑战性任务，学习动机驱使人认真完成作业或做大量习题，休息动机则驱使人睡觉或去娱乐场所。

(3)强度就是学生在行动中用多大劲、做到什么程度、是否努力等。

(4)持续性就是学生需要坚持多久、能够坚持多久。

(5)语言表达就是学生是否更多地表达"我很喜欢做某事""做完了我很愉快""我很愿意坚持做下去""虽然有困难，但我不会放弃"等兴趣或信念的话，经常说这类话，其行为与所追求的目标是一致的，学生的动机就强。

在这个过程中，班主任要勇于表达"爱"，激发学生的动机，让学生在积极的情绪感受中快速而持续地行动起来。

第四，关键点指要分析前面期望、行动、过程三步中各自的关键点，班主任要注意说有意义、有目标效果的关键的话，抓住现实行为与期望中的品质、学生的行动和过程中的关键联系，指导学生实现行为上的具体转变。

(1)期望的关键点：①了解学生在当时情境中的需要及其原因；②班主任是怎么想的及其原因，班主任应该怎样期望才能在学生的需要和教师的需要之间找到平衡点；③班主任带着对学生的期望，把学生当时出现的问题看作是可以接受的，明确对学生的培养目标是什么，要用成长型思维的眼光去看待学生，学生的进步需要一个过程。

(2)行动的关键点：当班主任确定了培养目标后，就需要考虑哪些话或者怎样说话能够让学生有做事的兴趣，如果学生没有行动起来，要弄清楚是什么原因引起的。

(3)班主任与学生语言沟通过程的关键点：班主任要使用积极语言在能够朝向什么方向做、做到什么程度、坚持多长时间、怎样表达出来(形成自觉行为)四个方面上去引导学生。

第五，收获指收益、效率、产品。培养目标的实现即学生收获到所希望培养的品质和可操作行为，并增加学生对该行为能力在日常生活和学习中的应用，使学生潜能最大限度地发挥，行为逐渐稳定，形成习惯结构和积极品质。用简短的语言描述学生改变了什么认识及行为。

积极语言 HAPPY 模式是尝试建立班主任趋于稳定的、积极语言表达的基本规律，通过不断的努力和尝试，班主任可以利用积极语言在这五步的方法指导下，最终达成目标：积极语言→积极情绪→积极的人际关系→积极的社会支持系统→幸福、和谐、阳光的人。

案例实践

班主任需要利用积极语言去处理学生不做值日、上课迟到、顶撞教师等情况非常多，接下来是在本章节小李逃避值日事件中使用 HAPPY 模式的案例。

第一，期望——设定培养目标。

(1)学生小李主观上是想遵守班级的值日规定的。

(2)学生小李是一名有责任心的同学，是有自律品质的，知道什么是对的，什么是错的，他的行为是有一定原因的。

如果班主任希望学生能够遵守班级规定，积极主动地做值日，同时形成一定的责任心，培养学生的自律品质，那么，班主任就要从以上方面表达期待，从正向方面强化学生的行为。

班主任可以这样说："老师知道，你也希望自己是一个遵守班级值日制度的孩子，你不希望自己像现在这么糟糕，让别人催着值日，还说你在逃避。我认为你是一个有责任心、自律的孩子，班里的多媒体是你来负责的，你每次都能及时协助老师完成电脑课件的投屏等。如今出现这样的情况，你能跟老师说说原因吗？或者你有什么困难，也可以和老师说说。"

班主任要尽量避免让学生感受自己总是处在糟糕、受指责的状态中，当班主任把学生本人和他的问题分开来看，就会对事不对人，减少对学生乱贴标签和人格方面的否定性评价，班主任如果愿意看到学生的积极面，就会有好的期待，就会给学生带来积极正向的情绪体验。

第二，行动——促使学生"动起来"的表达。

班主任有意识地使用"试一试""老师相信你""你可以"等积极语言，让学生行动起来。

班主任可以这样说："你之前几次确实忘记做值日了，但是接下来老师相信你会按时参加值日的，可以找个关系较好的同学提醒一下你，当你去认真做了，你会发现班级值日做下来并没有那么难，看到整齐洁净的班级环境，你会有成就感的！如果有什么困难，你可以找老师。"

班主任可以通过积极语言为学生提供一些行动起来的思路，激发学生行动起来的兴趣。

第三，过程——班主任和学生语言互动的过程。

在这个阶段，班主任通过使用积极语言，让学生能够积极主动地朝向培养的目标，并持续下去，让学生表达自己的想法和积极愿望，产生积极的心理体验，体验到认真完成班级服务的成就感。

班主任可以这样说：“从你在以往其他事情的表现中可以看出，你是一个认真的孩子，你也愿意为班级服务，这几次忘记做值日的事情，和你自身的责任心、自律等品质是没有关系的。你想利用做值日的这段时间去打打球、去玩一会儿的心理，老师也可以理解，从今天开始老师相信轮到你做值日时，你会积极主动去做，是吗？关于值日的安排，你如果有更好的办法也可以和老师沟通，你有什么想法吗？”

班主任不过分纠结于学生已经发生的错误，要想引导或促进学生积极行为的发生，班主任在说话时，就不要去过多地强化那些不希望发生的行为，而应该用积极语言给予学生鼓励、尊重、希望和信任等。

第四，关键点——抓住期望、行动、过程三步中各自起决定作用的语言。

在学生小李逃避做值日的案例中，班主任要注意找到学生忘记的原因和学生的需要，明确班主任的需要，同时注意运用关键性的积极语言。这里提供给班主任一个积极语言七字诀[①]，它可以让学生想做、做起来、做下去，而且要往好的方向做下去。

积极语言七字诀是指“方原作过表态新”。

“方”指方法，对于本身不是不愿意付出的学生，班主任要用什么方法避免其忘记做值日。

“原”指原因，找到让学生养成自律习惯的方法和能够积极主动做好班级服务的原因。

“作”指作用，告知学生按照规定做好班级服务时会有什么好处、对自己或对他人有什么意义。

“过”指过程，班主任及时发现学生做的过程中哪些行为是好的，哪些想法是有价值的，哪个品质是要及时肯定的，哪个素养是渐渐形成的，而不要总关

---

① 陈虹：《教师应用积极语言培养学生核心素养》，124 页，广州，世界图书出版广东有限公司，2018。

注学生做完之后好与不好、对与不对、行与不行、结果怎样。

“表”指表现形式或结果，这是班主任通常关心的，即学生做得怎样，是否达到目标效果，班主任是否满意。

“态”指态度，班主任要联系以往学生做得较好的事情，要多告诉学生“你是愿意努力的”“你是有责任心的”“你知道什么是对的、什么是错的”等。

“新”指新技能，在任何教育情境中，班主任要抓住契机，让学生能够进行深入思考并学会迁移技能，以此提高教育效果和效率。

在这个过程中班主任要尽量使学生被认可、被接纳，满足学生的需要，避免让学生感到被嫌弃和丢脸。班主任要用指向未来的、有明确的方向、期望的语言让学生悟出怎样做会更好、会更有意义，要从学生那些正确的行为入手，表扬他们所做的正确行为，尝试在学生的需要(不被嫌弃)与班主任的需要(培养学生责任心、自律品质)之间找到平衡点。

第五，收获——收获到的好行为、好习惯、好品质。

积极语言 HAPPY 模式可以让班主任在处理日常学生问题中满足学生成长过程中的需求，也可以让学生的潜能得到最大限度的发挥，而且在精神上受益。在本案例中的小李的收获则是：(1)小李在态度上出现变化，不再对班级做值日的事情心存不满，愿意积极主动地承担班级服务，有了自觉性。(2)小李为班级服务的动机增强了，能够自觉参加班级服务，他觉得为班级服务是一件有成就感的事情并为此感到幸福。(3)班级服务培养了小李的自律品质。

案例实践通过小李的例子说明积极语言 HAPPY 模式是怎么发挥作用的。班主任在日常工作中可以尝试运用这种模式，在使用时，班主任也可以不局限于使用积极语言 HAPPY 模式的完整结构，有些问题不需要复杂的思考，可以简化解决。总之，班主任在内心要先有一个期望，认为学生是有潜能的，要从积极心理学的视角去看问题，并以六大美德和二十四个积极品质为培养目标。

相关提示

(1)积极语言等于完全表扬或没有批评吗?

积极语言不等于全是表扬没有批评，表扬或赞扬不仅仅是说“你真棒”“你很好”“你很聪明”等，更多的是一种正面的、积极性的教育和引导。面对学生的错误，班主任要用积极语言明确地指出来，不是一味地批评，不纠结于错误或问题，不反复强调错误行为，不质问学生为什么犯错，更多的是协助学生发现问题、看到希望、看到自身的优势、找到努力奋斗的目标和方向，让学生相信自己有能力做好。做错的地方是要指出来的，表扬要有明确的具体内容，要表扬学生的努力和好的品质，而不是流于表面。

班主任在使用积极语言时，态度一定要真诚，而不是简单地说“你真棒”“你真了不起”“你真聪明”这样的话，学生会感受到这些话是敷衍，这种敷衍的积极语言不会让学生变好，反而会觉得教师很虚伪；在使用积极语言时，要说出具体的事实，帮学生分析其做对了什么，有哪些方面的努力等；在使用积极语言时，要关注学生的成长过程，过程永远比结果重要。积极语言七字诀“方原作过表态新”中一再强调注重方法、原因、作用、过程、表现形式、态度和新技能，从这里也可以看出积极语言不是简单的表扬。

(2)积极语言会不会让学生出现变本加厉的现象?

积极语言的正确使用并用在恰当的场合，班主任要明确二十四个积极品质和在当时的事件中应该培养学生什么样的品质，以此品质为培养目标，以积极语言为手段，采用积极语言 HAPPY 模式的方法，指导学生如何进行实践。这样处理学生的问题是不会激化矛盾的，班主任在相信学生的同时，也要相信自己!

第二节
班主任的积极行为

情境再现

小张是一名七年级学生，开学一个月以来，他上课说话，小动作多，多次扰乱课堂纪律，科任教师、班干部提醒了效果也不好。科任教师多次向班主任反映小张的问题，班主任对小张进行了批评教育，也找了小张的家长了解情况。小张的爸爸工作忙，无暇顾及小张，小张的妈妈溺爱孩子，家长说配合学校的工作，但是对孩子的管教并没有什么效果。

在学校教育环境中，班主任面对不同家庭背景的学生，需要采用不同的班级管理办法。由于繁重的事务性工作，加上学生的各种心理、行为问题，班主任身心俱疲，需要一种好的办法进行班级管理，如果采取强硬的方式，只能暂时风平浪静，要想持久、有效地管理好班级，需要有智慧。

一线有问

管理班级需要智慧，不管是给予各种激励，还是施加“小惩罚”。在实际的班级管理中，班主任会有以下几方面的困惑。

(1)班主任如何实行奖惩，具体什么样的奖励和惩罚对学生更有效?

(2)面对问题突出的学生，班主任如何通过积极的行为管理好他们?

(3)班主任要怎样调动学生的自主管理意识?

(4)班主任如何使用积极行为解决实际工作中的问题?

专业视角

班主任的积极行为会带给学生被理解、被关心、被尊重的感受。比起只有约束，班主任的积极行为更有温度，可以拉近师生之间的距离。

《正面管教》一书中提出，有效的管教是看见学生错误行为背后追求归属感和价值感的目的，班主任要以爱和平等的态度与学生一起商定规则，并和善而坚定地执行以赢得学生的合作，教给学生具备良好品格所需的有价值的社会技能和生活技能。

在现实中，经常出现班主任对待学生的态度呈钟摆现象，在严厉和无规则这两极之间徘徊。班主任起初从认知中的自由、民主和平等的理念出发，认为应该尊重和给予学生自由，不应该过于严苛和专断，但是逐渐发现自己的"让步"导致学生越来越放任，于是就开始严厉地管教学生。之后又觉得这样与自由、民主和平等的教育理念不符，于是又开始放松。严厉和无规则成为管教学生的两个极端，不少班主任的管教行为总是在这两极之间摆动，结果导致学生无所适从，问题行为非但没有得到纠正，反而有愈演愈烈的趋势。

正面管教的核心是和善而坚定。正面管教是一种既不需严厉也不用娇纵的方法，它以相互尊重与合作为基础，把和善与坚定融为一体，以此为基石，在学生自我控制的基础上，培养学生的各项技能。正面管教提出了评价管教是否有效的四个标准，对学生的管教是否和善与坚定并行，是否有助于学生感受到归属感和价值感，是否长期有效，是否能教给学生有价值的社会技能和生活技能并培养学生的良好品格(尊重他人，关心他人，善于解决问题，敢于承担责任，乐于奉献，愿意合作)。

正面管教提出了和善而坚定的态度理念。初看起来，二者似乎矛盾，因为人们往往容易把严厉和坚定联系起来。但仔细分析，二者实际上并不矛盾。和善与严厉对应，但坚定则是与不坚定对应。也就是说，有可能严厉而不坚定。实习生或新教师经常会听到自己的指导教师或师父的类似忠告："要严厉些，否则你管不了班级!”其实，管不了班级的真正原因并不在于不严厉。严厉固然可以立即见效，但是难以有长期作用，对于建立真正的班集体、形成班级良好的氛围、促进学生成长也未必有促进作用。坚定并不意味着就不可以和善，班主任应当克服常见的钟摆现象，对学生的态度始终如一，做到和善而坚定。

有效策略

一、教育学生的方法要保证长期有效

长期有效的意思是不要在乎短期是否见效或无效，要拉长时间轴。这种方式能对学生产生正向作用，培养学生生活所需技能才是正确的。惩罚只会带来短期的效果，但实际上带来的影响很大。经常受到惩罚的学生，要么变得极其叛逆，要么变得因恐惧而顺从。所以，教育学生的方式是要注意是否有长期正向的效果。

二、采用正确管教的方式

有规矩也有自由，有选择也有限制，和善而坚定——在尊重的前提下，选择正确的管教方式。

和善指要表达对学生足够的尊重，将学生当作独立的个体。

坚定指当学生违反约定好的规则时，班主任应该坚定地遵守规则。

三、理解学生行为背后的原因

班主任要想更好地教育学生，首先要理解一种现象，为什么学生总是做出

班主任理解不了的行为或者是班主任认为不正确的行为呢？班主任理解不了、班主任认为不正确是因为学生做出的行为或者说出的话在学生看来是正确的。

归属感和价值感是所有人的首要目标。个体需要归属感，需要不断地创造价值。学生同样如此，他们也需要归属感和价值感，但因为成熟度不够、理解和表达能力不够，他们只能做出该年龄段认为正确的行为。而且学生的行为和看法源于他们理解的自己与别人的关系、自己在别人眼中的形象。

当学生做出班主任认为不正确或不恰当的行为时，可能他不是故意的，而是想通过这种方式追求归属感或价值感，但局限于他的成熟度，只能做到这样而已。学生不良行为的背后是学生缺乏归属感和价值感。要想学生作出改变，首先得班主任作一些改变。例如，当班主任想要学生准时到校时，不应反复叮嘱学生不能迟到，而是应该考虑如何帮助他准时到校；当学生之间发生冲突时，不应告诉他们不要打架，或者指责某一方不对，而是应该考虑他俩为什么打架，如何做可以避免他们打架；当班主任想要学生上课遵守课堂纪律时，不应反复批评学生上课说话不对、叮嘱学生不要开小差，而是应该考虑如何帮助学生把注意力投入课堂中。

如果只是想让学生作出改变，那惩罚无疑是最直接的方式。当反复叮嘱无效时，耐心也消耗殆尽，唯一能用的方式就是惩罚。但是惩罚过后，我们会发现学生还是会犯此类错误，甚至还更加严重。像上面这样的事情还有很多，而班主任要做的不是要求学生作出改变，而是应该想班主任如何做才能让学生变得更好。最好的解决方案是让他们承担应有的后果。

四、自然后果与逻辑后果

自然后果指事情是自然发生的、没有人为干预的。例如，下雨天不拿伞就会淋湿衣服，不吃饭就会饿，这都是自然后果。

如果是危及学生身体健康和安全的行为，即使会产生自然后果，也需要班主任强行干预，例如，触摸电闸，横穿马路。承担自然后果要以学生人身健康和安全为前提。

逻辑后果指的是人为干预而产生的结果。有很多班主任在运用逻辑后果时会出错，那么逻辑后果会变成一种惩罚。有一个措施可以避免这种情况，那就是让学生参与行为及结果的制定。例如，如果学生上课总是玩与课堂无关的物品不专心听讲，那班主任就跟学生一起制定行为及结果。结果一：上课时，如果教师看到与课堂无关的物品，就由教师保管一个星期，一个星期之后才能归还；结果二：上课时，学生把与课堂无关的物品收好。让学生选择这两种结果，而且一定要学生自己认可才行，如果不行，班主任再和学生重新商量新的逻辑后果。一旦确定逻辑后果，班主任一定要坚定执行，不要因为学生的求情就心软，否则逻辑后果无效。

班主任不管用哪一种后果，都要记住出发点——让学生学会自我管理。

五、从犯错中学习

为什么要让学生承担后果？不管是自然后果还是逻辑后果，都是在培养学生的能力，让他们懂得应该为自己的所作所为承担相应的结果。例如，当学生把其他同学的物品破坏了，班主任需要学生去道歉，并且告知学生需要用他的零花钱来为别人赔偿，他是否愿意？如果不愿意，愿意采用什么样的方式来赔偿？通过这件事他学习到什么？这就是让他承担自己力所能及的后果。而不是在学生破坏别人物品时，先把学生说教一顿，然后命令学生去道歉认错。当学生犯错误时，让学生从犯错中学习有用的知识。犯错误反而是一种非常好的学习机会，但能否成为学习的机会完全取决于班主任的做法——是鼓励还是批评。

六、是鼓励而不是赞美

学生的不良行为和错误的做法，可能是因为缺少归属感和价值感。班主任如果认为批评和惩罚能改善学生的行为，那就是没看到学生背后的需求。鼓励是帮助一个行为不当的学生的最好方法。很多班主任会说："我们在用鼓励的方法教育孩子。"你确定你用的方法是鼓励而不是赞美？假如说学生今天上课专心听讲，还主动提醒同学，你会说"你真棒"还是说"你做得真棒"？

鼓励和赞美是有区别的。从定义上看，鼓励是鼓起学生的勇气，是激发、勉励和促进，目的是调动学生的积极性，激励学生前进，促进学生更进一步。赞美是表达一种令人满意的评价，是对学生做的事情进行肯定并且表扬，是对班主任所支持的事物表示肯定和认可，是一种称颂、表扬、赞誉和美化。从肯定对象上看，鼓励注重学生的努力过程，关注点在学生怎么去做的行为过程，注重的是跟他自己的比较。看到学生的进步，班主任应立即给予肯定，让学生有成功的体验，相信自己有能力改变，从而建立自信心。鼓励的目的是调动学生积极性，唤醒内在动力，所以更看重学生的内在评价，注重学生内在的感觉，只有学生感觉好了，才会更有积极性。而赞美注重的是最终的结果，是来自班主任的外部评价，主要表达了班主任对结果的满意和肯定。

七、启发式提问

要想学会鼓励这个技巧，班主任需要学会提问，可以采用启发式提问。通过提问引导别人来思考答案，这样的学习往往更有效果。这种提问方式也适用于家长，家长可以通过启发式提问引导学生学习。

当学生问问题时，不要直接给学生答案，因为那对于学生是被动接受。可以采用启发式提问，让学生主动学习。例如，当学生问为什么要遵守学校的规则时，你可以问他“你认为呢?”让学生自己思考；当班级集体活动时，你可以问学生“现在应该准备什么？我们活动都要注意什么?”当学生犯错误时，你可以问学生“通过这件事你学会了什么？后面应该如何来解决这个问题?”。这都是启发式提问。

综上所述，不管用什么方式教育学生，都要保证这个方法是长期有效的。正确地教育学生的方式，应该是和善而坚定的；学生的问题行为背后实际上是缺乏归属感和价值感；要想学生作出改变，班主任可以首先作出改变；从犯错中学习；鼓励比赞美更有效；学会启发式提问，促进学生自我学习。

案例实践

班主任利用积极行为处理学生各种行为问题的情况非常多，接下来是用正面管教的方法尝试改变本章节小张课堂问题的案例。

一、秉持和善而坚定的态度

一方面，班主任要表达对小张足够的尊重；另一方面，在尊重的基础上，应该坚定规则。班主任在发现问题时可以初步和学生沟通，建立信任合作的关系。

班主任可以这样说：“老师知道，你希望自己能成为一个各方面都优秀的孩子，你也不希望自己总被其他教师批评，总被其他同学提醒，我认为你是一个有上进心、会遵守规则的孩子，现在课堂上出现不能专注听讲的情况，能跟老师说说原因吗？或者你有什么困难，也可以和老师说说，看看能不能帮你一起解决。”

这里班主任没有上来就批评指责，在表达对学生尊重的同时，也坚定了规则，上课就是要遵守课堂规则，需要专注听讲。

二、明确学生问题行为背后的需要

班主任在沟通后要看到学生行为背后的需要，给学生搭建施展自己价值的舞台。

学生上课总是扰乱课堂纪律，可能是因为在班级中缺乏归属感和价值感。班主任要肯定学生是班里不可或缺的一分子，班级就是集体，班级是在学校生活学习的小家庭，学生对班级很重要，要提高学生对班级的归属感。同时班主任可以考虑给一些职务，从小事做起，为班级做贡献可以体现学生的价值，班级变得更好需要每个人的努力，要提高学生在班级中的价值感，让学生拥有主人翁的意识。

班主任通过积极行为，激发学生的归属感和价值感，这很可能将学生的问题行为转变为积极行为。

三、要想学生作出改变，班主任可以首先作出改变

中学生在自控等方面确实需要方法的指点，班主任可以提供一些抓手。

在前面的基础上，班主任可以思考帮助学生提高上课时的专注度的具体方法，可以先从学生感兴趣的事情入手，让他一步一步地转变，最终达到学习时能集中精力的目的。或者采取一些训练小措施来训练学生的注意力，帮助学生早日改掉学习做事时精力不集中的坏习惯，例如，建议学生写一些警示语小卡片，内容可以包括：坐好看前面、注意力集中、认真记笔记等。这些小卡片可以作为辅助学生上课的小工具。

班主任不是直接批评学生，而是提供实操的小方法协助学生做到，让学生意识到班主任和学生是合作方，不是对立方。

四、从犯错中学习

必要时，班主任可以和学生一起约定逻辑后果，到达共赢的目的。

班主任可以把学生上课不遵守课堂纪律这件事作为教育契机，引导学生思考上课扰乱课堂纪律的后果。如果学生上课打扰其他同学，那就跟学生一起制定行为及结果。结果一：上课时，教师看到他扰乱课堂就会点名，让他站起来回答问题，若回答不出来，学生下课把内容和教师复述一遍；结果二：上课时，学生专心听讲。这两种结果供学生选择，并和学生达成一致，如果不行，班主任再和学生重新商量新的逻辑后果。

班主任和学生一起建立彼此都认同的逻辑后果，让学生知道要对自己的行为负责，学生会更愿意执行，知道班主任是帮助自己解决问题的人，而不是惩罚他的人。

五、鼓励比赞美更有效

经过一段时间的观察，学生的行为有了改变，可以进一步地强化。

班主任可以这样说："老师观察到你这段时间进步很大，而且还能主动提醒其他同学认真听讲，老师很开心，想问问你是如何做到的，这么做给你带来了什么。"

不是简单赞美学生"你很棒"，而是鼓励学生在过程中学习，实现自我管理。

六、采用启发式提问

中学生的行为会有反复，面对可能出现的反复问题，班主任可以采用启发式提问。

班主任可以这样说:“之前你一直做得很好，最近上课又不专心听讲，做与课堂无关的事情，老师觉得你有自律的能力，也相信你可以做到，你觉得有什么解决办法呢？我们可以一起讨论。”

启发式提问可以倾听学生的心声，也可以加深学生对自己行为和规则的理解，培养学生解决问题的能力。

用小张同学的例子来说明班主任积极行为的作用，班主任在日常工作中可以尝试运用这些要点，在使用积极行为时，也可以具体问题具体分析，探索出适合不同学生的好的教育方式。

相关提示

(1)坚定等于惩罚，和善等于纵容吗?

很多班主任以为正面管教中的坚定和惩罚是一回事，其实不然。惩罚是要让学生抵偿。而正面管教是要学生从错误中学习，学会恰当的行为。惩罚很容易，但采用有效的管教方法，还需要班主任努力学习。

很多班主任以为只要给予学生足够的爱，就可以让学生感受到归属感和价值感。如果班主任只给学生爱，而没有让学生承担责任，那么长时间下来，学生就会以自我为中心。这样学生也就无法去贡献。同时也有班主任花了很大的力气让学生承担很多责任，但学生没有感受到爱，这样会让学生丧失自我价值感。

(2)在班主任不在时，学生不能做到好好遵守规则怎么办?

班主任的积极行为是着眼于长期有效的方式来教育学生的，例如，看到学生问题行为背后的需要，并理解学生的需要，此种问题行为和其他问题行为都有可能消退。如果学生只是班主任在的时候遵守规则，班主任不在的时候就表现相反，这可能需要辅助和学生约定逻辑后果的方式，以及提供一些方法帮助学生一起克服。

第三节
积极的班级氛围

情境再现

七年级2班的班级氛围一直有些奇怪，科任教师都反映这个班的学生上课纪律也不差，但就像一潭死水，扔进一个石子没有任何的涟漪，提问时只有一两个同学和教师有互动，班级内部、同学之间也都干自己的事情，只有小范围的几个同学关系比较好，班主任组织一些班级活动，大家也不怎么积极参与……

在学校教育环境中，班级作为一个重要的单位，班级的氛围是至关重要的。班级的凝聚力强弱直接影响学生上学的动力，也影响学生的学业成绩、人际交往，在班级建设过程中，班主任需要建立积极、团结、好学的班级氛围，那具体可以从哪些方面进行班级建设呢?

一线有问

班级氛围的经营需要班主任精心设计。在实际的班级文化建设中，有的班级凝聚力不高，有的班级里有影响力的学生并不能起到积极带头的作用，班主任可能会有以下几方面的困惑。

(1)从哪些方面建设班级文化?

(2)如何增进班级的凝聚力?

(3)如何调动学生班级建设的主动性?

(4)如何解决班级氛围不好的问题?

专业视角

一、团体动力学理论

团体动力学理论是心理学家库尔特·勒温提出的，这种理论观念将团体看作一个心理学上的有机整体，从整体上探究人们的社会行为，在团体之间每个团体成员都具有交互依存的动力，其中一个部分的变动就会影响整体变化，所以要将团体作为一个整体来看，而不能将其看作个体的集合。作为一个团体，它不是由个体的特征所决定的，而是取决于团体成员那些相互依存的关系，团体有足够的动力影响个体成员的心理方向。

勒温于1938—1939年与利皮特和怀特进行了一项关于民主和专制的团体气氛的实验研究。他们按成人领导的不同方式把儿童分成几个游戏小组。先分为专制式和民主式两组，研究比较两种方式的领导效果；后来又增加放任式来作自身比较研究。再使每一组变换不同的领导方式进行自身比较，研究以领导为中心的(专制的)组与以团体为中心的(民主的)组在行为上有何不同，在团体的影响上又有何不同。结果一致表明，民主式的领导方式优于专制式。例如，在专制式领导下，孩子的主动性差，而且对待小组内其他成员的行为蛮横；而民主式领导的小组在这些方面表现很好，无论整个小组还是绝大多数小组成员都是如此。放任式领导的小组表现出民主式领导的小组所没有的那种普遍不满与缺乏目标的特点。实验结果还表明，民主式团体的统一性和稳定性高于专制式团体。因为专制式团体的统一性的保持依赖于领导的努力，一旦没有了领导，团体的结构便由大化小，而民主式团体的统一性及稳定性则完全根据工作的需要，与领导的压力无关。利皮特的实验根据小组成员对话的分析也表明民主式团体的团结精神比专制式团体更丰富。前者使用“我们”或“我们的”这种表示团体中心的语言占36%，比专制式团体使用的要多一倍。

勒温和利皮特根据上述实验得出以下结论：(1)团结力是使某一团体稳定和抗拒分裂的重要力量。(2)专制式团体中存在更高的紧张气氛。(3)民主式团体中的成员总是努力进行合作，并越来越要求提供和寻求合作。(4)民主式团体中的成员客观态度更多。(5)民主式团体中的成员积极性更高，表现为“我们需要”，而不是“我需要”。(6)民主式团体的结构更稳定，成员的感情和目的得到更大的发展。

团体动力学的基本概念是生活空间，它包括人与环境。人既是个体的存在，也是团体的存在；环境既是物理的、心理的，也是社会的。个体不是孤立的个别属性的机械相加，它是在一定的生活空间里组织为一个完整的系统。从这一点出发，很容易得到这样的结论：团体不是各个互不相干的个体的集合，而是有着联系的个体间的一组关系。团体不是由各个个体的特征所决定的，而取决于团体成员相互依存的那种内在的关系。由此认为，虽然团体的行动要看构成团体的成员本身，但已经建立起来的一个团体会使个体成员的动机与团体目标混为一体、难以区分。所以一般说来，引起社会团体变化来改变个体要比直接改变个体容易得多。

二、影响团体效能的重要因素

在团体动力学研究过程中，团体动力被认为是发挥团体效能的基础和条件，团体氛围、团体目标、团体规范都具有动力因素，可以对团体效能发挥积极影响。

(一) 团体氛围

团体动力学对团体氛围进行了研究，在著名的领导风格实验研究中包含了民主型、专制型、放任型三种领导方式创设的团体氛围，考察了不同氛围中团体成员的行为。研究表明，在不同的领导方式下会形成不同的团体氛围，这对于团体效能的发挥以及团体成员的发展会造成不同程度的影响。团体氛围是团体的氧气，能集中反映每个成员的内心。良好的氛围能够凝聚人心，恶劣的氛围能够离散人心。团体氛围是凝聚人心的关键，团体中的领导者不可不察。

(二)团体目标

建立团体目标能够驱动团体成员共同朝着一个目标去奋斗，团体目标包含着团体成员对团体的期望，这也是对团体的一种激励状态，团体目标的建立能够促使团体成员团结一致，争取尽快实现目标，也有助于对团体工作进行评估和团体成员进行自我评价。此外，团体目标被全体成员所接受和认同后，团体成员会团结一致，共同朝着一个目标奋斗，个别团体成员会形成一种求同压力，这对团体成员的观念和行为起到一定的约束作用。团体目标的设定应该精简、明确、具有可操作性，并具有一定的挑战性，但不宜过难，要能够为团体成员所接受。

(三)团体规范

团体动力学理论认为，团体规范是由内部制定的、每一个成员都必须遵循的内部制度，必须保证团体成员生活的稳定、协调发展，促进团体效能的有效发挥。团体规范应该明确且具体，全体成员要充分讨论，团体规范的内容应该积极正面，在实施过程中要始终如一、公平公正。在实施与执行的过程中应该采取积极有效的方法，并进一步检查规范实施效果，从而及时发现问题并解决问题。

有效策略

第一，做好班级文化建设，形成班级管理的合力。万事开头难，每一个学期的开始对于班主任来说都是最忙碌、最辛苦的时期，但也是班主任作好班级管理的最佳时期。原因在于学期开始时教学任务都是新的，一切从头开始，学生们都希望自己在新环境中有全新的表现。当然，教师也都希望自己的班级从开始就能很快地进入正确的轨道。教师的要求、班规的制定、班级干部的安排、教学目标的制定等都使班级有了全新的面貌，短时间内可以形成很好的班级文化。对于新入学的七年级新生更是如此，教师与学生的第一次见面、第一句话、第一堂课，对学生来说都是有意义的，班风、学风的建设对以后的班级管理都有极其重要的作用，为今后的班级成长打下坚实的基础。

第二，班级目标不放松，齐头并进促发展。既然制定了班级目标，那所有班级成员都应该为了这个班级目标而努力，不管在奋斗中遇到什么样的困难，教师和学生都共同参与，想方设法解除困难，使整个班级向前发展。

第三，班级管理全员参与，每个人都是班级的主人。班主任是一个班级的最高管理者，但不等同于班主任要事必躬亲。当前形势下，我们的目标不是培养没有主见、依赖性重的学习机器，而是培养大批有组织能力、有主见、有思想、有责任心、有沟通能力的高素质人才。班级管理就是促进学生施展才能，获得成长的舞台。

第四，用爱为学生打造一个世界。陶行知先生说："教育是教人化人，化人者也为人所化。教育总是互相感化的，互相感化，便是互相改造"，"真教育是心心相印的活动。唯独从心里发出来，才能达到心灵深处"。七年级的学生是一群十三四岁的孩子，他们正处于青春期，他们最醒目的标志是天真、叛逆，让这群孩子心服口服地服从教师，是需要一些技巧的。爱是化解一切问题的良药。课堂上教师欣赏肯定的眼神，作业上教师鼓励的一句话，聊天时教师会心的笑容，都会让学生感到自己是被关注的，都会给学生带来奋斗的动力。同学间一个微笑，相互的一句问候都会让整个班级充满生机和活力。

第五，培养学生勇于竞争的意识。现代社会是一个竞争激烈的社会，这就要求我们培养的人才，也要有敢于竞争的勇气。在现在的环境中，到处都是竞争，所以我们需要的是班主任的正确引导和教育。

案例实践

接下来是用团体动力学的方法尝试改变本章节七年级2班班级氛围消极的案例。

一、做好班级文化建设，营造团结友爱的氛围

在班级建立初期，面对班级凝聚力弱、彼此之间不熟悉的情况，班主任可以通过一些活动来增加学生之间的了解，提高班级凝聚力。

(一)守护天使活动

让班里的全体学生抽签，抽到的学生是一周内被帮助的对象，其他学生要尽可能地帮助他，但是不要被对方发现，除了抽到自己可以更换外，无论抽到谁都不可以换，因为每个人都值得帮助。观察对方需要什么帮助的过程，可以拉近学生之间的距离，也可以培养学生乐于助人的品质，对建立初期的班集体迅速提升班级凝聚力极为有效。一周后学生分享为对方做了什么，同时猜测自己是被谁帮助的。在这个过程中学生往往为了不被帮助的对象发现，都会多帮助几个人来“混淆视听”，这带动了整个班级互帮互助的氛围，活动趣味性、参与性高，学生体验很好。引导学生把帮助别人作为一种意识持续下去，班级氛围会更积极、温暖、美好。

(二)成功储蓄活动

在班级建立一个成功储蓄信箱，学生记录班级中发生的好人好事，投入成功储蓄箱，可实名也可匿名，每周利用班会课时间来看这一周班级内发生的温暖的事。培养学生主动为班级作出小贡献的意识，以及一双发现美的眼睛。让

学生学会感恩，并且把感谢表达出来。这个活动会使班级氛围更和睦、凝聚力更强。

以上举例的两个活动可以在建立班级初期用于增进学生之间的感情和提升班级的凝聚力，并且可以一直持续下去。

二、设立共同班级目标

班集体作为一个团队，需要有一个方向的指引，这个班级共同的目标或者说班级的理念是一开始可以和全班学生共同制定的，自行商讨出的共同的目标，大家会更愿意主动执行。

班主任可以带领班干部，和全班同学一起制定班规、班级的目标和口号。班级内部也可以划分成不同的共同成长小组，小组再制定小组的名称、目标和口号。班级同学群策群力，制定需要做到的目标和相应的奖励和惩罚措施。把制定好的班规让每个学生签字，张贴在班级的文化墙上，这个过程是建立契约，学生是班级的主人，是班规的制定者也是执行人，这个过程更可以加深学生自觉遵守规则的身份认同。把班规张贴在公共区域，当有学生没有遵守规则时，班规也起到提醒和督促的作用。

班主任通过调动学生管理班级的积极性，让全班学生展开头脑风暴，制定了班级的目标和班规。制定好的目标、班规可以试运行一周，若有不合理的地方再作出调整。

三、班级管理全员参与

班级里的每一个学生都各司其职，拥有一份对班级的责任，有助于彼此都更遵守规则。

班里有多少学生，就可以提供多少岗位，让每个学生都有事做、有可为的舞台。除了班长、学习委员、卫生委员、生活委员、文艺委员和各科的课代表外，还可以有电教管理员、红领巾收发员、分餐员、开关灯的同学、拉窗帘的同学、开关空调的同学……把班级的事务无限细分，责任到人，学生会有一种可以为班级做贡献的使命感，体现了个人的价值。在提醒其他学生遵守规则的同时，更要以身作则做好了自己该做的。还可以发挥集体的创意，给每个职务起一个有趣的名字，以此调动初中生的积极性，例如，开关灯的同学叫“舞台灯光师”，开关空调的同学叫“艾莎公主”，管理公物报修的同学叫“修复师”等。

人人来守护班级，每个人都有自己的价值。当有人违反规则时，大家都发自内心地想制止，这是出于真的为班级考虑，希望班级更好，而不是事不关己高高挂起，觉得和自己没有关系，认为是某几个班干部的事。班主任自上而下的管理和学生自主的管理，会让班级里的每个学生获益更多。

四、用爱充满教室的每个角落

班级里学生之间、师生之间和个体对班级之间的爱是凝聚力最好的催化剂。

班主任可以巧用教室里的布置来营造有爱的氛围，可以在班级设立夸夸墙，对班级的每个学生进行优点轰炸，以此来提升学生的自信，拉近学生之间的关系。也可以在班级白板上设置风采展示，每期设置不同的学生作为主角，学生可以用照片、彩纸自行设计自我介绍，以此给学生提供展示自己的窗口，调动学生融入班级的积极性，这也是学生彼此了解的好契机。也可以发挥不同学生的特长，有的学生毛笔字写得好，可以写一幅作品挂到教室墙上，作品的内容可以是班级的理念，如“入座即学”，这既展示了学生的才艺优势，又在环境布置中潜移默化地塑造了班级的氛围。还可以布置班级集体活动的合影和精彩的学校生活瞬间，记录班级生活的点滴，这都可以成为日后学生的美好回忆。

除了班级环境的布置，班主任还可以在每个学生生日的时候，组织其他同学给这个学生送生日祝福和惊喜，例如，在黑板上写下“祝某某生日快乐”，或是来到学校后大家集体给寿星唱生日歌，这都会让每个学生感动，大家会更加期待来上学，和班级的联结更紧密，进而更好地在学校学习和生活，发自内心为班级作出更多的贡献，这是因为真的爱这个班级。

班主任先爱学生，然后唤起学生之间彼此关爱，建立对班级深厚的情感，有了爱，很多问题都会有更好的处理，有了爱，大家会拧成一股绳，班级各方面都会有质的飞跃。

五、良性竞争，共同进步

班级氛围不能只有和谐，也要有良性的竞争。竞争不是毫无意义的内卷，而应如鲇鱼效应，适当地调动学生竞争的积极性也是十分必要。

班主任可以在班级设立共同成长小组，5～6 人一组，分组时可以考虑将不同性别、不同性格、不同学业水平、不同爱好的学生分为一组，互相帮助，例如，组长会督促组员按时完成每天的作业，提醒组员提前准备好第二天上学需要的用具，小组作为更小的单位，也可以像班级一样，有学习上的组长，也有生活上的组长，每个人都有自己的职责。每个共同成长小组有自己的目标、口号，组和组之间也可以进行评比，评比的目的不是看谁更优秀，而是彼此分享做得好的地方，例如，成绩更优秀的组可以分享学法，团队建设更好的小组可以分享团建活动等，小组之间良性竞争，小组内部互帮互助，也可以定期重新分组，让学生在有爱的环境中良性竞争，使学生既有归属感也有成就感。

竞争是必要的，但是重点不在竞争，而在竞争后的复盘和为下一次提供建设性的建议，让学生带动学生，小组带动小组，从而实现班级整体向前走。

开篇提到的七年级 2 班的班主任在采取这些方法后，班级的氛围升温了，班级的凝聚力增强了，“一潭死水”就有了生机。

相关提示

(1)班级氛围建设好了之后就一劳永逸了吗？

按照前文的几种方法，班级氛围建设好了以后是可以持续保持住的。初中是学生生理和心理发展迅速的时期，很多班主任会担心班级氛围有所改变，这个时候需要班主任根据具体的情况来调整，七年级的方法未必可以完全迁移至八年级。班主任可以发动班干部和全体同学，群策群力，学生是最了解学生的，朋辈之间的影响力在青春期时是大于教师和家长的影响力的，让大部分学生发挥优势来影响小部分暂时需要帮助的学生。

(2)有个别学生总是游离于班级氛围外怎么办？

通过一次次的班级活动、每天与同学和班主任的相处，学生会感受到班集体的温暖和爱，不太会出现总是想疏离班级的学生，如果确实有总是破坏班级氛围、不能融入班级的学生，班主任要考虑和他进行沟通，看到他行为背后的需要，必要的时候可以寻求心理教师的帮助，相信误会解除之后，每个学生都能成为班级不可或缺的一分子，班级因为有每一个人才完整。

参考文献

①陈虹：《给老师的101条积极心理学建议：积极语言HAPPY建议》，南京，南京师范大学出版社，2012。

②陈虹、黄骐、王小一个：《培养青少年积极品质的理论与方法——访美国密歇根大学副教授朴兰淑》，载《基础教育参考》，2012(1)。

③陈虹：《教师积极语言在课堂中的运用》，天津，天津教育出版社，2013。

④陈虹：《教师应用积极语言培养学生核心素养》，广州，世界图书出版广东有限公司，2018。

⑤董艳、鲁利娟：《信息素养：班主任核心素养的必要利器》，载《教育科学研究》，

2019(6)。

⑥李娟、都三强：《从勒温的团体动力学看高校班级管理》，载《中国科教创新导刊》，2012(8)。

⑦李文柱：《论教师的积极语言及其运用》，载《中小学心理健康教育》，2021(2)。

⑧[美]塞利格曼：《持续的幸福》，赵昱鲲译，杭州，浙江人民出版社，2012。

⑨荣翔：《团体动力学视域下提升班级建设有效性的探索》，载《黑龙江科学》，2022(3)。

⑩臧忆：《优化团体管理策略 提升班级管理实效》，载《教学月刊小学版(综合)》，2016(3)。

⑪张菁：《团体动力学理论在班级管理中的运用之研究》，硕士学位论文，苏州大学，2015。

⑫朱芹芬：《抓好班级管理 做好班主任工作——谈班级管理中的团体动力学》，载《作家天地》，2020(8)。

第九章

学习中的心理健康

学生会在不同学科、不同阶段、不同学业等级上遇到学业困难的情况。班主任的关注、评估和指导，有助于学生调整心情，面对问题，成长进步。

志不求易，事不避难。

——《后汉书·虞诩》

第一节 帮助学生应对学业困难

情境再现

小宇在这学期开学时默默地给自己定了一个小目标：通过自己的努力，希望下次考试年级排名进步5名。可开学不到两周，小宇的情况就有些不妙。课堂上，随着知识和难度的增加，小宇越来越跟不上教师的节奏，教师提问的时候他会刻意避开教师的目光，小宇害怕自己答不出来。听不懂的时候，会犯困，会趴着，也常常走神发呆，有时候还会和其他同学窃窃私语。下课后，小宇觉得自己很多没听懂，想问教师却不知道该从何问起，既不会问也不敢问。班级里，小宇基本不和同学交流学习中的问题，更多的时候会聊游戏和娱乐八卦。在做作业时，他也经常没有思路，正确率还很低，所以会依赖搜题软件或是抄同学的答案；心情不好的时候，小宇索性不写作业，就刷手机和玩游戏，可一玩手机就控制不住时间，会玩到很晚。

问题愈演愈烈，小宇上课越来越困，不会的知识越来越多，越学越吃力，小宇感觉自己进入了一个旋涡中，无法自拔。

随着考试的临近，小宇变得很焦虑，害怕考不好让家长失望，只能临时抱佛脚学了几天。考试的时候，小宇无法集中精力答题，脑海里都是关于自己考不好的种种想象；同时也觉得自己运气太差了，真是哪里不会考哪里。考试成绩一出，的确和自己担心的一样，小宇成绩大幅度退步。面对学习的无力和考试的失利，小宇感觉很无助也很迷茫，觉得是自己太笨了，加上家长十分着急也常常责备，小宇日渐消沉，对学习渐渐地失去了信心。

小宇的情况在青少年中是比较常见和普遍的。随着学习任务量增大和难度加大，若学生的学习能力没有随之提升，就容易出现学不会和跟不上的现象；若没有及时调整，就会出现成绩下滑和心态失衡的问题，有可能还会带来信心不足、情绪波动、人际紧张等其他问题。

一线有问

学习是青少年阶段的首要任务，学习的问题也成了青少年普遍且长期存在的问题。班主任对学业困难的学生常常感到无能为力，不知道如何帮助他们改变不良的学习习惯，不知道如何唤醒他们学习的内在动机，不知道如何让他们拥有持之以恒的毅力。班主任与学生谈话也没有效果，一谈学习就很容易发脾气，百计施尽仍不见起色。尤其是处在青春期且学业困难的学生，他们的心理冲突更为激烈，自我否定心理很强，和班级里的同学也有一定的疏离感。他们天天坐在课堂里，听着深奥难懂的“天书”，感到学习生活苦海无边。面对这样一个群体，班主任往往有这些困扰。

(1)面对考试失利的学生，怎么跟学生沟通，需要注意什么？

(2)如何重建学生学习的信心？有哪些方法可以尝试？

(3)在班级建设中，有没有减少学业困难问题产生的办法？

专业视角

一、学业困难的分类

一类学业困难的学生是由器质性的疾病，如知觉缺陷、脑损伤、轻微脑功能失调、失语症等，个体在听、想、说、阅读、写作、拼写或数学计算等方面能力的缺乏，引起的学习明显困难甚至障碍。例如，语言接收和表达方面的困难与障碍，阅读方面的困难与障碍，算数方面的困难与障碍，书写方面的困难与障碍，先天性思维方面的困难与障碍。另一类学业困难的学生在学习期间会出现厌学、恐学、拒学、学习成绩低下，虽经主观努力，但学习依然困难。

班主任在教育教学工作中，遇到的大多数是第二类学习困难，这类学生智力正常，但学习能力弱、学习习惯不良，学生在学习过程中碰到各方面的疑难，不能获得及时的帮助，会形成客观上困难、心理上畏难的情况。

二、造成学业困难的因素

造成困难的因素很多，有学生内部因素，如生理、心理的方面，也有外部因素，如学校、家庭、生活环境等方面，这些因素彼此交织在一起，构成了学业困境的总体因素。在形成学业困难的过程中，通常有以下这些影响因素。

(一)学习的目标和计划性不足

学生不知道自己为什么而学，没有深刻认识到学习对自己成长和发展的重要意义。很多学生只是把学习当成一件习惯做的事，或是家长和教师要求自己做的事，学习起来就比较被动。就像案例中的小宇，虽然他对自己的学习有期待，却没有把理解和掌握知识作为自己的具体目标；虽然有名次上的提升期待，却没有实质的行动和计划。因此这样的目标只是形式上的目标，根本无法达成。

(二)未形成良好的学习习惯

学习的实质是形成习惯。习惯是学生在一定的学习情境下，自动地进行某些活动的特殊倾向，即到了一定的时候学生就会自动学习。例如，学生坐在书桌前，摆出学习用具和书本，就会自动开始看书和做作业；或是在考场上，拿到试卷就开始答题。学习习惯是学习过程中经过反复练习逐步养成的，最后变成学生不需要思考就能自然做出的行为方式。

案例中的小宇还没有养成良好的学习习惯。例如，遇到听不懂的内容，他没有主动的钻研和多角度的思考，也没有梳理不懂的内容并向教师或同学寻求帮助；上课时，他只是被动地听讲，没有主动调动眼、耳、口、手等感官协同学习，课间或课后也没有和同学交流学习的意识，课后缺少梳理和归纳知识的习惯；小宇缺少自我觉察学习行为、自我调节课堂行为、反思和评价自己学习行为的习惯，也没有意识进行学习时间的分配、学习注意力的调控。

如果小宇能意识到并主动养成良好的学习习惯，加上教师的引导和家长持续的关注，相信会对小宇的学习有很大的帮助。

(三)未找到适合的学习方法

小学和初中低年级的学习内容相对简单，以模仿和记忆为主；年级升高和知识难度提高，要求学生能在识记基础上理解和应用，要求学生有更强的分析、概括、综合的能力；各个学科的要求不同，也需要学生有不同的方法，不能仅仅依靠课堂的听讲和教师布置的作业，学生更需要进行课前预习，预先找出自己的问题，带着问题有目的地听讲，主动思考教师提出的问题而不是被动等待一个答案，做到不积累问题，要勤问勤思考；课后运用记忆的规律及时复习。

案例中的小宇对学习的理解似乎还停留在较低的年级，对学习方法的运用也相对欠缺。这个部分恰是班主任可以提醒和帮助小宇的，需要班主任与小宇一起去摸索和尝试。

(四)学习意志力有待提升

学习意志力是学生为了完成学习任务而持续地克服困难的能力，通常以学生每次学习活动所持续的时间长短为标志。很多学生会遇到学业上的困难，这是因为持续克服困难的能力不足。例如，小宇上课听不懂，就选择避开教师的目光或是不再听课；课后遇到难题时，他不迎难而上，反而把注意力转向刷手机等简单的任务，一旦拿起手机，又因缺乏自控力而无法停下来。

学习的意志力是可以通过锻炼而提升的，大多数学生都能通过坚持不懈的学习，持之以恒的努力慢慢提升。

(五)欠缺学习过程的心理调节

除了目标和计划、学习习惯、学习方法、学习意志品质，学习过程的心理调节也非常重要，主要有以下几方面内容。

第一，学习归因与学业。归因理论是指学生对自己的学习行为及结果的产生原因进行分析、推论。心理学家认为如何归因，对学生的学习行为影响深刻。小宇把学不会和考不好归因为运气不好或是自己太笨了，这种归因方式是在暗示自己，这些问题无法改变，这会让自己产生羞耻、无力和绝望的感觉，也会忽视努力的重要作用，未来在面对困难时也不能坚持，这是一种不良的归因方式。更理想的归因方式是将考试失利归因为自己努力不够，把“会做和做对”归因为自己能力强和努力的结果，这样会产生自豪的体验，激发自己面对困难时的勇气，也会让自己相信，只要努力就有可能获得成功。

第二，学业情绪与学业。学业情绪是学生在学业情境中产生的各种情绪体验，它对学生的学业成长有着重要的影响。心理学家发现，积极的学业情绪有利于灵活地、有创造性地使用学习策略，例如，精细加工、组织信息和评价、元认知策略的使用；消极的学业情绪则会让学生使用刻板的策略，例如，简单的复述和算法。积极的情绪有利于自我调节学习，消极的情绪会使学生依靠外部来调节学习。放松等积极情绪与元认知策略、精细加工、组织信息和评价、关键思维都有正相关。此外，良好的学业情绪有助于学生认知活动的顺利开展。当学生处于愉快等积极情绪状态的时候，情绪对学生的注意、记忆、判断、推理等认知活动起的促进作用最大，进而能够显著提高学生的学业成绩。小宇在近期的学习中经常体验到痛苦、不愉快和挫折感，如果长期缺乏愉快的情感体验，小宇不但很难有成功的学习，而且连一般的学习任务也不能顺利完成。

第三，自我效能感与学业。自我效能感是指人们对自己实现特定领域中的行为目标所需能力的信心或信念。自我效能感对行为的影响有类似于动机的作用，它可以影响个体对人物的选择、付出努力的多少、遇到困难时的坚持时间和信息加工的策略等。高自我效能感促使人在活动中选择更有挑战性的任务，在遇到困难时会付出较多努力，并能坚持更长时间，还会选用更丰富的信息加工策略。案例中的小宇一直不太相信自己的学习能力，对自己信心不足，考试前和考试中总有对自己考不好的想象，由于焦虑和恐惧，小宇无法重新面对挑战。

（六）家庭环境中的影响

有时候不良的家庭环境，会导致学生不能将学习视为自己追求的目标，上进心不足。例如，家庭成员之间的帮助和支持度不够、亲密程度不够、亲子沟通不畅等。亲子关系紧张，对孩子过高的学习期待，也会对学生造成负面影响，从而导致学生的学业压力过大和自暴自弃。

（七）班级环境及教师对学生的反馈、评价

班级环境的松散、压抑或是混乱，会导致学生学习不能专注、心情浮躁等；教师没有看到和指出学生的努力和改变，看到学生的缺点多于优势，对学生缺少积极正向的反馈和评价，都会影响学生学习的热情和信心，会使学生在学习方面备感困难。

有效策略

一、班主任的梳理与分析

(一)调整教师自身的理念和态度

首先，班主任需要了解学业困难学生是一个相对的概念，是指相对于学习任务而言，处在学业困难阶段的学生。90％的学生学习成绩的差异，更多的是学习速度的差异，而不是智能的差异，只要教师系统教学、学生努力掌握学习内容，学生合理分配学习时间，很多学生都能掌握教科书中规定的科学文化基础知识。其次，班主任需要相信学生在某些学科暂时的“困难”，并不意味着学业宣告失败，通过教师的积极引导和学生自身的不懈努力，是完全可以迎头赶上的。再次，班主任需要认同，学习过程是一个循序渐进、试错的过程，因此教师要允许学生犯错，鼓励学生多做尝试，从错误中学习，这样获得的知识才会更丰富、更牢靠。最后，班主任面对困难的积极态度也会激励学生，教师对学生的做法总采取积极的正强化，会持续给学生前进的动力，这些都有助于学生形成积极的心态，有效促进学生持久的转变。

(二)创设平等开放的班级学习氛围

班主任真实地反馈学习情况、有意识地与学生联结情感、开放地讨论学习困难的态度，都有助于创设良好的学习氛围。班主任可以让进步的学生总结和分享自己学习成功的经验，鼓励学习有困难的学生向其提问，鼓励学生之间讨论难题、探讨学习方法，让学生不要因为暂时的学业困难而有羞耻感，应该把学业困难看成暂时的、必经的过程，让学生互相助力，形成班级的团体动力。

（三）建立学业困难学生档案

学业困难问题的解决是一个相对复杂且长期的过程，每一个学生的情况和问题也截然不同。通过建立学生档案，班主任可以先全面了解学生的困难点、态度和心理状态并记录下来，制定详细的改善策略，循序渐进地帮助和追踪，记录学生的点滴变化。

（四）找到合适的契机和学生进行沟通

班主任可以留心观察学生的日常学习行为和变化，尽量在出现学习问题较少时，给予及时的帮助和提醒；在一些重要的节点，如周测、月考或是期中考试成绩出来之后，学生最容易出现情绪波动，学生在表现出寻求学业帮助时，教师可以给予及时的安慰和鼓励，并视情况与学生展开深入的沟通。最好避免没有明确目的的批评和指责，这会带来学生心理上的抗拒，不能有效地帮助学生。

二、帮助学生进行心理建设

（一）调整学生对于学习的认知

班主任可以在日常的教育和教学工作中，慢慢地帮助学生调整认知。学习本来就不是一件容易的事情，正因为有困难，学生才要面对和解决各种问题；学习不是投入时间就能自动产出效果和分数的，良好的学习习惯才会带来良好的学习效果；学习还需要探索适合自己的学习方法，并持续使用，可以通过观察和学习别人的学习方法并进行尝试。遇到学业上的困难，也正是学生本人探索学习方法、调整学习习惯，提升学习能力的机会。而考试不是简单的检测，是可以帮助自己攀登知识高峰的台阶；考试的价值不是考试的结果，而是考前的复习和考试后的反思，因为这些过程可以帮助学生提升能力、收获经验，也会让学生更有进步。这些新的认知和建构，会让学生转变观念，激发动机、重视过程并主动面对学业。

(二)引导学生进行合理归因

对于学业成绩上的差异，学生经常会将其归因为自身的能力、任务的难度、努力的程度及运气的好坏。如果学生总是把学业失败归因于能力不足、运气欠佳等外在因素，就会削弱自我效能感；班主任可以引导学生把学业成绩与努力程度连接，鼓励学生多加努力并坚持。

(三)有意识创造学生的成功体验

班主任可以关注和鼓励学生持久的努力，可以肯定学生投入的精力和时间，可以欣赏学生取得的微小的甚至是偶然的进步，可以根据学生的特长搭建学习活动给予学生展示的舞台。足够的成功体验会让学生拥有积极的学习情绪，形成较高的自我效能感，也会促进良性的循环。

三、具体指导学习策略

(一)指导学生建立良好的课堂学习习惯

班主任可以通过多种方式指导学生养成这些学习习惯：独立钻研问题，多角度思考问题，善于提问和质疑；与师生交流对话、互助合作，归纳整理总结知识；自我觉察课堂行为、自我调节课堂行为、自我评价课堂行为等。

(二)和学生一起探讨有效的学习方法

班主任可以介绍有效的学法，可以请学生自己总结方法(表 9-1)，还可以让学生观察学习好的同学有哪些有效的学习方法，鼓励学生去尝试并形成自己的方法。

表 9-1 学习方法表

日期：	学科	好的做法	改进之处
学生自评			
教师反馈			

(三)鼓励学生成为自己学习的研究者

班主任可以让学生记录各科的考试成绩(图 9-1)，从成绩的曲线变化中琢磨和反思自己作了什么有效的努力，哪些行为的成效微弱，如何做才能提升学业表现；再把成功的经验应用于其他科目，这样会看到自己努力带来的实际转变，并提升学习信心。

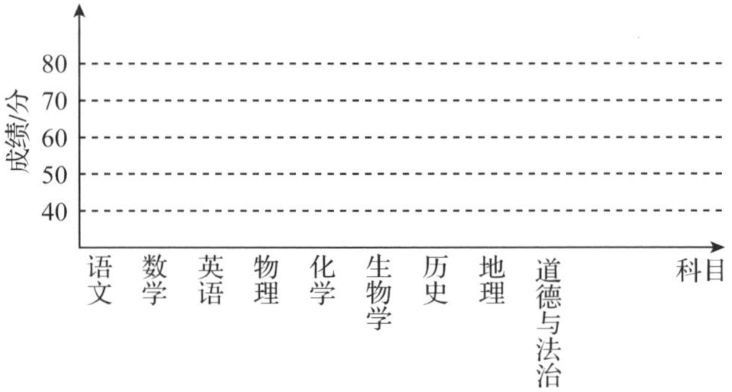

图 9-1

四、亲子沟通辅导

班主任可以增强家校沟通，适时向家长传递学生积极正向的变化，也要鼓励家长耐心地与子女沟通，为学生营造良好的学习氛围。可参考本书第十章家校沟通的内容。

案例实践

随着考试成绩陆续发布，考试的失利让小宇觉得心情很糟糕，不想和任何人谈成绩。班主任发现了小宇的情况，先默默地观察，让小宇有接受和消化的空间，同时和各科教师了解小宇近况，并全面整合了小宇的各个问题。班主任找到小宇做了一次长谈，这次的长谈让班主任更进一步地了解了小宇的困难，并从这几个方面帮助和支持小宇。

第一，建立信任关系。班主任首先肯定了小宇开学以来的一些积极的变化，尽可能地表扬小宇在学校的各种积极的行为和闪光点，语言中充满对小宇的认可和期待。小宇感受到了班主任的善意和帮忙之后，他放下了思想的包袱，打开了自己的心扉和班主任进行了有效的双向沟通。

第二，帮助调整认知。班主任和小宇聊起学习中的困难，帮助小宇分析感觉到学习很难很累的原因。学习的过程是在努力走“上坡路”，是提升能力的过程，所以累和难是很正常的感受；若是感到很轻松的话，也许就是在走“下坡路”。累的时候可以劳逸结合，但是不要停止努力。

班主任要帮助小宇重新看待“考试”。若是单一认为考试只是对学习效果的检验和反馈，就会对考试产生不必要的焦虑害怕，这也是考试失利的重要原因。其实考试是攀登知识高峰的阶梯，学习能力会在每一次考试中得到很重要的提升，重视和感受考试和复习的过程才是考试本身的意义。失败里蕴藏触底反弹的力量，困难里有需要我们找寻的方法。每次考试失利其实是最好的提醒，提醒我们需要反思自己和查找漏洞。

第三，接受现状并积极改变。接受暂时的现状，现在要做的事情是“改变”和“积极奔跑”。从学习的每一个环节分析，可以改变的事情有哪些？需要更积极去做的事情有哪些？哪些学习方法是需要改善的？每一科出现的具体问题有哪些？班主任也让小宇主动找各科教师帮忙，在大家的帮助下分析这些问题，计划接下来要做的事情，并立即行动起来。

第四，家校沟通，发挥家庭的积极影响。班主任也了解到小宇的学习压力有很大部分来自爸爸对他学习的高期待，遇到困难也很害怕和家长沟通。班主任也和小宇爸爸做了进一步的了解和沟通，希望家长可以调整与孩子沟通的模式，适当地降低期待，给小宇成长的空间，并在小宇进步时给予鼓励和肯定。

第五，创造成功经验，提升信心。其实小宇非常擅长英语，班主任提议小宇在班会课上给同学开展一个英语学习方法的分享会，将小宇的优势科目作为抓手去提升她的效能感，帮助小宇重建自信。小宇的分享会得到了同学的认可与好评，他也向同学分享自己学习的困惑，这使小宇也收获了很多不同学科的学习方法。成功的体验带给小宇很多的自信，同学也爱请教小宇英语的学习问题，都叫他小老师。正是因为不断地给同学讲题，小宇的英语学习也得到了更大的突破，同时也带动了其他学科的稳步提升。

班主任也告诉小宇，学习是一辈子的事情，在正确的方向上持之以恒就是最大的胜利；学习中遇到问题都可以积极向教师求助，教师都会很乐意提供帮助和支持的。班主任在小宇的学习成长档案中一直记录着小宇的点滴变化，追踪观察并一路助力，小宇的进步也越来越大了。

相关提示

面对学业困难，班主任该抱持怎样的心态呢？

学业困难是每个想要学业进步的学生必然会面临的挑战，所以每个学生都会在不同学科、不同阶段、不同学业等级上遇到学业困难的情境，班主任需要针对学生的不同情况进行个性化评估和指导；同时班主任也需要带着动态发展的眼光来看这个问题，困难是必然存在的，学生的成长和进步也必然会发生。

第二节
增强学习的内部动机

情境再现

杉杉的学习成绩在年级名列前茅，理想是当一名医生，他的目标学校是以现在的分数能完全胜任的 A 医学院。距离高考还有一年的时间，教师都希望杉杉还能继续努力，不断提升和突破自己，搏一搏更优秀的医学院。但是杉杉却说："因为我只了解 A 医学院，而且我的分数够 A 医学院就行了，为什么还要那么辛苦和努力？反正只要我考上，我爸妈就高兴！"所以，看似学习很轻松也很有潜力的杉杉对于各科教师的鼓励和建议只是礼貌地接受，并没有什么行动。

彬彬在初中最后阶段使了使劲儿，他升入高中时的成绩还不错，可入学后一直很放任自己，懒得动手动脑，一心只想躺平，成绩一直稳居年级中下游。彬彬自己觉得自己考上本科的希望越来越渺茫，根本没有目标。一看到书本和练习册他就犯困，看着别人进步他也着急，也觉得很有压力。有时候他也会燃起想学习的小火苗，但是觉得困难太多了，不知道从哪里学起。上课听不懂就索性趴着，回家对于各种诱惑没有自控力，不想学习只想玩手机。彬彬的家人也很发愁，和他一谈学习就会激怒他，他还说："为了你们，我才把高中学完，不然早就不学了，大不了以后去搬砖！"

杉杉和彬彬都觉得自己和班级里积极努力备考的同学格格不入，于是两人开始玩一款手游，每天晚上都相约玩游戏，班主任知道后分别找两个人谈话。杉杉说："放心吧老师，游戏也不耽误事儿，我的成绩还够用。"彬彬说："老师，反正我学习也没啥动力，您就甭在我身上花费时间啦。"

班主任认为，两人成绩虽然不同，但是都缺乏学习动机，如果动机这关不解决，两个人的学业和未来都堪忧。

学生在年龄小、学段低的时候，学习的动机容易受到外部的激励和影响，例如，分数，教师的肯定或赞扬、批评或意见，或是同学间的比较。随着年龄的增长，这些外部的、不稳定的因素渐渐对他们失去影响力，如果他们内部的激励不够强大，例如，好奇心、兴趣、坚持或是某些自己看重的价值观，那么他们很难维持和促进自己的学习。这就不难理解，为什么很多学生在面对学习时，不是一种“我要学”的状态，而是别人“要我学”的状态；也不难理解，学生为什么会出现“躺平”“卷不动”的状态。

一线有问

提起学习，班主任常常会吐槽学生“动机不足”，说得更具体一点，就是“不想学”“不主动学习、思考、提问”“好像在为别人学习”；家长也觉得很无力，明明天天都催促孩子上学、做作业、上辅导班，可是孩子的成绩却没有起色。仔细观察或是和学生聊一聊就会发现：拥有学习动机的学生，精神振奋，主动地学习知识和本领，面对困难时也会想办法去克服，学习对于他们来说是一种享受，是一种探索，他们像在知识的海洋里畅游；缺乏学习动机的学生看起来疲惫和麻木，他们被动地接受知识，把作业当成是苦差事，学习在他们看来是别人强加的“任务”，他们像是在接受苦役。两种截然不同的动机水平，带来两种不一样的学习状态和学习的效果。班主任可能会有以下常见问题及困惑。

(1)学生为什么而学，才不会缺乏学习动机？

(2)学习动机与哪些因素相关？

(3)如何提升学生的学习动机，让学生主动学习？

专业视角

虽然杉杉和彬彬的学习成绩不同，但两人的行为表现很相似，都在尽可能地逃避学习，两人也都缺乏一种内在的力量去支撑他们发挥自己的学业水平，如果任由这种状况持续，会严重影响两人的信心、对自我的满意度，以及当下和未来的成长和发展。

自我决定理论提出，如果个体做一件事可以满足以下三种核心动机，个体就会更享受这个过程，也有助于体验和保持幸福。这三种需要是自主的需要、能力的需要和归属的需要。

自主的需要是指个体希望在做一件事时具有自主性，能够自我掌控，自己做决定；能力的需要是指个体做一件事时希望感觉到自己是有能力的，是能做好的；归属的需要是指个体想要感觉到和其他人保持着联结，并受到肯定和支持。

班主任希望两人可以最大限度地投入学习，不仅仅把学习当成是一件任务，更希望两人享受学习活动的过程，并带着喜欢和愉快的情绪。那么结合这个理论来进行分析，杉杉和彬彬的情况就清晰和明朗起来了。

一、在学习上缺少自主性

首先，两人认为学习不是为了自己，而是为了别人。虽然杉杉和彬彬都为学习付出了努力，但在两人心目中，学习是为了让家长、教师满意和高兴。“要我学”而非“我要学”的想法让他们逃避了自己的责任，在学习中很被动，也发挥不出自己最大的潜力。

其次，两人选择太少，以至于放弃了对学习的管理。杉杉的高考志愿只有一个，彬彬没有任何的选择，这个情况根本不需要两人发挥主动性和自主性去调控学习。

最后，目标太低或缺乏目标导致两人没有行动的意愿。杉杉的考学目标偏低，是不需要通过努力就能实现的；彬彬认为自己就算制定了目标也达不到，所以也没有明确的目标。这两种情况都使得两人在学习上很难有实际的、持续的、有效的行动。

二、面对学业能力不足

杉杉是具备一定学习能力的，但仔细分析杉杉的状况就会发现，他把目标定得低，已有的能力就能实现，这正是他学习能力不足以挑战更高目标的表现，所以杉杉宁可选择容易实现的目标。而彬彬在学习上一直处于中下游，努力和挣扎了很久也没有起色，彬彬渐渐地形成了一种观点，认为自己怎样努力也没有用，这种想法带来的消沉和无助感，让彬彬无心听讲、无法做作业和无力面对学不懂的内容。

因此，两人目前都待在自己比较安全舒适的区域，维持着旧有的学习生活方式，这让他们觉得放松、稳定，能够掌控，很有安全感。可如果一直沉溺于“安全舒适区”，两人就会变得松懈、倦怠和停滞，觉察不到任何真正的压力，没有危机感，甚至产生自我麻痹感和优越感。而且两人对现状有一定的满意度，既没有强烈的改变欲望，也不会主动地付出太多的努力，所有的行为，都是为了保持舒适的感觉而已。久而久之，两人越来越不敢走出这个安全舒适的空间，也不敢去尝试和挑战更有难度的学习任务，这样一来，两人的能力也就得不到提升，学业成绩只会停留在原地甚至下滑。

三、学习过程缺少归属感

杉杉和彬彬在学习中属于相对孤立的人，既没有和他人结成学习的同盟，也没有得到支持，这种缺乏归属感的学习状态，不能持续提供内部的动机。但是两个人在打游戏这件事情上结成同盟、彼此支持，使他们增加了对游戏的热情和投入。

自主性是内部动机最重要的一个方面，也是班主任可以持续关注的部分。班主任想在日常管理中提升学生的自主感并不容易，心理学的研究提出了相关的建议。有研究[1]表明生命意义感能调节学生的学习动机，有效影响学习投入度。也有研究[2]发现，生命意义感与学习动机之间存在显著正相关，生命意义感高的群体，学习动机也有明显提升。生命意义感既可以直接影响学习动机，也可以通过提高学习幸福感增强学习动机。[3] 班主任可以从生命意义感的角度来分析杉杉和彬彬的状况，并提出有效的策略。

生命意义感是人们对自身生命价值的诠释，它来源于人们对当前生命价值的理解，也来源于人们主动建立和追寻生命的意义。如果无法感知生活的价值和意义，人们就会陷入虚无感，缺少对生活和学习的热情。杉杉和彬彬需要有机会重新审视学习对于自己生命的价值和意义。例如，学习是人的本能，在学习中人会获得乐趣、充实和满足的感觉；今天的学习也在为人生的未来几个阶段做储备；如果尽了自己的努力之后，成绩没有达到预期水平，那么努力对自己的意义是什么？自己可以从中获得什么？同时班主任可以采用积极心理学的一些具体方法，帮助学生更全面地认识自己。

有效策略

一、评估状态，进行自主觉察

班主任可以结合状态图(图 9-2)询问学生，近期在学习中常常出现的心情是什么或是整体比较偏向哪种状态。积极心理学家发现，当人们的能力遇上挑战时，会引起不同的心理体验，班主任可以结合能力和挑战的关系图(图 9-3)

---

① 曾华婷：《初中生生命意义感对学习投入的影响——有调节的中介模型》，硕士学位论文，广州大学，2020。

② 覃丽、王鑫强、张大均：《中学生生命意义感发展特点及与学习动机、学习成绩的关系》，载《西南大学学报(自然科学版)》，2013(10)。

③ 田宪华、张绍波、付伟：《大学生生命意义感与学习动机的关系：一个有调节的中介模型》，载《黑龙江高教研究》，2021(7)。

进一步说明。当学习能力低、学习任务挑战低的时候，个体会出现淡漠的感觉；当学习能力高、学习任务挑战低的时候，个体会感受到无趣、松懈；当学习任务挑战逐渐变高，而学习能力没有太多增长的时候，个体的焦虑水平会升高，会感到担心、焦虑，甚至是惊慌；当学习能力高、学习任务挑战高的时候，个体就会有掌控感，甚至会出现愉悦满足的心流体验①。

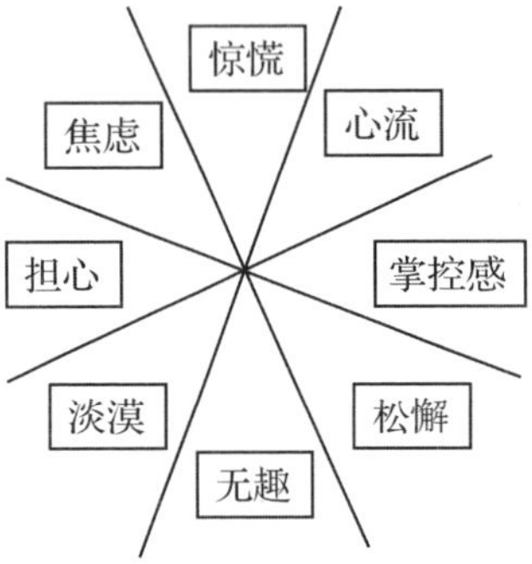

图 9-2 状态图

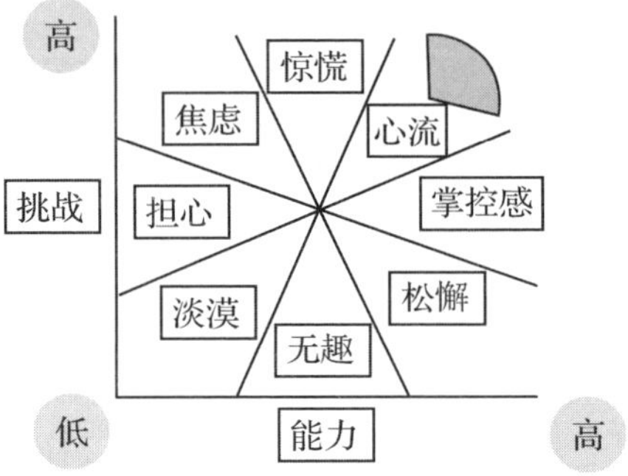

图 9-3 能力和挑战关系图

学生比较容易感知到的是自己的心情和状态，通过选择状态，找到这种状态下对应的能力和挑战关系，学生就能很容易明白当下自己为何会出现这种状态。在这样的条件下与学生进行对话是轻松和没有威胁的，学生容易放下防备并真实表达。这个过程学生是自主发现和自我理解的，所以会很受触动和启发，这为后续师生的深入对话拉开了序幕，也为将来学生更加自主地选择自己的状态并承担相应的结果，做了很好的铺垫。

二、主动分析利弊，唤醒心中的期待

首先，班主任可以请学生根据当前状态选择自己所在的区域(图 9-4)，并说说为什么选择这个位置。如果学生的状态是“无趣”，选择“安全舒适区”，那

① 心流体验(flow experience)：许多人形容自己表现最杰出时那份水到渠成、不费吹灰之力的感觉，也就是运动员所谓的“处于巅峰”，艺术家及音乐家所说的“灵思泉涌”。

么这个学生可能会觉得自己现在不需要动脑，也不花力气。

其次，班主任可以和学生一起分析，所处位置要面对和经历哪些舒适与不舒适的状况。学生可能觉得这个区域就像是避风港，会让自己情绪稳定、不用费神，也没什么烦恼；不舒适的地方就是学习缺少新鲜感，学习变得无关紧要，自己也没有什么存在感，容易被大家忽视，感觉被群体疏离了。

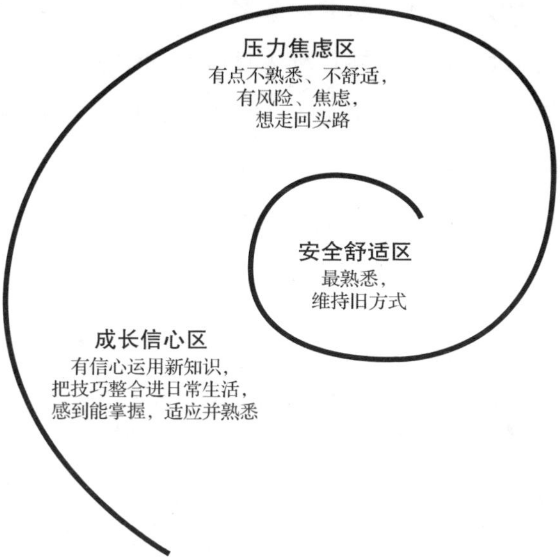

图 9-4　区域图

再次，班主任可以和学生进 步探讨，如果一直留在安全舒适区会面临什么挑战。这时候学生就会真实地面对停留在安全舒适区的感受和结果，他们可能会感到挫败、迷茫，一直没有进步，会变得焦虑。当学生可以说出挑战和挑战带来的负面情绪时，他们就会作出调整和改变，转折点也就出现了。

最后，班主任应该接纳学生的负面情绪，和他们对自己的种种不满意。班主任越能看到和接纳学生的“不好”，学生就越有安全感和信任感，也会产生改变的力量。

三、找寻更好的区域，设定小而具体的目标

班主任可以邀请学生说说自己更想去哪个区域，原因是什么。班主任也可以找来纸笔，让学生现场画出来自己想从哪个区域去往哪个区域，可以参考图9-5中的标记。在这个过程中，班主任会看到学生如何展现自己所在的区域，这个区域和班主任的设想有何不同；班主任会听到学生选择的原因，不仅有自己的愿望，还有深层次的顾虑；班主任还会看到这段路程的特点，是蜿蜒曲折的还是顺利通畅的，是勇往直前的还是想走回头路的。班主任给予温暖和支持性的陪伴，学生会更加开放自己，也会有勇气看见真实的自己。

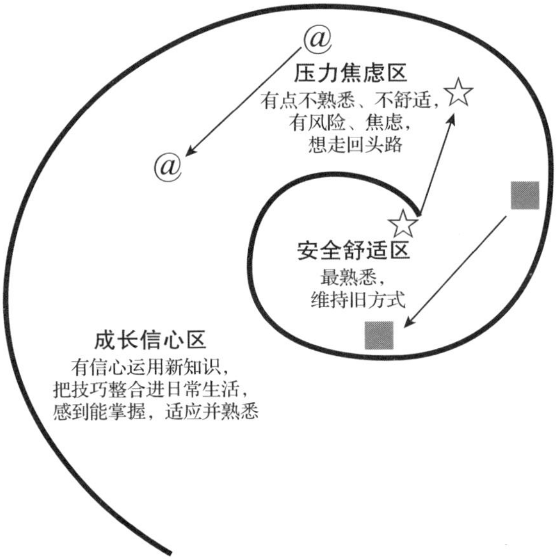

图 9-5　区域图

班主任需要意识到，不同的学生有不同的情况，因此也会有不同的选择。有的学生可能会选择留在安全舒适区，不做改变；有的学生可能想从压力焦虑区回到安全舒适区。其实安全舒适区是很有意义和价值的区域，因为个体有安

全的需要，它帮助学生维护自我形象，建立心理防御屏障，能够起到一种避风港的作用；安全舒适区作为自我调节器，还可以稳定个体的情绪。

班主任需要接纳，不是所有的人都做好了要成长的准备，也有人会因为被迫受压而拒绝成长。班主任并不是要帮学生“找答案”，而是帮助学生探索自我、突破自我。所以班主任不一定要“改变”什么，有时候只是“看见”就已经帮助到了学生。如果班主任感受到师生关系是紧密的，学生也有心理上的准备，那么班主任可以尝试询问：安全舒适区真的好吗？真的是你想要的吗？你还会在这里待多久？这些问题可以促进学生的自主思考。

这样的师生对话是温暖和有深度的，学生会感受到班主任的陪伴、支持和力量，学生也会有勇气去探索内心世界。更重要的是，学生学会了在面对关键的人生选择时，进行自我觉察和对话，帮助自己进行理智的分析和决策的方法。

一旦学生做好了准备，班主任就可以和学生探讨下一步的目标，包括要作出怎样的调整和改变，有哪些具体行动，需要借助什么资源，还需要考虑什么，等等。这个目标一定要非常小和非常具体，是学生“轻轻一够”就能实现的，因为达成目标带来的成就感和自豪感能促使学生有更大的动力。越来越多的小成功积累起来，学生就会更有信心，也愿意投入更多的心力。

四、提高自控力，提升学习能力

首先，班主任可以告诉学生，自控力是控制自己的注意力、情绪和欲望的一种能力，它会影响人的身体健康、学习学业、人际关系甚至事业成败。

其次，班主任可以揭示，自控力就像肌肉力量，会随着使用而减少，因此面对手机、网络等诱惑，不能只是“抵抗”，而要与之“和平共处”。

再次，班主任可以和学生探讨练习自控力的好办法。例如，在自控力最强的时段做最难的任务；根据任务的轻重缓急设置优先次序，也可以选择从最有兴趣或最熟悉的入手；把每个任务具象化，可以明确到时间、地点、事件三要素，以确保能完成任务；为自己准备干净、整洁且无干扰的学习环境，把干扰自己注意的物品放在远离学习桌的地方，增加随时拿起的难度；当感受到游戏、漫画等的诱惑时，让自己再坚持 10 分钟；把自己的长远目标贴在学习桌前提示自己。

最后，班主任可以让学生把适合自己的方法挑选出来，并立即进行实践，再在实践中慢慢调整，以提高自控力。

五、创设有归属感的空间，让学习成为共同追求

归属感会增强学生的学习动机。因此，班主任可以尝试在学习过程中让更多的学生联结起来，让大家互相支持和回应。例如，可以鼓励学生互相问题和答疑；可以鼓励学生结伴主动向教师提出问题；可以收集科任教师对学生的反馈，进行积极解读后反馈给学生，以增强学生的成功感；可以邀请毕业的学长学姐回校交流经验，让学生看到近在咫尺的榜样；可以鼓励学生家长把自己求学的故事制作成小视频，定期给学生播放，以鼓舞和振奋学生的学习劲头。

案例实践

由于杉杉和彬彬的状态和面临的挑战很不相同，因此班主任分别和两人进行了沟通。

一、面对杉杉

第一，觉察和尊重现状。“松懈和无趣”是杉杉对目前学习状态的反馈，当看过能力和挑战关系图后，杉杉觉察到自己目前学习能力不算低，但是学习挑

战是偏低的。杉杉也表示只想“松懈”地处在安全舒适区，还想把这种安全感持续和扩大；在面对自己的弱科英语时，杉杉偶尔会进入压力焦虑区，但遇到困难后又回到安全舒适区，停滞不前的现状也是他选择分数比较低的 A 医学院的主要原因(图 9-6)。班主任表示接纳和尊重杉杉的想法，杉杉也愿意分享自己的想法，不像之前那样和班主任“打太极”了。

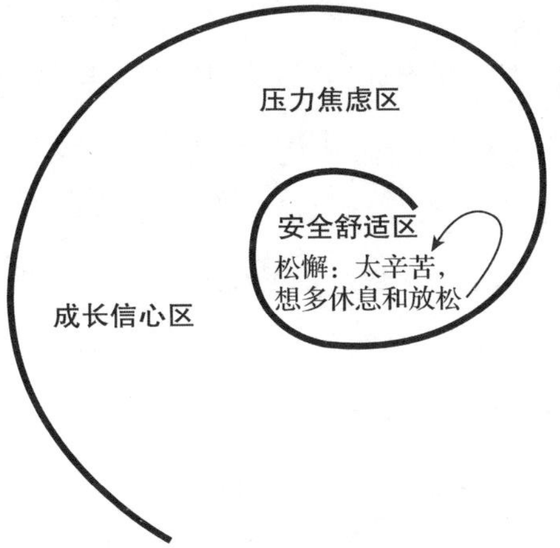

图 9-6　杉杉的区域图现状

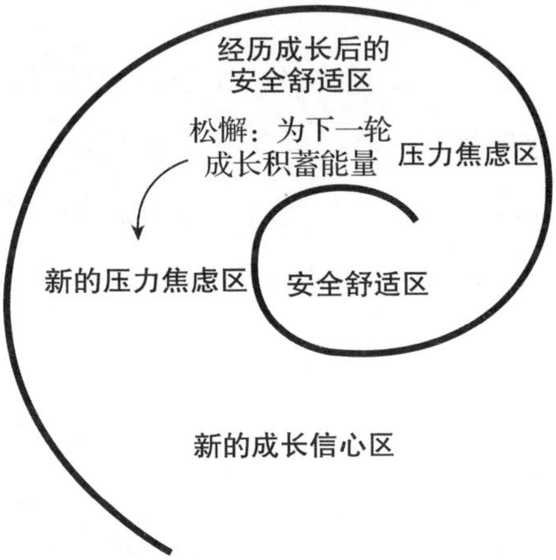

图 9-7　杉杉的新区域图

第二，看见努力和成长。杉杉分析自己之所以想要留在舒适区，是因为几年前自己学得很辛苦、很疲惫，现在只想多休息和放松。班主任理解杉杉的心路历程，并肯定他：“你现在所处的舒适区其实是你经历了一轮成长之后的‘新舒适区’，之前的辛苦成长就是你走出舒适区的成功经历，当下的休息和放松正是为了新一轮的成长所储备的能量。”杉杉听后若有所思地点头，并且盯着图看了很久(图 9-7)。

第三，鼓励和激励新的成长点。班主任建议杉杉用之前走出舒适区的成功经验，来应对弱科英语的挑战。班主任也留意到，几次谈话后杉杉在课上不趴着睡觉了，自习课常常在做英语阅读理解题。

第四，探索生涯的更多可能性。班主任交给杉杉一个新任务：搜集并整理各个医学院的信息，分析各校优势特点并开展一场“医学院报考指导会”，并谈谈自己的选择和分享心得。这个任务让杉杉有点疑惑，但随着查找的信息增多，杉杉看到自己有更大的可能性，也有更多的任务需要去挑战。班主任对杉杉说："虽然不知道结果是什么，但是一定会是更好的结果"。

二、面对彬彬

第一，帮助觉察，促进自主思考。彬彬的状态是"淡漠""担心"，这是一种能力和挑战都偏低的状态。在班主任温和的沟通下，彬彬表示如果留在这个安全舒适的区域，虽然可以对外在的世界选择性地"看不见"，但是不能逃避"自己会越来越差"的事实；而且看着别人越来越好，自己的感觉是灰心、自卑和孤单的，同时也是迷茫的，不知道如何改变，索性就放弃(图 9-8)。班主任肯定了彬彬的主动思考和坦诚分享并鼓励彬彬开始行动起来。

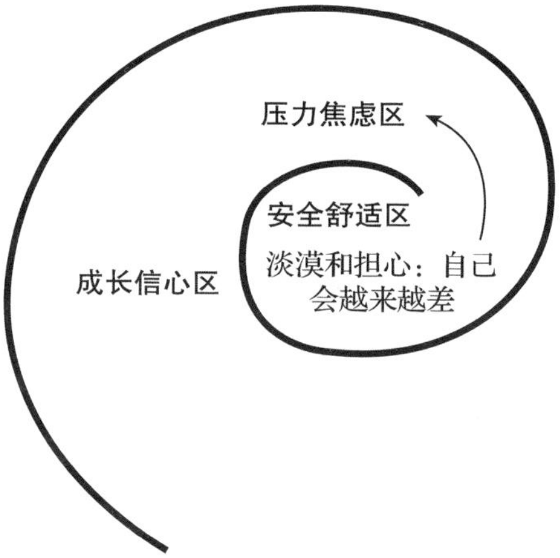

图 9-8　彬彬的区域图

第二，确定小而具体的目标。班主任告诉彬彬：负面情绪和否定的背后，其实是有变好的意愿和对自己的要求，这是产生改变的动力；学习的目的并非只有高分数，更多是学习的过程中获得挑战的乐趣和能力的提升。班主任陪伴彬彬开始制定小而具体的挑战，例如，挑战连续 5 节课不睡觉，挑战连续一周每天背 20 个单词。越来越多的小成功让彬彬开始进入了兴奋的学习状态。

第三，寻找支持系统，确定帮扶团队。班主任在和彬彬商定之后，请家长在家帮助督促；请科任教师关注和帮助彬彬，留意和鼓励彬彬成长的部分；班主任也给彬彬找到了两位小伙伴，他们组成了成长进步小组，两位小伙伴分别负责不同科目的答疑和作业督促，擅长体育的彬彬负责三个人每天的体育锻炼。彬彬在团队中找到了被需要的感觉，既获得了帮助也感受到了帮助别人的愉悦，学习也变成了一件幸福的事情。

第四，制订提高自控力的计划并实施。班主任针对彬彬学习的难点，和彬彬一起制订了提高自控力的计划，包括做作业的时候把手机放在客厅；每次想玩手机时，必须先背完 10 个单词；睡前半小时以内不使用手机，洗漱后直接上床睡觉；开启手机管理模式，每周和班主任一起看看手机使用时间的分配，并逐步调控时间。

有了具体明确的学习任务，彬彬觉得自己当下能做的事情还有很多，他心里踏实了不少。“现在勤勤恳恳地学习，把能力提上去，分数肯定会提高的。”班主任的话让彬彬看到了希望。

相关提示

在帮助学生增强学习动机的过程中，班主任可以从哪个方面着手呢？

提升自主性、能力感和归属感是增强内部动机的三个主要途径，都能发挥积极的作用。有时候内部动机一时难以增强，班主任也可以结合激励的机制、肯定和鼓励等外部动机，内部动机和外部动机一起发挥作用。

参考文献

①陈峰：《教育就是习惯培养：好习惯，好人生》，北京，九州出版社，2008。

②胡正娟、李芳、李洋：《学习动机研究的历史与现状综述》，载《北京教育(德育)》，

2013(3)。

③李瑾瑜：《巴班斯基差生教育思想述析》，载《外国教育研究》，1996(4)。

④廖昌余：《中学生在学习上存在的不良学习习惯及对策》，载《中共南宁市委党校学报》，1999(4)。

⑤林国珍、金武官、徐旭东等：《认知行为干预对青少年学习困难的影响》，载《中国行为医学科学》，2005(2)。

⑥林国珍、徐旭东、金武官等：《学习困难学生心理特征及综合干预研究》，载《中国医药导报》，2010(14)。

⑦覃丽、王鑫强、张大均：《中学生生命意义感发展特点及与学习动机、学习成绩的关系》，载《西南大学学报(自然科学版)》，2013(10)。

⑧陶兴模：《学困生学习心理障碍分析及对策研究》，载《数学教育学报》，2004(2)。

⑨田宪华、张绍波、付伟：《大学生生命意义感与学习动机的关系：一个有调节的中介模型》，载《黑龙江高教研究》，2021(7)。

⑩杨心德：《学习困难学生的学习动机与教育对策》，载《宁波师院学报(社会科学版)》，1996(2)。

⑪俞国良、董妍：《学业情绪研究及其对学生发展的意义》，载《教育研究》，2005(10)。

⑫曾华婷：《初中生生命意义感对学习投入的影响——有调节的中介模型》，硕士学位论文，广州大学，2020。

⑬[美]爱德华·伯克利、[美]梅利莎·伯克利：《动机心理学》，郭书彩译，北京，人民邮电出版社，2020。

⑭[美]契克森米哈赖：《生命的心流》，陈秀娟译，北京，中信出版社，2009。

⑮[美]维克多·E. 弗兰克尔：《活出生命的意义》，吕娜译，北京，华夏出版社，2018。

⑯[英]洛克：《教育漫话》，徐大建译，上海，上海人民出版社，2005。

第十章

心理问题处理中的家校沟通

学校和家庭是学生学习和生活的两大重要领域，但很多学生在学校和在家庭的表现是不一致的。这就需要班主任和家长保持密切的沟通和交流，班主任要如实反映学生在校表现，家长也要积极反馈学生在家里的表现，双方形成合力才能更好地支持学生成长。

教育是家庭和学校之间的合作，孩子的成功需要父母和教师的共同努力。

——蒙台梭利

第一节 积极沟通达成共识

情境再现

小崔本是个文静要强的女孩子，可是升入九年级后，却出现了反常现象：上课经常睡觉，作业完成也不好。教师提醒后，她特别愧疚，表示一定要改正，可是回到课堂上依旧。班主任张老师和家长进行了沟通，双方都认为是孩子升入九年级，学业负担重，晚上学习太晚所致，班主任建议家长帮助孩子安排好晚上的时间，即使作业没有全部完成，也要停止作业，先休息，以保证第二天的听讲效果。家长表示支持班主任的建议，在家督促好孩子。双方沟通后，小崔确实有两天好转了，可是几天后，小崔又恢复了原状。再次和家长交流，家长表示已经按照班主任的建议，每天晚上十点前都会盯着孩子睡觉，而且由于小崔和姐姐一个房间，不会有夜里看手机和上网的可能性。那么会是什么原因？

小崔上课睡觉，成绩大幅度下滑，学习没有兴趣，到校后，有时还会找出各种理由要求回家。家长起初并没有重视孩子的问题，觉得就是学习疲惫所致，事情发展到这一步又不知所措。张老师请教了学校心理教师，把小崔的情况做了详细陈述，心理教师给出了建议：一是把孩子心理变化如实向家长汇报，二是建议家长到医院去给孩子诊断。

为了不耽误孩子学习，家长选择了双休日带孩子去了医院。星期一，张老师收到了家长的信息：张老师，孩子真的病了，医生诊断是抑郁症。张老师马上打电话过去，小崔妈妈在那边泣不成声……

接下来的情况更糟，小崔知道了自己的情况后，一蹶不振。之后，因为吃药带来的一系列不适反应，小崔无法正常到校；她来到学校后随时想回家；成绩急速下滑，科任教师不停反映，并建议让小崔退学，张老师陷入了困境。

学校和家庭是学生学习和生活的两大重要领域，但很多学生在学校和在家庭的表现是不一致的。这就需要班主任和家长保持密切的沟通和交流，班主任要如实反映学生在校表现，家长也要积极反馈学生在家里的表现，双方形成合力才能更好地支持学生成长。但有的时候，由于双方之间的不信任，家长不相信班主任的描述和判断，有的家长认为孩子的一些表现只是懒、任性、故意的，这就需要班主任掌握好沟通的方式和技巧，以达成和家长最大程度的合作。

一线有问

有的学生经常会在晚上熬夜写作业，上课时累了就会不自觉地趴在桌上睡觉。教师看到这种情况，一般会想到这种现象是缺乏睡眠造成的。很少会和学生心理问题联系在一起。一旦发现是心理问题，家长都会格外紧张，担心孩子在班里受歧视，不仅不愿意如实和教师反映，而且会和孩子一起隐瞒事实，甚至把教师设为对立面，采取逃避的态度，对待治疗更是无法接受。虽然心理问题和身体不适是学生成长中常见问题，但是，家长对心理问题和身体不适的接受是不一样的，他们认为身体生病去医院是顺理成章的，可是如果孩子是心理问题，家长就觉得忌讳、难以启齿，更不愿意带孩子去医院治疗。面对以上这些，班主任可能会有以下常见问题及困惑。

(1)上课睡觉是常见的问题，班主任如何把睡觉和心理问题联系起来？

(2)如何消除家长的顾虑，让家长带着孩子去看医生？

(3)看了医生后，学生出现了心理问题，家长有一系列担忧，班主任应该怎么打消家长的顾虑？

专业视角

一、班主任和家长沟通中的挑战

我国自古有着尊师重道的文化，对教师有着爱戴和敬畏之情，家长和学生都会遵从教师的教导。在家长面前，教师的角色是教导者、引领者，甚至是启迪智慧与心灵的导师。但在当今社会，随着全民文化水平的提升，家长的学历甚至比教师的还高，教师和家长之间的相对关系也发生了变化。面对不同知识背景和层次的家长，如果教师一味采取刻板的教导模式，沟通就很容易出现问题。

目前，因为很多家长自身文化水平比较高，且具备一定的教育学、心理学基础，还有一些学科知识与技能背景，所以，班主任在和家长沟通中如果从专业角度入手很容易产生一致的意见，并达成同盟。如果家长认同班主任的教育理念和教育方法，家长不但会配合，甚至会为班主任提供教育教学中很多协助性资源，如学习资源、实践资源、经验分享等。但如果家长不认同班主任的教育理念和沟通方式，或者与班主任的目标不一致，例如，家长是以孩子的身心健康为重，而班主任可能会对学生的学习有比较高的要求；也有班主任更关注学生的身心、学习健康发展，而家长却过度要求学习上的进步和提升。当目标不一致，出现差异时，班主任和家长在沟通时的障碍就明显提升，二者之间的沟通不畅可能会影响学生的学业、身心发展，班主任也可能会面临被监督、举报的风险。因此，班主任要想顺利地就同一个目标与家长达成一致，需要掌握一定的方法和技巧。

二、沟通中的自我状态

在沟通中，当面对的对象不同时，沟通者展现出来的内在自我状态也是不一样的。当班主任与领导、家长和学生进行沟通时也会呈现由于内在自我状态不同而带来的沟通方式和效果的差异。人格沟通分析理论认为人的人格由三种自我状态构成，分别是父母自我状态、成人自我状态、儿童自我状态。

父母自我状态是指我们的自我状态再现了父母的自我状态，有着从父母那沿袭下来的信念、思想观点、情绪情感、行为模式等。在父母自我状态中又分为控制型父母自我状态和营养型父母自我状态。处于控制型父母自我状态时，与人沟通时会出现教育、沟通、批评、教训、控制的一面；而处于营养型父母自我状态时，与人沟通时则会表现出温暖、安慰、关怀、鼓励的一面。

成人自我状态是指我们的思想观点、情绪情感、行为模式都指向此时此地，会表现出理性的、尊重事实的、非感性的行为。

儿童自我状态是指我们的思想观点、情绪情感、行为模式表现得像孩子一样。儿童自我状态可以又分为适应型儿童自我状态和自由型自我状态。处于适应型儿童自我状态的人会表现出听话、服从、讨好、友爱，也会表现出自责、担心、焦虑等；处于自由型儿童自我状态的人在交往中会表现出活泼、冲动、天真、自我行动、贪玩、爱憎分明等，就像以自我为中心的婴儿一样，追求快乐并充分表达自我的感情。

班主任和家长在沟通中可能会展现出不同的自我状态，而当两者呈现出互补型沟通时，沟通就会顺利地进行下去。两种常见的互补型沟通模式，如图 10-1 所示，每个模式的左侧为班主任的自我状态，右侧为家长的自我状态。

从图 10-1 可见，当班主任和家长同为成人自我状态时，或者班主任和家长

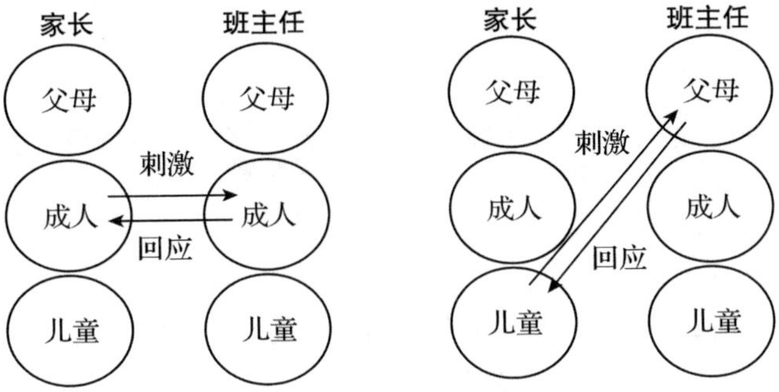

图 10-1　沟通模式图

扮演父母、儿童角色的时候，两者的沟通比较顺利。然而，在实际的沟通中，自我状态会随着不同的对话发生变化，如何努力达成良好的沟通姿态呢？班主任可以通过一定的练习来反思自己的自我状态，增加自我觉知，增加对家长自我状态的觉知，同时调整自己的状态，争取将两个人的自我状态都调整为成人自我状态。

三、非暴力沟通要素

"非暴力沟通"认为，当我们专注于澄清彼此的观察、感受、需要和请求，而不是分析和评判，我们将发现自己内在的慈悲；深入的倾听——倾听我们自己以及他人，有助于促进相互尊重、关注和理解，进而引发双方互助的愿望。非暴力沟通主要包括以下四个步骤。

第一，学会观察。

观察是对客观事物的描述，评论是夹带主观评论的描述。请判断下面两句话中哪个是观察，哪个是评论？

(1) 明明妈妈，我发现明明最近上网课总是容易走神。

(2) 明明妈妈，明明最近上网课状态特别不好。

第一句话是观察，第二句话是评论。观察和评论的区别就在于，观察是不加入主观加工的、对客观事实的描述。

第二，表达感受。

表达感受时要注意区分感受和想法，在表达感受时，表达的是自己的情绪和态度；在表达想法时，表达的是自己的想法和观点。清晰地表达自己的感受，是自我表达的一种最有效的方式，它可以引起他人的共鸣，体现人与人之间的相通之处。请判断下面两句话中哪句话是在表达感受呢？

(1)玲灵妈妈，玲灵昨天的行为让我觉得她对我特别不尊重。

(2)玲灵妈妈，我觉得玲灵打心眼儿里看不起我这个老师。

第一句在表达感受，第二句在表达想法，想法是加入对自己的主观评价的描述。

第三，表达需要。

很多时候，某种感受意味着我们有一些需要没有被看到或被满足。这个时候，要把需要直接表达出来，而不是用指责或者消极的方式面对问题或他人。

在马斯洛的需要层次理论中，很多深层次的需要，如果自己不表达，别人可能很难察觉。例如，归属的需要、尊重的需要、自我实现的需要等。请判断下面哪句话是在表达需要呢？

(1) 志明妈妈，我希望您能将孩子的真实情况告诉我，我想跟您一起帮助孩子。

(2) 志明妈妈，你凡事都不告知我，我没办法开展工作。

第一句在表达需要。当我们诚恳地表达需要时，对方更容易与我们共情，从而敞开心扉。

第四，提出请求。

提出请求的时候要清楚地告诉对方，我们请求他们做什么，而非不要做什么。这里要重点区分请求和要求的区分。请求是表达由于自己的某种需要希望对方做到的事情；而要求则是命令式的，需要对方必须做到的事情，要求会忽略对方的需要，给人带来不适感。

请你思考一下，下面哪个句子是一个清晰、具体、可行的请求？

（1）馨心爸爸，我希望你能配合学校，在家里用同样的方式对待馨心。

（2）馨心爸爸，你一定不能对孩子大喊大叫，甚至大打出手。

第一句是提出请求，第二是要求，这里蕴含的是班主任角色的定位，当我们定位成合作者，接下来的工作就更好开展，当提出要求时，家长的防御心就会阻碍接下来积极行为的发生。

有效策略

一、主动沟通，预防为先

班主任要掌握基本的问题识别能力，具体的识别方法参加本书前七章的内容。有一些现象是需要被重视的，例如，家庭突发变故(父母离异、家庭面临重要的经济问题、父母一方或双方有暴力行为)，学生有生理疾病或是严重过敏体质，突然频繁请假，上课总是睡觉，突然减少与他人的交往，情绪波动大，容易与人发生争执，等等。一些现象是显性的，一些现象是隐性的。班主任要有问题意识，有识别问题的敏感性，关注这些潜在的风险。班主任可以定期和家长沟通，与家长了解学生最近的动态、变化，了解学生在家的表现，也表达对学生最近状态的关注，与家长进行协调并提出改进建议。

因为学生大部分的在校时间都在班主任的关注范围内，如果学生在其他学科的课上出现异常情况，科任教师也会和班主任及时反馈，所以班主任掌握了学生的最新、最全动向。同时，在学校这个社会环境中，如果学生在适应性和社交处境中遇到困难，问题也会最先暴露在班主任面前。这就需要班主任有基本的知识储备，有基本的问题识别能力，能够最快、最精准地察觉问题，通过主动与家长沟通，尽可能地将问题消灭在萌芽阶段。

二、共情理解，统一目标

班主任在与家长沟通学生可能存在的心理问题时，先要摆明立场，也就是要明晰自己的目标。班主任要清晰自己的角色，我们是一个合作者，不是一个说教者，更不是一个讨伐者。

当班主任以合作者的身份，与家长统一努力目标后，自然会共情家长。会用同理心设身处地地思考家长的态度、行为、语言和情绪表达。班主任首先要认同一个观点：大部分的父母都在尽其所能地爱自己的孩子。如果确实是家庭因素导致学生现在出现了一些问题，那么，这背后可能是有原因的。

八年级的女孩小雨，在学校表现很平常，看不出有任何异样，可是一天突然她的爸爸发给班主任一份诊断证明，小雨被诊断为重度抑郁。众所周知，有很大一部分患有重度抑郁的人都曾有过自杀意向。但是，小雨在患病后除了看起来变得沉默了一些，没有其他任何异样。直到有一天，班主任因为小雨反复违反班级规定而严肃批评了她，小雨突然情绪失控，这险些酿成危机事件。

事情过后，班主任详细了解了小雨的成长背景和经历，发现小雨爸爸的几次大声呵斥、威胁、语言暴力让她产生了极深的阴影，所以她对任何大声呵斥都非常敏感。

班主任接下来的工作思路是不是就要和小雨爸爸沟通，指责小雨爸爸暴力地对待她的女儿，并要求小雨爸爸以后注意自己的言行呢？在前文提到的班主任和家长在沟通中的自我状态上，班主任不要以“父母自我状态”去指责家长，而是要以“成人自我状态”去与家长核对事情的起因。班主任经过了解发现，小雨爸爸确实有几次对女儿大吼的经历，但小雨没有提到的是，小雨爸爸之所以会情绪失控，是因为小雨妈妈本身患有疾病，小雨爸爸承担了家里大部分经济压力。小雨爸爸每天打三份工，从白天到凌晨甚至到清晨。试想一个长期没有充足睡眠，且有着很大精神压力的爸爸，确实可能会出现情绪不稳定的情况。

班主任要做的不是指责、命令，而是理解并提供教育建议。

班主任在与家长沟通之后，双方首先将统一目标定为保证孩子的身心健康，然后明确如果需要去医院治疗或是吃药就不能讳疾忌医，要及时看病，谨遵医嘱是最好的治疗办法。同时，建议家长要考虑到孩子的承受能力，关注孩子的情绪变化，多陪伴孩子。于是，小雨爸爸辞去了部分工作，有更多的时间陪伴孩子，每天接孩子上学放学，小雨脸上渐渐出现了笑容。对于有些家长不愿意去医院做诊断、治疗的情况，班主任要根据学生的情况，向家长强调诊断和治疗的必要性，没有一个家长不重视孩子的生命健康，所以，只要家长认识到问题的重要性，家长是会带着孩子接受恰当的帮助的。

三、平等尊重，形成联盟

当家长和班主任都明确了问题所在时，接下来就需要二者相互配合，共同促进学生的积极变化。家校配合就更加重要了。

班主任代表学校提出学生在校的要求，包括到校时间、请假天数限制和请病假的证明。同时，也要和科任教师说明情况，既不能过分要求学生的学业，也不能放弃对学生的关注。

班主任和家长要建立定期反馈机制，班主任和家长定期就学生在校、在家的情况进行沟通，包括学生吃药的情况和特别需要注意的点等，以便调整各自的教育方式。这就需要班主任和家长建立起互相信任的关系。第一，要平等尊重彼此，用非暴力沟通的方式，通过不加评判和主观加工的描述反馈事实，不指责，不要求；第二，要做好保密工作，对学生的情况要有保留地对外说明，既要让科任教师和同学知道该学生的情况，也一定要有所保留，特别是关键信息，不然容易给学生造成心理压力，并降低学生和家长对班主任的信任感。

案例实践

之前的案例中，张老师按照常规情况，与家长沟通了学生的时间安排并采取措施，在学生上课睡觉问题依然得不到解决时，张老师没有把关注点停留在这里，而是往四围扩散。他先向其他教师了解小崔的情况，各科教师都反映小崔不仅作业完成不好，而且接受能力也和七年级、八年级有所不同，反应能力明显变得缓慢，这表明小崔的问题绝非上课睡觉这么简单。张老师意识到问题的复杂性，他暗中细致观察小崔的日常，特别是她的情绪状态，班主任发现，之前小崔虽然不爱说话，但是喜欢倾听，那时她的脸上总有笑容；现在几次和教师对视时，她的眼神显得很疲惫，不仅回答问题的声音有气无力，而且只是被动地回答，回答时也仅仅是一两个字应付，小崔对之前的爱好也失去了兴趣。张老师意识到这是学生心理上出现了问题，他先是了解了相关心理学知识，同时又听取了学校心理教师的建议，在充分准备后，与家长进行了沟通。

班主任对基本的问题进行识别之后，担心家长不易接受教师建议，在与家长沟通前，他先和小崔进行了沟通，建议她把自己的苦恼告诉家长，先由她向家长提出去医院看病的请求。

在小崔提出请求后，教师再和家长进行沟通。第一次沟通可以分几步进行，如表 10-1 所示。

表 10-1　第一次沟通的步骤

谈话内容	预期效果
第一步：班主任将学生的细微变化向家长反映	家长感受到班主任对孩子的悉心关注和良苦用心，重视孩子的问题
第二步：安慰家长并分析出现问题的原因	期待得到班主任的帮助
第三步：提出合理化建议	接受班主任的建议，愿意与学校教育形成合力

班主任在谈话内容上要注意以下几点。

班主任在分析原因时，可以从青春期这一特殊阶段来分析。先告知家长青春期是学生成长中最容易出现问题的阶段，以此减少家长的恐惧感并消除病耻感。家长情绪放松后，和班主任交流的内容就更多了；在建议家长带孩子看病之前，班主任先和家长讲清看病目的：为了早点儿找到原因，让孩子早日摆脱痛苦的状态；即使孩子出现问题，家长也不要过度紧张，和班主任如实反映病情，班主任都会和家长一起解决。

在学生确诊后，家长向班主任及时介绍了病情，班主任承诺会替学生保密，并叮嘱家长要坚持积极治疗，及时转达医生的建议给班主任。在班主任的关注下，学生得到更好的帮助，家长也十分感激。

学生的成绩下滑，科任教师不了解学生的实际情况，对此焦急，纷纷和张老师抱怨，张老师就在保护学生的前提下，把学生的实际情况有侧重点地和科任教师做了介绍，既保护了学生的隐私，又获得科任教师对学生状况的理解。当科任教师帮助、鼓励学生后，张老师及时把这一情况告诉给家长，家长感受到了教师们的良苦用心，表示更愿意配合学校。

相关提示

（1）如何与不配合的家长进行沟通？

班主任一定会遇到一些不配合的家长，打电话不接，发信息要么不回，要么就是“是、是、是”“好、好、好”。学生的情况需要家长配合了解、共同采取措施。家长如果不配合，另一种可能是家长确实缺少对学生的责任心和关注，一种可能是现实困境已经让家长觉得无计可施，只能选择以回避的方式面对班主任。如果是第一种可能，班主任就要找到家里关注、关心学生的那个家长配合，如果是第二种可能，班主任最好进行面对面谈话，诚恳地表达对学生的担心，家长可能会自然流露出无奈、无助。在这个过程中班主任要理解家长的难处、体谅家长的付出，能够真正地换位思考，体察家长的不容易，这样就能最大程度上得到家长的配合和认可。

(2)肯定家长的效能在家校沟通中的神奇作用。

肯定家长有着神奇的安抚作用。在与可能存在心理问题的家长沟通时，班主任要知道这样的家长可能很清楚孩子目前的情况，甚至很清楚孩子目前的问题与自己有很大的关系，因此内心有深深的自责与无助。这个时候，如果家长面对的是班主任的指责、教育，就会戴上防御的面具，要么附和，要么拒不承认。然而，如果班主任能够肯定、赞赏家长在孩子成长过程中已经在尽其所能地付出、努力，但种种限制和不得已导致了今天的问题，如果班主任能够通过肯定达成共情，家长可能会变得柔软起来，会敞开心扉，会配合班主任一起讨论解决问题的举措。

第二节 厘清边界提供支持

情境再现

情境一：

刘老师的日记：最近总被一件事情困扰着，上学期期末，小晓被查出抑郁症，这让我很惊讶，小晓是个很文静的小姑娘，虽然平时不善言谈，但是和老师很友好，自己也很有上进心。这个孩子有事情能够和我说，她得了抑郁症，我和家长一样难过，一个暑假我都很惦记，不时打电话过去，想问问家长那边的情况，可是家长对我的态度与我想象的不一样，家长反馈给我的态度是好像我的电话给家长增加了压力。这让我很不解。听说抑郁症的病人容易有过激行为，我特别怕出事，假期里都心里不踏实，于是才会关心去问情况，家长为什么会对我这样？想到那么可爱的孩子出现了这种情况，我真是不知怎么帮助才好。

情境二：

学生小A，每天总在吃东西，即使是上课时，也要趁教师不注意往嘴里填零食，柜子里也塞满零食，肥胖的体形常会招来同学的嘲笑，他低头不语，自卑心理非常严重，越是这样越是不停地吃。后来发展到每天能来学校，但是不愿意进教室。班主任和家长沟通，妈妈一上来就对着班主任王老师大肆吐槽家里情况，怪罪奶奶给孩子钱，孩子才去买零食；吐槽姑姑每天带着很小的孩子过来，家里没有学习环境；吐槽爸爸每天都不在家，什么都不管……学生妈妈请求王老师帮忙，要求爸爸管孩子，要求奶奶别给孩子零花钱，要求姑姑最好少带孩子来影响他学习，最好少来……孩子的问题越来越严重，焦虑症状越来越明显。妈妈也意识到孩子心理问题的严重性，似乎把救命的稻草都寄托在王老师的身上。每天都要和王老师联系，即使是在休息时间甚至晚上十点多，还要打电话给班主任，然后一阵哭诉。班主任虽然很心疼孩子，很理解家长，但是又觉得很多事情鞭长莫及。

一线有问

以上两个情境在不少班主任的工作中都出现过，虽然是两个情境，但实际反映的是一个方面的问题，就是家长与学校之间的边界。在一些家长看来，你是班主任，凡是学生的问题，你都应该管；在班主任方面，我有承担教育学生的责任，为了学生，只要是和他有关的问题我都应该尽自己最大努力去解决。这就会出现学校与家长之间界限的模糊不清的情况。问题到底该谁来解决，问题到底该怎样解决，于是在班主任心中就有了这样的困惑。

(1)班里出现了抑郁症的学生，班主任应该怎样和家长沟通才能使家长感觉到班主任的帮助是家长最需要的呢？沟通时除了注意内容，在时间、地点、形式上还要注意什么呢？

(2)如何划定班主任和家长各自的职责边界呢？

(3)很多时候，班主任明知一些问题不应该属于自己的职责范围内，可是当家长求助的时候，班主任应该如何明确告知家长呢？

(4)如果班主任和家长厘清家校职责，却被家长误解为班主任逃避责任，该怎么解决呢？

专业视角

一、边界感对心理健康的影响

古人云："远而不疏，近而不狎。"远而不疏意味着人与人之间有距离但感觉不疏远，近而不狎的意思就是人与人亲近而不亵渎，互相尊重。边界感是和谐人际互动的重要因素，对个体的心理健康水平、人格完善水平均有积极的影响。边界感是指个体能察觉出人际界限的感知能力，标志着对社交边界的重视程度。社交边界不仅指空间意义上的身体边界，它更强调人与人之间适宜的心理距离，更多指个体内在的"心理界限"。这种心理意义上的边界会根据人际关系密切程度、彼此之间的情感态度而伸缩，也会决定空间意义上的社交距离。换言之，社交边界是个体思想观念和性格形象的体现，是为人处世的行为准则，同时也是个体与他人交往时的自我保护机制。因此，越过社交边界、入侵个人空间的行为会使人产生焦虑和不适。①

研究者将人与人之间的关系分为四种距离，由疏到亲分别是公共距离、社交距离、个人距离和亲密距离。这里的距离是指的空间距离，但在心理层面上，班主任和家长属于社交距离。社交距离是指沟通内容、沟通时间、隐私范围都依据社会角色而定。例如，班主任和家长的沟通内容包括关于学生学业、

① 王昕迪、胡鹏辉：《边界感：现代社会青年社交需求及其建构》，载《中国青年研究》，2022(10)。

社交、行为等方面，但不包括学生家庭成员之间关系的协调。在情境二中，家长试图借助班主任的力量处理家庭矛盾，这就不在班主任的工作范围内，班主任可以委婉拒绝。在班主任和家长的沟通中，边界感是影响家校沟通效果、班主任职业幸福感等的重要因素。班主任要有界限地进行家校沟通，这是良好沟通效果的重要条件。

二、行为契约

行为契约是行动主义心理用来进行行为矫正的一种常用方式，目前也广泛应用于课堂教学行为、问题行动、家庭教育中等多个领域。这个行为契约由达成协议的双方来签写，其中一方或双方统一在行为中采取一定程度的靶行为，同时要规定该行为出现(或没有出现)时将执行的关联结果。这个方法可以由班主任提供给家长，供家长在家庭中使用，同时，班主任也可以在家校沟通过程中，利用行为契约的模式，引导家长聚焦学生的关键问题，建立可操作量化的改变机制。

一般来说，一个行为契约[①]有五个基本成分。

第一，确定靶行为。

靶行为可以包括非期待行为的减少，或期待行为的增加，或两者都有。在家庭中，靶行为可以确定为减少看手机的次数；在学校课堂上，靶行为可以确定为减少课堂上与同桌说话的次数等。

第二，规定出如何测量靶行为。

在制定契约时，双方要就测量靶行为的方法达成协议。方法包括计时、课堂观察次数、自我报告等。

第三，确定必须执行该行为的时间。

为了能够及时测量靶行为，每项契约都必须规定该行为出现的时间范围。

---

① 周小宋、李美华：《美国课堂管理中的新方法：行为契约》，载《比较教育研究》，2004(5)。

第四，确定强化和惩罚的关联。

契约制定者要把正向或负向的强化，或正性或负性的惩罚与契约中规定的靶行为结合起来。

第五，确定由谁来实施关联结果。

确定靶行为出现或不出现之后，由谁来实施行为契约中规定的强化或惩罚。

三、家庭会议

家庭会议对于解决家庭问题和孩子成长问题有着积极的促进作用。家庭会议的召开要以民主为前提，强调所有家庭成员的共同参与和沟通，家庭会议召开要有定期性，而且要长期坚持，家庭会议的召开要强调互动性，所有家庭成员要互相沟通和交流。家庭会议是所有家庭成员之间提出各自的观点和看法，发表各自意见的过程。

一般来说，家庭会议由这几个环节组成，家庭会议有致谢、回顾、产生本次会议议题、头脑风暴、达成一致意见、家庭娱乐六个部分。具体的环节可以根据家庭的具体情况进行更改和调整。因为家庭会议的目的是增进家庭成员间的和谐关系，因此从致谢开始。致谢对于大多数家长和孩子来说有点陌生，因为我们的文化使我们在家庭中表达谢意较少且较为内敛，所以要从破冰开始，每周的致谢环节让家庭成员间任何的误会、矛盾都有了解决的可能。接着讨论本次家庭会议的议题，可以是延续性议题，也可以是新的议题，这由成员商讨决定。然后家庭成员头脑风暴、各抒己见，注意要尊重所有成员的意见，不要轻易地否定、批评、排斥，综合讨论后达成一致，这个过程中要遵循民主原则，孩子和家长有着平等、民主的地位。最后是家庭娱乐环节，也是很关键的一个环节，这个环节最能够活跃气氛、增进情感。整个过程中，最重要的就是在表达和讨论的过程中要注意立场、语气，家长要给孩子充分表达的机会。

这个方法班主任可以提供给家长，用于学生行为问题的解决，如果可能，班主任也可以参与到这样的家庭会议中，班主任可以从家长和孩子的互动模式中发现孩子在家庭的地位，甚至可以发现孩子产生目前困惑的原因。会后班主任可以将观察到的和相应的建议反馈给家长，这是一次很好的指导和支持。

四、冰山模型

冰山模型(图 10-2)是家庭治疗师萨提亚提出的用于家庭治疗、人际沟通的模型。这个模型用冰山的隐喻来探索人的外在行为所对应内部心理世界。水平线上外显的行动和故事内容是人可以看到、感受到、观察到的事实。很多时候，我们在沟通和解决问题时都在就事论事，但发现有时不见成效，原因就在于我们只是在行为层面上进行探讨，而忽略了冰下个体汹涌澎湃的内心世界。

在水平面以下，离行为最近的就是应对方式，应对方式有五种，包括指责型、讨好型、打岔型、超理智型和一致性型。前四种应对方式如果用在恰当的场合，是会帮助个体良好地适应环境和情境，如果一味地使用，就会造成现实的困局。接下来就是感受，感受层面就是行为伴随而来的情绪，包括兴奋、着迷、愤怒、伤心、恐惧、悲伤等。接下来是观点，在情绪 ABC 理论观点中，情绪是由我们看待事件的观点产生的，因此，隐藏的观点对情绪的产生、行为的发生有着重要的推动作用。期待就是对事件发生过程、结果的设想，很多时候，因为不符合期待才会产生观点上的偏差。渴望就是更深层次的自我意识了，期待是抱持着对他人、对事件、对自己怎样的一种渴望，一定程度上，人类有着一些共通的渴望，包括爱与被爱、接纳与认同、有意义和有价值、自由等。冰山的最底层是自我，也是个体生命力的部分。这一部分不会因为外在事件的变化而变化，而是一直存在个体内心世界的积极品质、稳定的人格特质。挖掘自我部分可以帮助个体获得稳定、能量，找到自我的价值和意义。

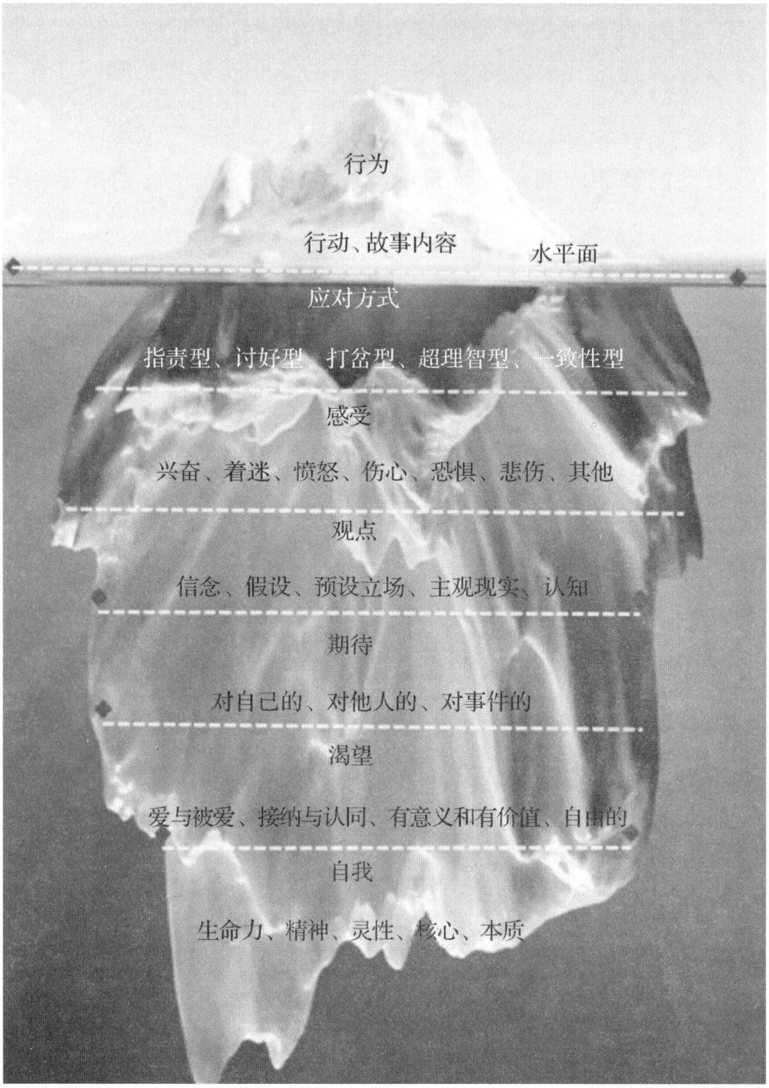
行为
行动、故事内容
水平面
应对方式
指责型、讨好型、打岔型、超理智型、一致性型
感受
兴奋、着迷、愤怒、伤心、恐惧、悲伤、其他
观点
信念、假设、预设立场、主观现实、认知
期待
对自己的、对他人的、对事件的
渴望
爱与被爱、接纳与认同、有意义和有价值、自由的
自我
生命力、精神、灵性、核心、本质

图 10-2　冰山模型

有效策略

一、明晰边界、清晰责任

班主任在与家长沟通的过程中，要明晰工作内容，要了解学生的亲子关系情况、家庭基本情况、家长受教育背景、职业等基本信息，要了解学生基本的成长经历、成长过程中是否有重大的变故、疾病史、家长关系情况等。对这些基本情况的了解均有助于后续家校合作的开展。班主任有着联系、配合、指导家长对学生学业、身心健康、道德发展、行为习惯等方面进行培养的工作职责。但在沟通、协助、指导家长的过程中，班主任要注意几个界限问题。

第一，时空界限。家校沟通的地点最好是在学校，也可以是班主任去家访时学生的家里。这两个场所都是角色站位的基本保证，不适宜沟通的地点是在班主任家里、餐厅、咖啡厅等私人社交场所，这些场所本身会打破班主任和家长之间的社交距离，导致角色混淆、责任模糊。家校沟通的时间最好是在工作时间，但班主任在上班时间工作任务繁重，所以很多的沟通都放在下班后的时间。这里也请注意下班后的时间也是要有限制的，例如，晚上八点后就不适合再进行家校沟通，有的家长在晚上十点，甚至凌晨给班主任打电话，除非有危急事件，班主任要告知家长在合理的时间范围内进行沟通。

第二，内容界限。家校沟通的范围一定要聚焦在学生本身，与学生间接相关的就要视情况而定。在情境二中，家庭其他成员间的关系处理就不在班主任的解决范围内。另外，如果涉及专业性较强的问题，如心理问题诊断、治疗等，班主任很难给家长提供直接的建议和帮助，这时可以介绍转介资源。

明确界限后，就明晰了班主任和家长两方的责任，才能更好地实现分工与合作。

二、提供建议，有效指导

2021年，国家颁布了《中华人民共和国家庭教育促进法》，明确了家长的家庭教育主要责任，同时也强调了学校要指导家长履行家庭教育的职责。因此，班主任要为家长提供有针对性的家庭教育策略与方法。当然，班主任提供的方法更多指向的是发展性问题，如果问题已经发展成心理疾病，班主任就要及时进行转介，并介绍恰当的诊断、治疗资源。

对于一般发展性问题，班主任可以使用前文专业视角提供的几种方法：行为契约适用于行为习惯的形成、不良行为的矫正；家庭会议适用于不同情况的家庭，但在开展家庭会议之前，班主任还是要向家长强调平等、民主的原则，以免把家庭会议开成了批评大会，这样就适得其反了；冰山模型适用于解决亲子冲突问题和亲子关系紧张的家庭，班主任需要先和家长说明冰山模型的使用方法，强调基本原则，以确保方法实施的效果。除此之外，还有很多其他的方法，如家庭格盘、家庭心理沙盘、家庭绘画、家庭运动、家庭户外会议等，只要有利于亲子互动、有利于问题解决的方法都是可以推荐家长去使用的。

如果学生的心理问题需要去医院或者专业机构进行诊断，班主任要转介给学校心理教师，请他来推荐资源，以确保学生能在最短的时间内得到帮助。

在线上学习中，指导家长如何进行良好的亲子沟通也非常重要。居家学习容易造成亲子间矛盾的加大，甚至导致亲子冲突，引导家长用恰当的方式解决亲子冲突很有现实意义。当亲子间由于种种矛盾产生冲突后，家长先做的是按下情绪暂停键，因为在情绪高峰时，人的语言、行为都会格外伤人，可能给孩子带来很大的身心伤害，所以先用回避的方式暂停激烈的情绪，等情绪平复后，可尝试还原事件双方的初衷、需求、存在的矛盾点，然后采用家庭会议或者会谈的方式与孩子进行平等的交流，平缓地解决问题。

三、定期反馈，共促发展

如果学生已经有了明确的诊断，例如，一边服药、治疗，一边上学，那么班主任就要格外关注学生，且要将学生的部分情况向其他科任教师进行说明，以确保最大程度上保护学生的安全和身心健康。班主任还要和家长建立定期反馈机制，班主任需要了解学生病情的发展、相关的治疗进展，家长也需要了解孩子在学校方方面面的表现。班主任还要处理好和学生、家长之间的互动关系，如果学生和家长还处于紧张的关系状态，那么，在相互的沟通中也要把握分寸，一切要以促进学生良性发展为前提。

同时，班主任要积极营造接纳、和谐的班级氛围，引导同学积极、恰当地看待学生的心理困惑，在保护隐私的前提下，引导同伴间的友好互助，友爱的班级氛围有利于学生的恢复与未来发展。

如果一个学生有休学的意愿，班主任则需要和学校相关管理者明确休学前后的政策，与家长说明休学的利弊，由家长自由选择。班主任要做好休学前和复学后的评估和记录，确保学生能够顺利地离开和进入一个环境。

案例实践

本节情境再现中，描述了两种现象，一个是通过刘老师的日记讲述了刘老师的痛苦；另一个是记叙了王老师被家长带入家庭纠纷。两种情况实际上需要解决的是同一个问题，就是在学生出现心理问题时，班主任应如何明确自己的职责界限，也就是说班主任要如何厘清边界。

从日记中看，刘老师作为一名班主任，认真负责，工作非常优秀，可是由于投入程度太深，所以忘记思考自己工作中应该有的职责，因一个学生的抑郁，就把自己陷入极度紧张中，即使假期也处在了工作状态。焦虑的状态影响了她和家长的正确沟通，还被家长误解了自己的苦心。

冰山模型给了刘老师很大的启发，她发现自己在和家长沟通与解决问题时，都在就事论事，太多地关注于感受，期待和渴望占据了自己情绪的全部，忽略了冰下底下个体的内心世界，忽略了对学生的分析。于是，刘老师平静下来，冷静思考自己的工作职责，厘清关系，教师的职责是帮助家长在困境寻找解决办法。

刘老师调整了和家长沟通的内容，不是上来就询问小晓近期情绪状况，而是和家长一起分析小晓出现问题的原因。家长面对孩子的情况只有焦虑，对孩子的教育不知所措，刘老师冷静地用冰山模型与家长分析孩子，分析出现问题的原因，分析小晓本质上的特点。冰山最底层是自我，也是个体生命力的部分。这一部分不会因为外在事件的变化而变化，而是一直存在于个体内心世界的积极品质、稳定的人格特质。挖掘自我部分可以帮助个体获得稳定、能量，找到自我的价值和意义。

家长在班主任这里找到了希望，愿意接受班主任的建议。班主任建议家长在假期中减少对孩子学习上的要求，增加亲子活动，带着孩子到更多的地方放松心情；刘老师平时和孩子们感情很深，她也提出帮助的方法，小晓可以定期给自己打一个电话，让小晓讲述自己和家长一起度假时快乐的事情；在电话中，班主任还询问家长有没有需要她帮助解决的问题，借助和小晓的沟通，把家长的期望渗透给小晓。

小晓开学后，刘老师还是一如既往地关心小晓，不是对很多事情大包大揽，而是定期和家长联系，询问家长需要哪些方面的帮助，鼓励家长要有等待孩子转变的耐心，用专业知识指导家长；和家长约定好，在医院看病后把病情和医生建议及时反馈给学校，除了在约定时间双方互通的情况外，还把小晓在学校里的重要表现及时向家长反映。一系列的家校合作举措，让小晓的情绪得到了很好的改变，刘老师也从日记中的困境中走了出来。

教师就是家长的合作者，采用上述沟通方式，家长会觉得更需要教师的支持。家长从开始的绝望，到看到了希望，并有了和教师一起走出困境的信心。

刘老师厘清了边界，用恰当的方法给家长提供支持、建议和有效指导，最终实现了家校完美合作的目的。

情境二中的王老师，在被家长无原则地“信赖”后，没有被孩子妈妈一味地带进繁杂的家庭关系，她从妈妈的抱怨和无奈中，找到了解决问题的切入口。她首先确定了解决问题的焦点——孩子的爸爸，因为这是可以连接起家庭各成员的关键人物，又是孩子的法定监护人，承担着教育孩子的重任。

王老师特意把小 A 爸爸请到学校，谈话中并没有把小 A 妈妈反映的家庭问题透露出来，而是直接聚焦在学生本身。在介绍了小 A 在学校的表现后，班主任和爸爸一起寻找出现这种问题的原因，了解小 A 的成长经历、成长环境，从专业角度探究小 A 自卑的心理原因，并渗透给爸爸小 A 出现这种现象的原因——成长中的缺失父爱。

在交流过程中，王老师介绍了以往工作中的案例，特别强调小 A 的表现需要家人给予更多的爱。爸爸听到孩子的问题也很自责，表示这是之前疏于对孩子的关爱所致。这样就自然地明晰了家长与教师工作的边界，在小 A 爸爸询问王老师解决问题的办法时，王老师提醒家长，解决问题要从根源抓起，对于小 A，首先要解决的不是过度吃零食的问题，而是应该让孩子感到家庭的温暖，并建议小 A 爸爸，要增加和孩子在一起的时间，每周全家聚在一起并安排一些丰富的活动，可以是郊游，也可以是三人聚餐。和谐的家庭关系、密切的亲子关系才能逐渐缓解小 A 的心理焦虑。

班主任在学校观察、关心小 A，把小 A 的转变及时反馈给家长，家长在感觉到和学校配合后小 A 的变化时，更有了继续做好的力量。在小 A 情绪逐渐缓解时，王老师又针对小 A 零食过量问题，提供了建立行为契约的建议，还特别提醒契约的制定应注意以下几个问题。

首先，尊重孩子，契约要求在家庭会议中制定。（家庭会议要注意的地方上文已经提到。）由于小 A 家庭的具体情况，王老师建议家庭会议前爸爸先和妈妈达成一致意见，会议选择在环境开阔的地方开展，如郊野公园或一起爬山后召开。

其次，确定靶行为，如减少上课吃零食的次数。不要操之过急，一个目标达成后，再确定下一个目标，循序渐进才能符合孩子的成长规律。

学校和家庭对学生的教育边界清晰，教师的指导专业有效，家校双方密切配合，才能促进学生的发展。

相关提示

(1)如何应对界限不清的家长？

上文提到班主任要把握好界限才能达成更好的家校沟通效果，才能更好地保持职业热情。然而，在实际工作中，可能会遇到一些“难缠”的家长，这样的家长就会经常在不恰当的时间点打电话求助，很想和教师倒苦水，很想请求教师的支持和帮助，以此表达自己在育儿过程中的种种无力和委屈。班主任该怎么办呢？班主任要划清界限。这样的家长通常很没有安全感，有着较低的自我价值感，同时，在人际界限上是模糊不清的。这个时候班主任如何划清界限呢？班主任要给家长温和而坚定的支持。一方面，要耐心地倾听家长的苦恼，并理解、共情，另一方面，要明确地告知家长，或者直接用行为表达我们是需要在一定的时间范围和话题范围内来进行讨论的。试图唤醒家长的成人自我状态，再进行平等沟通。

(2)班主任要成为心理专家吗？

根据本节提到的种种家庭教育策略，班主任可能会有疑问：难道我们要掌握那么多心理学、教育学的辅导方法与理论吗？我们要成为心理专家吗？要辩证地看待这个问题。一方面，班主任有指导家长进行家庭教育的职责，所以确实要掌握一些基本的技巧与方法；另一方面，班主任能提供的方法面向的是一般性的、发展性的问题，更加严重的问题的诊断和治疗等就要转介给专业人员来解决。

参考文献

①麻新苗、俞爱宗：《家庭教育视角下的家庭会议研究综述》，载《现代教育科学》，2021(4)。

②王昕迪、胡鹏辉：《边界感：现代社会青年社交需求及其建构》，载《中国青年研究》，2022(10)。

③杨红丽：《家校合作中的教师角色——以西安市X小学为例》，硕士学位论文，陕西师范大学，2019。

④周小宋、李美华：《美国课堂管理中的新方法：行为契约》，载《比较教育研究》，2004(5)。

⑤[美]艾瑞克·伯恩：《人间游戏：人际关系心理学》，张积模、江美娜译，北京，北京联合出版公司，2022。

第十一章

突发事件中的心理健康维护

班主任在与遭遇重大丧失的学生交流过程中，要耐心倾听学生表达哀伤和发泄痛苦，不加评判、客观中立地回应学生悲痛欲绝的倾诉，这是帮助学生面对丧失、走过哀伤的很重要的一项技能。

患难困苦，是磨炼人格之最高学校。

——梁启超

第一节
重大丧失

情境再现

一向乐观开朗、勤奋认真的男生桐桐近日上课状态不好、注意力不集中，课间与同学的互动明显减少，常常一个人发呆，甚至偷偷躲在角落哭泣。中午有同学抱怨桐桐妈妈的唠叨，这引发了桐桐的情绪，因为这事他差点跟同学动手，幸亏被班主任戴老师及时发现并制止。班主任约来桐桐了解情况，没想到班主任刚开口，桐桐便一下子哭了出来。

原来，桐桐的爸爸妈妈工作一直都很忙，桐桐从小是姥姥姥爷一手带大的。在桐桐心中，姥爷是个男神一般的存在。但是，一个月前，姥爷身体不适，住院检查发现已是肝癌晚期。为了不影响桐桐高中学业，爸爸妈妈没有告诉桐桐姥爷的真实病情。一周前，姥爷去世了，从未经历过生死的桐桐很难接受姥爷离世的事实，更无法理解爸爸妈妈对自己隐瞒姥爷的病情，甚至连姥爷的葬礼都不愿意他去参与的做法。遗憾、愧疚、自责、怨恨、忧伤等各种情绪积聚心头，姥爷的音容笑貌在桐桐的脑海中挥之不去，他在睡梦中都会哭醒。每当窗外有救护车经过时，桐桐的心一下子被揪住了一般。

班主任工作中常会遇到一些棘手的、具有很强专业性和挑战性的议题，尤其是当学生面临亲人重大疾病、父母婚姻解体或重要亲人离世等重大丧失而出现一些特别反应时。有经验的班主任可能会及时发现问题并给予干预和指导，经验有限的班主任或许感到束手无策，担心自己对学生的态度和辅导方法不合适，害怕学生因为家庭变故出现自卑、自伤甚至走入歧途等问题。

一线有问

遇到学生因家庭变故出现学习状态不良时，有些班主任第一反应是这属于家庭范畴，会因自身精力及专业能力有限而尽可能不去触碰；也有些班主任认为人都会经历生死，所以学生没必要把父母吵架、离异，或者亲人疾病、离世等看得过重，过一段时间就好了。当然，更多班主任会认为当学生面临重大丧失时，作为学生校园生活中最重要的他人，班主任应该尽己所能地为学生提供适当的关爱和支持，帮助学生走出悲伤的幽谷，走过生命的黑暗时刻。

学生生活中出现父母离异、亲人重大疾病或离世等重大丧失时，班主任常见问题及困惑包括以下几个方面。

(1)当遭遇重大丧失时，学生通常会有哪些应激反应？班主任如何识别？

(2)在与有重大丧失经历的学生工作时，班主任能做些什么？有哪些注意事项？

(3)如何与有重大丧失经历的学生父母有效沟通，家校如何携手共同助力学生身心健康发展？

专业视角

一、理解重大丧失

丧失是人类的一种普遍现象，从亲人离世、因婚姻或友谊破裂所致的人际关系中断、背井离乡，到学业失败、搬家、转学，甚至珍贵纪念品的丢失等，在我们的生命成长历程中，可能会遇到各种各样的丧失，任何丧失都是某种形式的死亡。所有的这些丧失都可能导致某种程度的心理失衡，甚至某种程度的哀伤。

这里所说的“重大丧失”事件，可能是亲人重大疾病或突然离世等事实上的重大丧失，也可能是当事人自己觉得心理影响特别大的丧失，如学业成绩滑坡、舞台上表演失误等，在成人眼中可能算不得什么的事情，但对于正值青春期的孩子们来说，这些可能是很伤自尊、很没面子，甚至很丢人、对其心理影响重大的事。

二、丧失后常见的应激反应

应激反应是对当前的或即将到来的超出机体应对能力刺激的一种先天的、经进化历程固化下来的多通道模式化反应。有机体面对任何严重的威胁刺激，都会表现出一种非特异性(unspecific)反应，几乎涉及整个有机体的认知加工系统和生理系统的重新调整，以应对当前的威胁。① 中小学生常见的应激反应包括以下几个方面(表 11-1)。

① 辛增友：《急性应激对认知加工的影响和性别差异》，博士学位论文，辽宁师范大学，2021。

表 11-1　中小学生常见的应激反应①

情绪反应	恐慌害怕、焦虑不安、担忧、无助、自责、愧疚、愤怒、易激惹、孤独、难过、麻木、抑郁、漠然等
认知反应	注意力不集中、记忆力下降、无法专心学习和思考、对学习失去兴趣、不自信等
行为反应	警觉性增高、易哭、好发脾气、攻击行为、吮手指、人际冲突、反复洗手、过分依赖、回避行为等
生理反应	入睡困难、易惊醒、头疼、噩梦、暴饮暴食、哮喘发作等

心理应激不是病，而是一种情感危机的状态，它是短暂且临时的，是当事人无法用通常的方法处理困境的一种混乱与崩溃的状态，是正常人群对于非正常事件的正常反应，大多数人的这些反应在几天或几周内都会自行缓解。

案例中的桐桐自小被姥爷带大，姥爷在桐桐心目中有着重要的地位和影响，家人怕耽误桐桐学业而未告知姥爷的实际病情，姥爷病重期间，桐桐未能有机会床前尽孝、未能多陪伴姥爷，太多的难过、悲伤以及对家人的不解和愤怒等情绪纠结于心，桐桐一时间不知如何应对，就出现了这一系列反常现象，这些现象是冲击来得太过猛烈，桐桐一时无法有效应对而出现了严重的心理及行为的失衡状态。

痛失亲人是人生的重大丧失，可能引起情绪、思维、行为多方面的改变，也可能会引起人际关系和社会功能方面的改变，有时还迁延成慢性状态，给个体及其家庭带来不可估量的损失。

早期适当干预能帮助丧亲者顺利度过悲哀过程。在哀伤的干预中可以采用多种方法。包括情绪调节策略、正念练习、重新建立持续性联结，以及用表达性艺术方法来缅怀所爱的逝者等，丧亲者都可能从中受益。

① 樊富珉：《团体辅导与危机心理干预》，320 页，北京，机械工业出版社，2021。

有效策略

一、共情倾听，陪伴支持

所谓共情，就是“关怀一个人，必须能够了解他及他的世界，就好像我就是他，我必须能够好像用他的眼看他的世界及他自己一样，而不能把他看成物品一样从外面去审核、观察，必须能与他同在他的世界里，并进入他的世界，从内部去体认他的生活方式及他的目标与方向”。

学生遭遇重大丧失时，其安全感、掌控感等都会受到一定程度的影响和破坏，会出现心理、生理及行为等方面的应激反应。丧失初期，班主任需要密切关注学生状态及诉求，为其提供力所能及的陪伴和支持。

班主任在与遭遇重大丧失的学生交流过程中，要耐心倾听学生表达哀伤和发泄痛苦，不加评判、客观中立地回应学生悲痛欲绝的倾诉，这是帮助学生面对丧失、走过哀伤的很重要的一项技能。

当然，在学生还没有准备好，不愿意做任何情绪或情感的表达时，我们能做的依然是全心地、安静地、温暖地陪伴，提供其所需要的帮助和支持，这是最好的共情表达。

二、温和谈话，鼓励表达

如果学生愿意表达，班主任可以坐下来与其进行温和的谈话。班主任在与遭遇重大丧失的学生交谈时，切忌陈词滥调、简单回应或空洞说教，如“人都有一死”“你一定要坚强”“天堂没有痛苦”“未来会有更好的日子”之类的话，这是打折的安慰，是一种置身事外，缺乏共情的态度。

温和的谈话可以是共享故人的故事、说说内心的苦楚和遗憾、聊聊目前的困境及应对、谈谈丧失的意义。只要学生愿意谈，班主任就做一个稳定的存在，安静地倾听、温暖地回应、不做任何评判地尊重与包容。很多时候，给学生一个温暖的倾诉空间，允许他安心地将内心的感受及想法梳理表达出来，就已经是很好的疗愈过程了。

有时，班主任可能并不赞同学生的某些做法或想法，但一定不要急着去纠正或否定，不妨多点耐心，听听学生自己怎么说、怎么看、怎么想，尝试着“穿上他的鞋子”走一走，可能会更好地理解学生。

三、了解诉求，探讨应对

当学生遭遇丧失时，学生可能面临各种各样的现实困难或挑战，如对不确定性的恐慌、对负性情绪的管理、对饮食睡眠出现问题的担忧，以及亲密关系的中断及人际互动中的退缩等。班主任要在理解这些应激反应是正常人群对非正常事件的正常反应的基础上，尝试与学生探讨：身边有哪些可用的资源？此前自己已经做过怎样的努力和尝试？效果如何？还有哪些实际问题或困难困扰着自己？希望得到哪些支持？当下，做些什么可能更好地帮助自己改善状态、有效应对？当学生不担心被评判、被批评或被指责时，在良好的充满信任的时空环境下，通常会更愿意表达和倾诉。

沟通过程中，班主任要特别关注一下学生自身的能力和资源，对学生做得好的部分或是有效的应对方法和策略要给予恰当的肯定和强化，这对于身处重大丧失困境中的学生来说，可能会更好地增强其自身的掌控感和能力感，也能为学生提供一些挖掘资源和提高能力的视角。

四、家校合力，专业支持

面对丧失，青少年可能深深地感到痛苦、害怕、愤怒、内疚、无助、困惑、孤独以及悲痛，但他们并不知道怎样自如地表达自己的情感。受家庭环境及当地文化习俗的影响，有些学生会表现出明显的应激反应，但有时他们的痛苦、悲痛是隐匿的，以致家人或朋友认为他们没有受到丧失的影响。

当发现学生遭遇重大丧失影响时，班主任要及时与家长取得联系，了解情况并表达关切，与家长共同探讨支持干预策略是家校合作中很重要的一项议题。尤其是当学生出现较严重的应激反应甚至出现心理危机状态时，班主任要提示家长做好安全陪护工作，必要时带孩子去看心理医生以帮助孩子顺利渡过危机。

案例实践

前文的桐桐是一例因亲人重病离世而深受丧亲之痛的个案。班主任如何帮助班级中遭遇重大丧失的学生走出困境，走过悲伤的幽谷？

一、暖心陪伴，允许表达真实心声

细心的戴老师发现桐桐的反常状态后，及时关注并与桐桐做了很暖心的交流。辅导室里，戴老师安静地陪伴在桐桐身边。一个多小时的时间，桐桐从最初的泣不成声，到渐渐地缓和下来，他向班主任倾诉内心积聚多日的痛苦与无助、遗憾与哀伤。他讲述了姥爷陪伴自己第一次去学游泳、第一次去练习轮滑、第一次去海边游玩，因顶撞妈妈第一次被姥爷“骂”，第一次数学竞赛获奖被姥爷夸，以及最后一次在床前与姥爷说话的情景等。

戴老师听得认真，桐桐讲得投入，很有一种电影中时空画面穿越的感觉。过程中虽时有卡顿，但戴老师能明显感觉到桐桐心中淤堵的情绪，随着桐桐的讲述，他的情绪已逐渐疏通了方向，像小河流水般自然地流淌出来，他的状态也由最初的紧张、纠结，渐渐地变得自在、稳定。在戴老师的记忆中，这一次交流应该是桐桐进入高中后两年来说话最多、两人交谈最深入的一次。

年轻的戴老师承认自己还未曾经历过重要亲人的离世，可能很难真正理解并感受到桐桐内心的那种痛与不舍，所以在与桐桐的交流过程中，他选择了安静的倾听和陪伴，希望可以给桐桐力所能及的支持。

二、了解限制，鼓励寻求专业支持

交流中，桐桐说出了想念姥爷梦中哭醒的情景，说出了在姥爷重病卧床期间自己未能尽孝的遗憾，说出了对爸爸妈妈未告知姥爷病重事实甚至不想让自己参加姥爷葬礼的不解。如何修复、疗愈错过陪伴照护姥爷而留下的心理创伤？如何与同样痛苦不堪却不愿意正向表达自己哀伤情绪的妈妈交谈？如何更好地面对、接受姥爷离世的事实，以积极心态面对自己的学业及未来发展？因自身阅历及心理干预能力的限制，在征得桐桐同意后，戴老师协助桐桐预约了学校心理教师的个案辅导时间，并鼓励桐桐与爸爸妈妈深入沟通，说出自己的真实感受与诉求，及时化解矛盾冲突，亲子携手合力走过丧亲之痛。

三、专业帮助，陪伴走过黑暗时刻

学校心理辅导室里，心理教师运用“空椅技术”，协助桐桐对相关议题进行了专业处理，这对协助桐桐走出哀伤的情绪起到了不可替代的支持作用。

空椅技术(empty chair technique)是格式塔流派经常使用的一种咨询方法，其本质就是一种角色扮演，通过“空椅子”使来访者内射外显，最终达到心理疗愈的目的。在使用过程中，通常借助不同的椅子(垫子)代表当事人个体内或个体间不同的冲突力量，使之持续对话。最终通过不断的谈话、协调，促进当事人人格统整或与外在环境和谐相处。

有研究者将空椅技术分为三种形式：倾诉宣泄式(针对未完成的事件，倾诉自己的不满和负面情绪）、自我对话式（针对内心两个势均力敌的矛盾成分，通过两个部分的充分对话，达到内心整合）和他人对话式（自我与他人之间的对话，学会站在他人角度看问题）。不论何种展现形式，空椅技术最终处理的都是一种人际互动关系（包括个体内和个体间），着力点集中在内射外显、改变认知和转化行为上。空椅技术运用于心理健康教育，有助于帮助学生解决内心冲突、人际关系等方面的问题。

［资料来源］武婷婷、郭成：《“空椅技术”在学校心理健康教育中的应用》，载《中小学心理健康教育》，2019(15)。

在心理教师的帮助下，桐桐对自己近日的生理、心理及行为方面的反应有了更多理解和接纳，在处理、表达痛苦哀伤情绪方面也更有章法，在对问题的看法方面也有了很大的突破。虽依然不能赞同爸爸妈妈的做法，但通过换位思考，对爸爸妈妈未及时告知姥爷重病以及不愿桐桐参加姥爷葬礼的初衷更多了几分理解。“对姥爷的思念依旧在，但站在姥爷的角度看自己，也许好好学习，健康成长，努力长成姥爷心目中那个可以顶天立地的男子汉，才是姥爷姥姥以及爸爸妈妈最期待的。我会带着姥爷这份爱好好成长的！”咨询室里，桐桐说出这番话后，长长地舒了一口气，有如释重负的感觉。

四、助力家长，亲子携手共渡难关

电话里，戴老师与桐桐的爸爸进行了较深入的沟通，提示家长在关注桐桐学业的同时，还要特别关注一下孩子的情绪情感状态。为了不让爸爸担心，为了不让妈妈难过，桐桐在家里可能很少正面表达内心的真实感受，事实上桐桐的内心世界正经历着前所未有的煎熬与挑战。为了不影响孩子学业，家长在一些事情处理上肯定有自己的考量，戴老师理解家长的顾虑和担忧，但为了孩子健康，也为了家人之间的互相理解、关系和谐，戴老师期待家长能够寻找合适的亲子沟通机会，亲子携手共渡难关。

班级里，戴老师默默地关爱、支持着桐桐，也通过电话、微信等方式与桐桐的爸爸妈妈及时沟通。得知儿子深受姥爷离世之痛而无法专心学业时，桐桐妈妈在电话那端已是抑制不住的哽咽声，没想到家人对于哀伤情绪的压抑掩饰，并不利于孩子真正的身心健康发展。

伤口愈合需要时间。面对巨大的丧亲之痛，班主任耐心细致的关怀、心理教师的专业处理方法、同学的陪伴与支持、家人的精心沟通与陪护，以及桐桐自身勇敢面对丧失、积极寻求改变的行动，都是帮助桐桐顺利走出生命黑暗时刻的重要资源。用桐桐自己的话说，努力做好自己，早日长成姥爷心目中那个真正顶天立地的男子汉，应该是对所有爱自己的人的最好的回馈！我们共同期待伤口早日愈合！

相关提示

(1)伤口愈合需要时间。

每个人都会经历丧失之痛。随着一个很重要亲人的死亡而产生的一段时期的哀伤反应，即居丧。它是一种客观的状态或是思维导致的剥夺状态，紧随或者伴随哀伤。

当面临丧亲之痛时，有的人可能自然流露、坦然面对哀伤，并能主动向教师、同学或朋友寻求帮助；有的人可能各种压抑或掩饰，不敢也不愿意面对亲人离世的痛苦与哀伤；也有人觉得因为丧失而痛苦悲伤是弱者的表现，认为人一定要坚强，用男子汉“流血流汗不流泪”的观念克制自己真实情绪的表达。然而，不论我们是否愿意正视这样的丧失撕裂之痛，伤口都在，即便愈合，也将留下一道或深或浅的疤痕。正如一位亲历丧亲之痛的朋友所言：“这股悲哀会被冲淡，会深藏，但永远不会消失。这股悲哀也提高我们对生的醒觉，让我们珍惜活着的时光和活着的人。”

作为学生生命中的重要他人，当学生遭遇重大丧失时，班主任能够及时发现问题，密切关注学生的情绪情感动态，做好安全陪伴工作，尽己所能地协助学生纾解情绪、表达诉求、学习应对，为学生提供最贴心的关爱和支持。

(2)专业的事交给专业的人去做。

当学生遭遇重大丧失，出现较严重的应激反应时，这超出班主任自身工作能力范围，班主任需要在与学生或家长沟通协商基础上，帮助学生预约学校心理教师，专业的事交给专业的人去做。如果发现学生有自伤自残甚至自杀或伤人想法及冲动时，班主任在做好学生安全陪护前提下，及时与家长沟通，提醒家长及时带孩子去看专业的心理医生，做好危机干预转介工作。

第二节 校园暴力

情境再现

午休时分，班长气喘吁吁地跑来办公室找班主任常老师求助："老师，咱班大志在校门口被一帮男生围堵住了，那帮人里有3班的学生，还有几个隔壁学校的学生，据说是八年级3班的'魔头'特地找来跟大志'说道说道'的。我觉得形势不妙，怕出事，也怕咱班同学急眼了跟着打起来闹出更大麻烦，赶紧跑来求援了！"班长一边说着，一边拉着班主任常老师一路小跑地赶往事发地点。

哪里是来说道说道的，这帮人明明就是来找大志"算账"的，不待大志开口，已是一顿拳打脚踢，大志毫无招架之力。打的、骂的、威胁恐吓的，嘲笑的，七八个人围着大志"说道"……有同学上前劝阻结果招来拳打脚踢和怒骂，有同学看不过去直接上阵。

警察赶到时，学校保安及校领导已经控制住局面，避免了严重流血、伤害事件的发生，"魔头"的班主任费老师也赶过来了。大志的鼻子在流血，满脸委屈、愤怒、不解，眼镜已不知去向。部分被动卷入或旁观事件的同学，也是满心委屈和愤怒，义愤填膺地转来向警察、向学校领导求助，希望能够严惩肇事者，还同学公道、还校园安宁！

经了解，“魔头”召集校外人员来校聚众伤人，主要是因为前天两班篮球赛时，大志赢球后“太嚣张”不知天高地厚，“明目张胆”地“耍酷嘚瑟”，抢了自己的风头，于是“魔头”想教训教训他。

暴力伤害停止了，但后续的安抚及教育引导工作才刚开始。“魔头”召集校外人员聚众械斗故意伤害他人的行为，已严重违反校规校纪。但因其和其他暴力事件参与者一样，未满 14 周岁，警方只能对他们进行批评教育，交由学校和家长严格管教。

一线有问

青春期是青少年成长的关键期，是内外冲突并存的矛盾时期，随着生理发育的加快，青少年表现出情绪多变，容易兴奋和冲动，自控能力差以及叛逆心理强等特点。生理发育和心理矛盾的交织，使青少年在遇到冲突和矛盾的情况下容易采取暴力、极端的方式来解决问题。

社会生活压力增大、亲子沟通不良、网络暴力及校园暴力应对不力等诸多原因，使青少年心理健康问题凸显，也催生了各类校园暴力事件的发生。做好校园暴力的预防及干预工作，维护和促进青少年身心健康发展，是班主任的重要工作。在校园暴力的预防及干预工作中，班主任可能面临以下几个重要问题。

(1)如何及早发现学生暴力的苗头，避免校园暴力事件的发生？

(2)校园暴力事件发生时，如何干预才能最大限度地减少伤害？

(3)校园暴力事件发生后，如何开展学生的心理安抚及矛盾调解工作？

专业视角

这是一起因个人泄愤而引发的多人参与的校园暴力事件，虽未造成学生严重身体伤害，但给学生身心健康、校园安全管理等工作带来了巨大的冲击和挑战。

一、校园暴力的界定

校园暴力是指所有以校园生活为背景发生的破坏学校师生正常学习、工作、生活的寻衅滋事、故意伤害和抢劫等暴力行为。①

“以校园生活为背景”，也就是说校园暴力并不只是发生在校园范围之内，也可能是由校园生活中的摩擦所引起的，发生在校园外、学生上学放学途中或教育活动过程中。暴力行为可能发生在校外人员与学生之间、校内学生之间或校内师生之间。

校园暴力，包括身体暴力和心理暴力两种主要形式。

身体暴力是指同学之间或师生之间发生的殴打、投毒等一系列对被施暴者身体造成损伤的侵害行为。在中学校园中，身体暴力主要表现为打架、斗殴等肢体暴力，以及投毒和威胁、勒索等危害生命或胁迫行为。

心理暴力是指施暴者不断重复地采用语言或其他诡计，致使被施暴者生活品质降低，精神或心理状况发生不良改变的侵害行为。在中学校园中，心理暴力主要表现为语言暴力、网络攻击、人际孤立、冷暴力等行为。心理暴力因其形式的隐蔽性容易被忽视，但其带给被施暴者的心理及生理伤害可能更严重、更深远。

二、校园暴力的成因

校园暴力事件的发生与家庭、学校、社会、个人息息相关，是各种因素交

① 王彦力：《应对校园暴力事件：班主任面临的严峻考验》，载《班主任》，2017(1)。

互作用的结果。青少年正值青春期，有喜欢争强好胜、讲究自尊面子、在意同伴评价、容易冲动行事等特点，人际相处中很容易因为一言不合或是丢了面子而冲动行事，不计后果，进而引发暴力冲突。

当前，教师、家长过分关注成绩而忽略学生的心理健康成长的现象依然存在，有些学生面对繁重的课业负担，学习压力过大，情绪无处安放，日积月累，压力得不到及时排解，一旦爆发，容易采取暴力行为，甚至出现自伤、自杀或伤人行为。

在生活、学习的现实环境中，若充斥着暴力氛围或经常有暴力行为发生而得不到有效干预，成长中的青少年也很容易在潜移默化中习得以暴力解决问题的方式，从而加剧暴力倾向。

三、校园暴力的风险识别

校园暴力的风险管控始于风险识别。学校将学生日常表现的异常迹象与学生过往经历的特殊事件，作为校园暴力早期风险信号识别的重点关注对象，对有效识别及早期干预校园暴力中的两种群体(即潜在施暴者和受害者)将大有裨益。

(一)学生日常表现的异常迹象

常见的潜在施暴者和受害者的十余种异常信号可分为三类，美国教育部在1998年颁布的《早期预警，及时防范：校园安全指南》中详细阐述了学生校园暴力行为的各种异常迹象，如表11-2所示。

表 11-2　学生日常表现的异常迹象

行为习惯变化	出现逃避社交；易怒；加入帮派；使用刀具；殴打、恐吓和欺负行为；学生学业兴趣低；厌恶或疏离他人；在书写和绘画中表达暴力；有自虐或虐待动物等暴力行为
情绪情感变化	孤独；自卑；挫折感；多疑；出现幻觉
思想观念变化	自我中心意识强烈；对语言、外貌等差异存在偏见；对弱势群体存在施暴倾向

因为学生的大部分时间是在校园里度过的，所以上述三类学生日常表现的异常迹象均可能在其在校期间表现出来。

(二)学生过往经历的特殊事件

学生过往经历的特殊事件，主要有两类，一类是家庭暴力及被虐待的经历，另一类是同伴群体施暴或被施暴的经历。不论是亲历还是目睹施暴的经历，均会对学生个体的心理造成难以磨灭的影响，同时也是日后学生可能经历施暴和被施暴事件的根源。

在识别校园暴力风险的众多重要内容中，每个学生的家庭基本信息、家庭教养方式是必不可缺的判别依据。研究显示：不被重视或是遭到虐待的孩子在成年之前更容易发生暴力犯罪行为。家庭是否和谐、教育是否合理是影响子女暴力行为的关键性因素。

同伴群体施暴或被施暴的经历会直接或间接地对学生产生影响。对未成年学生群体来说，目睹同伴实施校园暴力行为可能会使其产生好奇心理、模仿心理，甚至产生谋划校园暴力的念头。因此，班主任可在校内深入了解学生群体中所交往的同伴是否有施暴或被施暴的过往经历，曾有过校园暴力经历的被施暴者或是施暴者均属于学校最需关注的对象。在保护他们隐私权的同时，须对这部分学生进行密切观察和关注。

四、校园暴力的防治

防治校园暴力不能单纯只靠惩罚，对于学生而言，过度的惩罚可能适得其反，更容易激发其叛逆心理。因此，青少年的教育应以教育引导为主要手段，惩罚方式为辅助方法，在防治过程中做到以防为主，以治为辅，防治结合。

做好校园暴力防治工作，需遵循“四位一体，三级预防”的原则。

四位一体，是说校园暴力防治主要包括个体的、家庭背景下的、学校背景下的以及社会背景下的防治。

三级预防，指校园暴力防治工作中需做好三级预防工作(表 11-3)。

表 11-3　校园暴力防治的三级预防策略

初级预防	从学生心理一社会病因层面，加强心理建设与预防工作，防患于未然
二级预防	是指在校园暴力事件发生前，能够及时发现隐患和苗头，通过干预，及早将其消除在萌芽状态，同时将所造成的伤害减少到最低限度的全过程
三级预防	是指在暴力事件发生后立即采取行动，力争将伤害损失降低到最低限度

有效策略

班主任在带班过程中，如何有针对性地施教、采取多种预防措施，来预防校园暴力事件的发生？校园暴力事件发生后，班主任如何及时干预并做好善后处理工作，把各种不良影响，特别是对学生身体和心理的伤害降到最低，对于每位班主任而言都是严峻的考验。恰当处理校园暴力事件需要班主任运用自己的智慧，根据具体情况采取个性化的方法手段，及时、客观、冷静地妥善处理此类情况，当然，也有一些共性的解决之道。

一、识别风险，做好预防工作

识别校园暴力风险因素，一方面要观察学生日常表现的异常迹象。当发现学生在行为习惯、情绪情感及思想观念等方面出现异常迹象时，班主任须及时与学生沟通，协助学生疏导情绪、缓解压力，帮助学生建设性地解决问题或矛盾，力求将可能的校园暴力消灭在萌芽之中。班主任除自身多一些敏感、关注外，还可以征得班干部、心理委员及家长群体的支持，多一些看见学生异常迹象的可能，少一些校园暴力事件发生的可能。当发现学生有异常迹象时，班主任可以直接约谈学生，安全温暖的谈话环境以及不加评判的沟通方式，都可能帮助我们了解学生生活、学习或人际中可能遇到的困难，以及他们期待得到怎样的帮助或支持。

识别校园暴力风险因素，另一方面要做好有家庭暴力经历、被虐待经历、同伴群体施暴或被施暴经历的学生的心理关怀及重点监测工作。班主任的工作是需要讲究智慧的，功夫用在平时，要对学生家庭环境及成长经历多一些了解，在日常的教育教学管理中，因材施教和科学引领，都可能在关键时刻更好地帮助和保护学生，最大限度减少校园暴力事件的发生。

二、及时干预，妥善处理事件

校园暴力事件干预，通常可能需要学生、教师、班主任、德育主任或年级主任、学校保卫部门以及校医等相关人员协同工作，立体化干预。

如果事先得到消息，班主任首先应尽可能阻止本班学生前往暴力现场，避免学生冲动之下卷入暴力事件而造成更大的伤害。基于平时对学生的了解，班主任可以根据情况有针对性地劝阻个别重点学生，同时安抚情绪激动的学生。如果事件涉及其他班级的学生，班主任须及时通知冲突另一方学生的班主任，同时还要通知学校领导、保卫处等相关人员一同赶往涉事地点，共同阻止，控制事态发展。

如果校园暴力事件已经发生，即使只是轻微事件，班主任得知后也应该尽快赶往现场。如果是情况较为严重的涉及本班学生之外的暴力事件，班主任在赶往现场的过程中，应及时通知学校领导、保卫处、其他涉事学生的班主任或学生家长等，尽可能叫上几个同事或班级干部一同前往事件发生地点，协助处理。

在冲突双方被隔离开，暴力事件得到一定程度控制后，班主任应找出主要施暴者，了解其产生极端行为的原因，尽量安抚其暴躁的情绪，请同去的师生和家长协助，使其冷静下来，避免再度引发冲突。如果只是轻微的暴力事件，伤害不大，班主任可以在安抚学生情绪的过程中，问清事件原委，尽量将冲突双方分开谈话，分别教育。如果暴力事件严重，对于被施暴的学生身体伤害比较大，班主任则要依据其受伤情况及时采取急救措施，并立即送往医院就医，同时告知家长赶往医院共同处理相关事宜。对于个别的造成学生身体伤害程度非常严重的暴力事件，班主任则应根据具体情节上报学校督导处等相关部门，由学校相关部门联系警察或伤害事故鉴定部门鉴定伤害等级。

三、积极善后，降低负面影响

班主任应本着将校园暴力事件负面影响降到最低的原则，处理学生遭遇到的暴力事件。在事发现场处理的过程中无论遇到什么情况都控制好自己的情绪，保持冷静、理智，妥善处理，更重要的是在事件发生之后要做好事后调查工作，有针对性地教育学生。通过向学校相关部门汇报调查结果，争取得到校方的援助，并在协调好各方关系的基础上，做好各项善后工作。

对于施暴的学生，班主任应主动了解其施暴行为产生的原因，因势利导。无论何种原因，无论学生的暴力倾向有多么严重，简单说教、以暴制暴、随意定性或将学生看作“另类”区别对待，都难有教育效果。

对于被施暴的学生，班主任应尽量保护他们，避免媒体报道或舆论评判对他们造成二次伤害。同时，还要引导他们在面对暴力时选择恰当的应对策略。班主任应明确告诉学生，如遭遇到暴力侵害，应及时寻求学校教师、家长及其他成人的帮助和保护。不方便或来不及求助而实施自我保护或应对时，要尽量用大声制止、寻求周围人帮助等，以保护自己的正当方式为自己讨回公道，维护正义。对于已经受到暴力侵害的学生，班主任在处理好事件后，还应在学校日常生活中对其给予更多的关心。

与此同时，班主任还要特别注意做好与相关班主任、涉事学生及家长的沟通协调工作，可以通过学生、家长、班主任及学校领导等共同参与的家校联席会议形式，帮助涉事双方有效沟通，引导学生化干戈为玉帛，及时消解潜在风险因素，确保学生健康和校园平安。

四、化危为机，善用教育契机

针对校园暴力现象，班主任应将暴力事件的发生转化为教育契机，着眼于学生一生的发展。待一切都稳定之后，班主任可组织学生通过主题班会或小组交流等形式，共同探讨如何在人际交往中明辨是非、如何在遇到突发事件时管控情绪、如何提升与他人交往及处理问题的能力等成长议题，在师生坦诚沟通、互动交流中，帮助学生明辨是非，并看到自身的优势和不足，真正实现危机后的成长。

案例实践

一、赶赴现场，停止伤害

在得知本班学生大志在校外遭遇暴力伤害后，因听说有校外人员参与暴力事件，情况危急，班主任常老师一边给涉事班级的班主任及学校领导打电话，一边跟随班长第一时间赶往事发现场。当地派出所干警也在第一时间赶到了现场。

一群涉世未深的初中生见有警察过来，有的想伺机逃走，有的在整理衣襟，有的在掸落衣服上的灰尘，有的在为大志鸣不平希望警察严惩施暴者……莫名遭遇围攻的大志，刚刚还在用纸堵流血鼻孔的双手，突然间朝身边一男生挥去了拳头，人群又一次小的骚动，双方一触即发，如果不是警察及班主任的及时制止，真不知接下来又能有怎样的一场混战。班主任常老师赶紧过去使劲拉住大志的手，既是心疼关爱，也是在提醒大志控制情绪，听候警察处理。

学生们的情绪都逐渐稳定下来了，执法干警没有厉声呵斥，而是温柔而坚定地面向所有涉事学生做了一次法治科普教育：此次校园暴力事件，虽因校方及时干预未有学生严重受伤，但学生聚众伤人的违法行为依然性质恶劣，希望所有学生能够高度重视，知法守法，学习理性解决问题、化解矛盾冲突，希望家长和班主任做好学生心理疏导和教育引导工作。

二、悉心关怀，平等交流

踩着上课铃声，班主任各自带着自己班的学生回校了。

暴力行为制止了，但是学生的问题及可能的矛盾冲突并没有真正解决。德育主任授意两位班主任先各自与涉事学生交谈，了解事情的经过，进行批评教育后，再将相关情况上报学校德育处，以便学校统一处理。

学生辅导室里，常老师帮助大志擦洗着面部的鼻血，耐心地陪伴，等待着大志情绪渐渐地稳定下来。平日里，大志确实是一个性格比较外向、人际交往比较广的男生。作为前锋，他在班级篮球比赛时是拿分高手，偶尔来个灌篮动作，招来大家的欢呼也是情理之中的事。没想到太抢风头而招来“魔头”的不满，引发了这一场校园暴力事件，大志自言自语般表述着……

没有评判，没有指责，班主任常老师只是耐心地倾听着大志的诉说。没有想到的是，在接下来的交流中，大志主动承认了自己的过失，也反思了自己的问题。原来，对这场冲突，大志事前是知情并主动去“应战”的，只是没想到“魔头”会约校外人员来“助战”，也没有想到会惊动警察。这是自己的不对，在接到挑战信息时，应该第一时间报告教师，而不是自己逞能去“应战”，给教师和学校带来了麻烦。虽然对“魔头”的做法很生气，但是大志反思时发现自己确实有做得不好的地方，忘记了胜不骄败不馁的古训，赢了一场比赛就忘乎所以，而未关注到对手班级同学的感受。说到最后，大志突然说了：“被打了，身体疼痛没啥，但在众人面前被人围攻，很窝囊、没面子，感觉很不舒服，担心日后被同学拿来嘲笑!”

三、引导反思，促进成长

班主任常老师对大志能够主动承认自己的问题及过失、坦诚说出自己真实感受及担忧的做法表示充分肯定，同时也就如何与邻班同学沟通化解矛盾、化干戈为玉帛等实际问题做了探讨。大志接受了班主任的建议，愿意在合适时机与邻班同学和好，以实际行动来积极地解决问题。

在班主任费老师的耐心教导下，肇事者“魔头”深切认识到了自己聚众斗殴的行为已严重违反校规校纪。他意识到不服气不应该是聚众斗殴的理由。因为自己的冲动行事，给大志、给班级、给学校带来了伤害和影响，他愿意听从学校处罚。在与学生的交流过程中，班主任的平心静气和从容理性，使事情得到了很好的解决。

四、联席会议，握手言和

在班主任前期沟通辅导的基础上，学校德育处专门召集了一次由德育主任、涉事学生及其家长、班主任和心理教师共同参加的联席会议。会议现场，主要涉事学生真诚表达了自己的歉意，希望得到对方的谅解，双方握手言和，并表示拒绝校园暴力从自身做起，一起校园暴力事件画上了圆满的句号。

相关提示

(1)正视现实，积极面对。

青少年正处于身心发展的关键时期，生理发育逐渐成熟，心理发育尚不完善，特别是情绪控制能力还不完善。在发展过程中，他们可能遭遇多种障碍，使他们的发展面临各种危机，使这一阶段成为问题频发时期，校园暴力事件常常防不胜防。

(2)知心育人，防患未然。

班主任在日常教育教学及班级管理工作中，需深入了解学生心理发展特点、家庭环境及个人成长经历、个性特点及处事风格等，做好校园暴力风险识别工作，防患于未然。

(3)以发展的眼光看待学生，科学引导。

在学生遭遇暴力事件后，班主任能抓住时机与学生沟通，深入了解暴力事件产生的各种深层次原因，有针对性地对学生施教。坚持以发展的眼光看待学生成长中的问题，避免简单粗暴贴标签，“以暴制暴”处理问题。这不仅有助于防止校园暴力事件的再度发生，而且有助于疏解学生心理积压的各种问题，能够安抚学生心灵，有效降低暴力事件的负面消极作用和对学生未来人生发展的持续不良影响。

第三节 公共卫生事件

情境再现

早上刚出家门，班主任杨老师便接到小明爸爸打来的电话，称小明可能前一天晚餐没吃好，夜里开始出现腹泻、呕吐等症状，一宿净往厕所折腾了。用了止泻药，但感觉效果还不太好，一会儿准备带小明去医院看医生，完事再送孩子去上学。刚嘱托完小明爸爸，安心带孩子去看病，健康最重要，落下功课回头补上就成。话音未落，又有电话打进来，是小易妈妈打来的，小易妈妈的声音很急切。小易是在学校住宿的，一大早，小易室友便给小易妈妈打电话，告知小易夜里开始腹泻，刚刚又吐了一地，想让妈妈来学校接她回家……怎么回事？住校的、回家的，咋还都出现腹泻、呕吐症状了？是不是孩子们周末在家时任性乱吃东西了？杨老师一边担心着学生的病情，一边想着如何教导学生注意饮食卫生……

刚到单位，杨老师便接到学校通知，要求各班主任须第一时间统计本班学生因病缺席或出现腹泻及呕吐等症状的学生人数。已经上升到学校层面，看来事情没有想象的那么简单，难道是……不敢胡乱猜想，赶紧去看学生！

初步统计，两日来，班里已有五名同学出现腹泻症状，八年级已有十几名同学出现腹泻及呕吐等症状。出现症状者，有正在被家长带去医院看病的，有已被家长带回家养病的，也有同学吃着药在学校坚持着学习的……关于致病原因已有几个版本，有认为食物中毒的、有认为是胃肠性感冒的、有认为是胃肠道不好受凉致病的，也有人认为是有新的病毒感染……

经市疾控中心专家评估监测，这是一起诺如病毒感染者呕吐物未能科学、安全处置引发的聚集性疫情。学校需在专家指导下及时采取隔离、消毒等处置措施，有效控制疫情传播，并积极做好突发公共卫生事件危机管理工作，确保广大师生身心安全。

青少年处于生理及心理的特殊成长阶段，他们的生命观、价值观、世界观等尚未完全形成，各类社会现象会对其价值观的形成带来较大影响，从而在思想意识与心理层面形成较大的影响，继而引发危机。近年来，突发公共卫生事件发生的频率变高，非典、甲型 H1N1 流感、H7N9 禽流感、新冠病毒感染、诺如病毒感染及其所造成的疫情日益成为重要的公共卫生问题，青少年身心健康及学校管理都面临着巨大的挑战，突发公共卫生事件后的安全管理工作应是一个不可忽视的应急管理议题。

一线有问

遇到突发公共卫生事件时，学生、家长可能出现各种各样的应激反应，班级甚至学校、社会等不同范围会出现各种舆情，给学校管理及师生身心安全都可能带来危机影响。作为学校学生管理及教育工作的最核心骨干力量，班主任面对校园突发公共卫生事件时，除完成程序性工作外，还面临如何做好学生生命救助、情绪安抚及各种关怀支持工作等压力和挑战。班主任可能存在以下困扰。

(1)公共卫生事件有哪些？发生时学生常见的应激反应有哪些？

(2)公共卫生事件发生后，班主任如何帮助学生有效应对？

(3)从公共卫生事件中，我们可以有怎样的学习和成长？

专业视角

这是一起因患者呕吐物处置不力以及人传人等传播途径引发诺如病毒聚集性疫情的公共卫生事件。诺如病毒具有对外环境抵抗力强、传播途径多样、感染剂量低和病毒潜伏期短等特点，是急性胃肠炎[①]的最主要原因，也是托幼机构、学校和养老机构等人员密集的集体单位发生聚集性疫情的重要因素。

作为公共危机的一种，突发公共卫生事件具有极大的危害性和广泛的影响，损害的客体包括公共财产、公共安全、公共秩序和公共福祉。数据显示，我国的突发公共卫生事件 70%发生在学校，其中很多都是传染病流行和食品卫生问题。

如何降低公共卫生事件的发生概率，如何在公共卫生事件发生时理性直面与合理应对，这需要各级政府与全体社会力量的共同努力。

一、公共卫生事件的定义

公共卫生事件是指突然发生，造成或者可能造成社会公众健康严重损害的重大传染病疫情、群体性不明原因疾病、重大食物和职业中毒以及其他严重影响公众健康的事件。

根据突发公共卫生事件性质、危害程度、涉及范围，突发公共卫生事件划分为特别重大（Ⅰ级）、重大（Ⅱ级）、较大（Ⅲ级）和一般（Ⅳ级）四级。

二、常见公共卫生事件的种类

（一）具有传染性的疫情事件

传染病是中学校园中比较常见的一类突发公共卫生事件。中学校园人员密

---

① 宋夏、刘弘：《诺如病毒的流行病学研究进展》，载《上海预防医学》，2017(4)。

集、流动性差，这有利于传染病的传播。因此，诸如诸如病毒、甲肝、乙肝、结核病、水痘、流感等传染性疾病最易在校园内传播，会对校园正常学习秩序造成重大的影响。

(二)食品安全类事件

这类事件在校园里的发生概率很高。具体表现为教职工以及学生在校期间因食物卫生等发生群体性食物中毒事件。学校食堂管理不善以及学校对食品卫生安全问题的重视不足等，都可能导致学校食物中毒事件的发生。

(三)其他严重影响公众健康的事件

主要包括心理健康类事件、自然灾害引发的灾害、有毒化学品造成的危害、群体性疫苗接种事故等。在这类事件中，心理健康问题需要引起重视。

三、急性应激反应

公共卫生事件由于其不可预测性、紧急性、公共性和危害性等特征，会给较大范围的人群带来一定程度的心理压力和情绪问题，包括不同程度的心理应激反应，如恐惧、焦虑、疑病、抑郁、强迫等情绪反应，以及注意力难集中、质疑现实人生、回避与人交往、做噩梦、睡眠困难、胸闷、头痛等认知、行为、生理等诸多反应。若长时间处于这种急性应激反应状态，未进行及时的心理干预，则很容易使个体过分消耗心理资源，使机体内稳态遭到破坏、免疫能力下降，从而影响个体的身心健康，甚至导致一系列的精神障碍和躯体疾病。因此，对急性应激反应的认识和应对极其重要。

四、心理防护策略

(一)正视接受现实

客观看待事件所带来的影响，努力去改变可能改变的部分，接纳不能改变的部分。不妨思考，在当前形势下，自己做些什么可能将损失、影响减少到最低，争取以最小的消耗来等待事件转机，这是特殊时期积极的自我心理防护策略。

(二)及时觉察反应

在突发的公共卫生事件面前，个体或群体体验到恐慌、焦虑、紧张等情绪都是正常的应激反应，“战斗”或“逃跑”状态是人类进化的求生本能，是正常人群在特殊时期对非正常事件的正常反应，大多数人几天或几周之内症状会自行缓解，因此不要过分苛责自己，而应悦纳自己的应激反应。

(三)控制负面信息

公共卫生事件发生后，及时关注相关信息，对个体决策会有帮助。若个体长期持续关注一些负面信息或是反复思考与之相关的内容，其自身的负面情绪也会随之增加。关注官方通道信息、控制关注相关信息时长在每天半小时内，相信政府、相信科学，都是积极的自我心理防护策略。

(四)积极调节情绪

尽量与家人、朋友、同学待在一起，与其谈论可能引发应激的事情，不如与他人倾诉自己内心的真实感受。书写、绘画、舞动、音乐、观影、沙盘等，都有助于排遣内心的苦闷与无助，能有效化解心中的负性情绪。

突发公共卫生事件对个体的身心健康有巨大的威胁，而体育锻炼不仅能增强个体免疫力、提高身体素质，还能对个体的心理产生积极的影响。大量研究表明，当个体进行体育锻炼时，体内会分泌出一种“快乐因子”内啡肽，一定强度的体育锻炼可以减轻中度抑郁和焦虑状态，使个体保持良好的心境，对个体的情绪健康有积极的作用。

(五)正向思维训练

面对突如其来的公共卫生事件，转变不合理认知，学会正向思维，找到应对压力、战胜困境的意义！如何在困境中看到积极的一面，如何给自己应对困境赋予积极的意义，如面对诸如病毒感染时，认识到居家隔离的积极意义和网课学习的好处等，俗语称“世界的模样，取决于你凝视它的目光！”

(六)寻求专业支持

当个体发现经过许多努力，仍很难缓解急性应激所伴随的这些症状时，应及时向外界寻求心理援助与干预，以免转化为创伤后应激障碍。个体可以通过拨打心理辅导热线、寻求网络咨询、必要时进行面对面心理咨询等方式向专业人士求助，通过认知干预、社会支持、药物干预等方法进行干预，以此帮助自己渡过难关。

(七)危机个体心理干预

公共卫生事件发生后，部分受到强烈冲击或影响的个体，可能出现特别强烈的急性应激反应。若个体反应过于强烈，超出其自身应对能力范围又缺乏有效的社会支持时，个体可能处于心理危机状态，需要特别关注并及时干预。否则，个体可能出现自伤自残甚至自杀、伤人等极端行为。一方面，危机个体要理解、接纳自身所处的状态，并愿意积极寻求专业支持；另一方面，学校、家庭成员须特别关注，为危机个体提供力所能及的关怀和帮助，确保生命安全，并积极协助危机个体寻求专业支持，防止危机突发事件发生。

有效策略

面对突如其来的公共卫生事件，班主任如何科学、理性地应对挑战？如何做好学生关怀保护工作？

一、处置突发情况

如果发现班里有传染病或疑似传染病人、不明原因高热、群体不明原因疾病等情况时，班主任须立即报告相关负责人和学校领导。相关负责人根据情况进行初步判断，根据突发公共卫生事件分级标准中规定的报告标准，按所患疾病类型送相关医院诊治。

如果学生情况紧急，须立即送往最近的医院救治。在疾病预防控制机构到来前采取隔离措施，向区疾控中心报告，向区中小学卫生保健所报告等。根据实际情况，及时联系学生家长。在此过程中，班主任须积极做好相关学生的心理安抚和安全保护工作。

二、做好应激反应管理

突如其来的公共卫生事件很容易在学生群体中引发紧张、焦虑、恐慌、害怕甚至骚乱等应激反应。此刻，班主任首先要做的就是稳定军心，提供官方通道信息，控制局面，控制传染源，做好及时隔离、送医等工作，尽可能增强学生安全感、掌控感，尽最大可能降低事件带来的损失和影响。

基于平日对学生个性及行为方式与习惯的了解，关键时刻，班主任可请班干部或科任教师协助管理班级。在最大限度保护学生生命安全的基础上，班主任带领学生积极理性地应对困境，做好安全防护工作。

三、关注危机个体

受突如其来公共卫生事件影响，部分学生可能出现严重急性应激反应，当这些反应超出其自身能力范围又不能得到有效社会支持和帮助时，个体可能处于心理危机状态，须及时干预，以免出现自伤自残或自杀、伤人或传染源扩散等危及自身或他人生命财产安全的极端情况。心理委员、学生干部、科任教师、家长等都可以作为班主任的帮手，帮助班主任多维度关注学生心理及行为动态，发现异常情况时及时沟通、干预，这些都能有效预防危机状况的发生。

四、提升应对能力

为了更好地提升学生应对困境的信心和能力，班主任可以充分利用晨读、主题班会或户外活动等时机，组织学生学习和讨论预防、应对公共卫生事件及其影响的方法和策略，组织学生学习科学防护常识及方法策略，召集学生积极参加学校或班级组织的各种应激演练工作，提升学生应对公共卫生事件的能力技能，以备不时之需。

五、做好自我关怀

对学生来说，关键时刻班主任的状态就像一盏灯、一束光，点燃自己的同时，也在照着身边的每一个人。面对公共卫生或其他突如其来的重大事件时，班主任如何保持科学、理性、稳定的态度行事，如何规范、有序、高效开展工作，如何做好学生安全防护工作，考验着每一位班主任的实战能力和智慧。

这一切的前提是班主任自身的稳定和自信。班主任要加强自身专业知识的储备，提升自我心理调适和防护能力，加强自身社会支持系统的建设与维护，特别是平衡好自身工作与生活的关系，只有自己稳定了，当大风大浪来时，才能为学生遮风挡雨，才能发挥公共卫生事件中班主任的核心骨干作用。

案例实践

一、行动有方，增强掌控感

作为诺如病毒阳性患者，小王、小张等多位同学第一时间被安置在医院隔离病房或居家接受治疗。诺如病毒感染性腹泻属于自限性疾病，没有疫苗和特效药物，公众搞好个人卫生、食品卫生和饮水卫生是预防本病的关键，要养成勤洗手、不喝生水、生熟食物分开，避免交叉污染等健康生活习惯。

当感染诺如病毒时，学生会出现身体不适，学业会受到影响，尤其是身体状况不佳，连续呕吐或腹泻的情况发生时，会给学生带来巨大压力和挑战。遵照与班主任杨老师的电话约定，医院隔离治疗期间，小王和小张同学坚持网课学习的同时，每天用 20 分钟时间记录自己的隔离生活，有时用文字的形式记录，有时用随手涂鸦的绘画方式记录。在张老师特别提供的“心情曲线图表”上，同学每天标示出自己情绪的高点、低点所出现的时间及相应事件，晚上集中回顾，并思考自己的调整应对策略，一天下来感觉也蛮充实的。

二、聚焦积极，提升意义感

在医院隔离治疗的一周里，因为有了杨老师、班级同学以及家人的特别情感支持，有了线上功课及每天心情日志的书写和制作，有了固定的运动项目时间，同学的隔离生活不再如想象的那么单调、枯燥、乏味、恼人，反而让大家更多了几分踏实感和掌控感。

这里，智慧有爱的班主任杨老师还埋下了一个重要伏笔，他与感染诺如病毒的同学有一个特别的约定，安排了一个特殊的秘密任务。任务是将如何以积极心态渡过难关的作为一个项目课题，待治疗结束回校后，他们需站在师生面前来分享这段特别的人生经历！

三、正向引领，强化联结感

小王、小张等同学感染诺如病毒一事，私底下引发也学生的小小骚动，杨老师私底下与学生进行了点对点的沟通，了解到学生的顾虑与诉求后，组织召开了一次以“在不确定中成长”为主题的主题班会活动，学生分小组就“诺如病毒防控策略”“如何调节负性情绪”“如何增进积极情绪”“如何增强掌控感”“如何提升学习效率”“病毒来到身边怎么办”等议题进行讨论，开展头脑风暴，探讨应对策略。

其实，班主任在日常班级管理中经常会和学生交流预防诺如病毒感染的知识以及防护要点，通过身边发生的事情让学生体会到病毒感染对生活带来的一些影响和变化，让学生对病毒感染等有一定的认识和经历，借助小王、小张等同学隔离治疗的时机，再一次与学生们进行相关知识的梳理，以及预防诺如病毒感染、心理调节等实战技能的演练，这对协助学生缓解焦虑、积极应对有很积极的促进作用。

善用资源、善用教育契机的班主任杨老师，以其积极稳定的状态、科学理性的态度，以及温暖有爱的教育智慧，在诺如病毒感染这样的公共卫生事件防控过程中，成了孩子们心目中那个暴风雨中最安稳的人！

相关提示

(1)加强日常防护。

学校应对广大教职工、学生切实开展健康教育，重视卫生在肠道疾病中的警示意义，提高在校教师对疾病的认识和对传染病防控的敏感性，培训对呕吐、腹泻物的处置能力。

(2)增强确定感，缓解焦虑。

生活中有太多的不确定性，如何帮助学生在不确定中增强确定感、安全感，其实是班主任进行教育及管理的难题。

(3)生命救助与心理援助同等重要。

无论是天灾人祸，还是突如其来的公共卫生事件，班主任作为学生身边的重要他人，在生命救助的同时，需加强对学生的心理辅导及干预工作。

(4)加强科普宣传，未雨绸缪。

班主任可充分利用主题班会、板报宣传、网络媒体等多种形式，注重和加强公共卫生事件的预防、科普、宣传及情境应对技能训练，未雨绸缪，方可在事情来临时有更稳妥的应对能力。

参考文献

①樊富珉：《团体辅导与危机心理干预》，北京，机械工业出版社，2021。

②黄道主、陈金玉：《论校园暴力之风险识别》，载《三峡大学学报(人文社会科学版)》，2020(2)。

③连怡遥：《2014—2018年我国突发网诺如病毒疫情特征及传播危险因素研究》，硕士学位论文，中国疾病预防控制中心，2019。

④练莲：《我国诺如病毒感染暴发疫情流行特征及防控策略研究》，载《应用预防医学》，2021(4)。

⑤廖巧红、冉陆、靳淼等：《诺如病毒感染暴发调查和预防控制技术指南(2015版)》，载

《中国病毒病杂志》，2015(6)。

⑥宋夏、刘弘：《诺如病毒的流行病学研究进展》，载《上海预防医学》，2017(4)。

⑦王彦力：《应对校园暴力事件：班主任面临的严峻考验》，载《班主任》，2017(1)。

⑧辛增友：《急性应激对认知加工的影响和性别差异》，博士学位论文，辽宁师范大学，2021。

⑨杨艳歌、吴占文、李涛等：《诺如病毒快速检测技术研究进展》，载《中国食品卫生杂志》，2023(1)。

⑩[美]理查德·K. 詹姆斯、[美]伯尔·E. 吉利兰：《危机干预策略(第七版)》，肖水源等译，北京，中国轻工业出版社，2017。

附录

常用工具与推荐阅读

第一章推荐工具一：请你来认识我

表 1 可用于班主任组建班级之初，了解学生的基本心理状况。

表 1　请你来认识我

1. 我的基本信息 性别： 年龄： 班级：
2. 为了让教师更好地了解我，以下是我对自己的介绍 我的性格： 我的特长： 我喜欢的科目： 我的理想： 父母眼中的我： 同学眼中的我：
3. 我目前的主要困惑
4. 我与父母的关系(可分阶段写)
5. 我经历过的、对我影响最大的一件事

第一章推荐工具二：我的生命线

工具二(图1)可帮班主任了解学生成长过程中的资源和心理创伤事件，从而更好地了解学生。具体使用见说明。

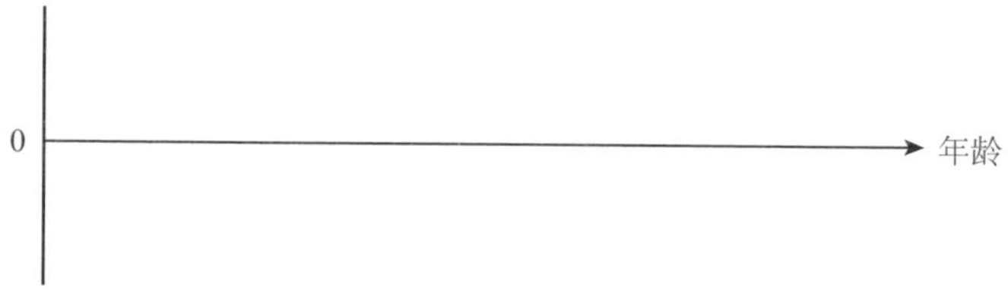

图1 ________的生命线

1. 在横线的左侧，“0”这个数字，表示你出生的时刻。

2. 想想看，从出生到现在，哪些事情对你有着重大影响？这件事发生在你几岁？请用笔把这件事发生时你的年龄标出来。如果你觉得这件事是快乐的或让你满意的，你就用鲜艳颜色的笔来写，并要写在生命线的上方。这件事让你快乐的程度越高，则把它写在越高的位置上，并在此位置标注圆点。

3. 如果这件事给你来了伤痛或打击，你就写在生命线的下方，用黑色的笔把它记录下来。这件事让你难过的程度越高，则把它写在越低的位置上。

4. 过去的事情写完后，再想想未来，未来发生的事情可能有让你特别期待的，也可能会有一些挫折和困难，你可以把这些事件标注在生命线上相应的位置。如果你觉得这件事给你带来的是积极情绪就标在上方，如果你觉得是消极情绪为主的则标在下方；事件对情绪影响的程度决定标注位置偏离中间线条的距离。

5. 用笔把这些圆点连起来，看看你的生命轨迹是怎样的。

第二章推荐阅读：适应不良访谈清单

表 2　访谈提纲①

第一部分：适应情况	
情绪表现	你最近的心情怎么样？
	什么事情让你有这样的感受？
	这样的(消极)情绪持续多久了？
人际关系	你和同学的关系怎么样？有没有关系比较好的朋友？
	你和教师的关系怎么样？
	你喜欢班级或学校的人际氛围吗？能否积极融入？
	有没有人际交往的困扰或者难题？
学校归属	你喜欢现在的班级或学校吗？为什么？
	你能否比较好地适应学校的节奏？
	你能否积极参与学校或班级的活动？
	你对自己的中学生涯是否有比较积极的期待？
其他表现	你最近的睡眠怎么样？
	你每天使用手机多久？是否有无法控制的情况？
	你最近的身体情况如何？是否感觉身体疲劳、不舒服或者有生病的情况？
第二部分，支持资源	
成功经验	你曾经是否有过不适应的情况？当时做了些什么有效的努力？
	你是否知道一些帮助自己更好适应环境的方法？
心理韧性	当你遇到一些不如意的时候，能否接受并忍受这些情况？
	你如何看待困难或挫折？
	在遇到不如意时，你能否调整好自己的情绪和心态？
	在遇到不如意时，你能明确目标并付出有效行动吗？

① 本列表内容仅供参考，请根据实际情况选择使用。

续表

社会支持	在学校中，是否有可以给你提供帮助的人？
	你的父母或其他亲人，是否能够帮助你更好地适应新环境或新变化？
	你是否有能为你提供支持的朋友或同伴？
	你是否会主动寻求他人的帮助和支持？

第三章推荐阅读：网络沉迷的十条诊断标准

班主任可以通过国际上采用的美国心理学家金伯利·扬提出的十条诊断标准来判断学生是否出现了网络沉迷，并及时地给予帮助和干预。

表3　网络沉迷的十条诊断标准

1. 总是念念不忘网事
2. 总嫌上网时间太少而不满足
3. 无法控制上网
4. 一旦减少上网时间就感到焦躁不安
5. 上网就能消除种种不愉快
6. 上网比上学和做功课更重要
7. 为上网宁愿失去更重要的人际交往和工作
8. 不惜支付巨额上网费
9. 对亲友掩盖频频上网的行为
10. 下网后有疏离、失落感

在上述十条诊断标准中，如果符合四种以上，便可以判断为“网络沉迷”。

第四章推荐阅读：缓解焦虑情绪的心理放松法

缓解焦虑情绪的心理放松法

个体不能同时处于紧张和放松两种状态。当人感到焦虑时，常以交感神经系统兴奋为主，作出战斗或逃跑的反应，表现为呼吸变浅、瞳孔散大、心率加快和肌肉紧张等。而放松则是以副交感神经系统兴奋为主的内脏和躯体表现出来的身心状态，表现为心率降低、血压降低、肌肉放松等；或是生理、精神和情绪的无紧张状态。多种研究证明：通过放松训练，个体可以有效地缓解焦虑和紧张情绪，达到身心放松的状态。

常用的心理放松法有呼吸放松法、渐进肌肉紧张放松法、正念放松法等。

一、呼吸放松法

呼吸放松法是一种通过调整呼吸来缓解紧张情绪的方法。这种方法极为简便且有效，常见的呼吸放松法有：等量呼吸法、腹式呼吸放松法、左右鼻孔交替呼吸法等。其中腹式呼吸放松法最为常用，其做法是：将一只手放在胸部，另一只手放在腹部。通过鼻子深吸一口气，让腹部最大限度地鼓起，然后再慢慢地呼气，让腹部逐渐凹陷，如此反复练习。腹式呼吸运动，有助于机体获得充足的氧气，也能满足大脑对氧气的需求，使人精力充沛。不仅如此，腹式呼吸运动对胃肠道等内脏功能也有极好的调节功效。

二、渐进肌肉紧张放松法

渐进肌肉紧张放松法是一种通过对肌肉群进行有序的、有意识的、与呼吸相结合的肌肉强烈绷紧后放松，达到全身深度放松状态的训练方法，这种方法可以有效地缓解从头到脚的过度紧张。具体操作步骤如下。

(一)要舒适

找一个舒服的姿势：可以躺着，也可以坐着，也可以选择闭上眼睛，以确保自己不会被外界干扰。

（二）深呼吸

用鼻子深深吸气，然后用嘴巴慢慢呼气。把注意力集中到缓慢而轻松的呼吸上。重复三到五次。

（三）运动全身肌肉

收紧和放松每一块肌肉，从脚开始，逐渐向上运动。试着收紧每一个肌肉群，保持几次呼吸，然后慢慢放松，任何感觉特别僵硬的部位进行重复练习。

（四）运动脚部肌肉

从脚开始，收紧和放松肌肉。向内弯曲脚，把脚趾和脚跟压向地面，保持几秒钟，然后放松。再向外弯曲脚，用力让脚趾向上，坚持几秒钟，然后放松。

（五）再次深呼吸

结束练习时，再做几次深呼吸。用鼻子吸气，用嘴慢慢地呼气。身心都会感到平静和放松。

三、正念放松法

正念放松法即个体有意识地把注意力维持在当前身体的某个部位或某项活动上，如此时此刻的呼吸、身体的某个部位，或者正在从事的某项活动，专注于当下的状态，且不做任何评判的一种自我调节方式。正念放松法包括正念呼吸、正念饮食、正念行走、身体扫描等。其中身体扫描的操作步骤如下。

（一）准备

找一个安静的地方，坐下或躺下，让自己感觉舒适，全身放松。

（二）开始

闭上眼睛，开始深呼吸，让自己的身体和思绪静下来。

（三）扫描

想象有一台扫描仪，从头顶开始，逐渐向下移动到脚部。扫描过程中，觉察这些身体部位的任何感觉，可能是温度、压力、麻木、疼痛，或者只是存在感。不要试图改变任何东西，只是留意并接受这些感觉。

（四）呼吸

在每个部分的扫描结束后，深呼吸，想象吸气带给每个部分新鲜的氧气和能量，呼气释放每个部分的紧张和压力。

（五）结束

扫描完全身后，坐在那里几分钟，然后慢慢地睁开眼睛，感觉自己的全身连接在一起，满载着意识和清醒。

特别注意：如果在这个身体扫描练习中睡着了，也没关系，一次短暂的睡眠可以帮助你放松。如果这时候你还想身体扫描，那把注意力重新拉回到自己上次记忆的位置，相信也可以体验到放松的美好。

第五章推荐工具一：换个角度看问题

中学生的抑郁情绪或压力往往由生活中的一些事件引发，如果用积极的视角看待压力事件，就会转变认知，从而产生积极的行为。

导语：生活中，一些困扰我们的事件虽然不会直接引发抑郁情绪，但它们可能是很重要的压力源，如学习压力、人际交往压力(包含欺凌)、身体疾病、失去亲人、重大变化（转学或搬家)等。接下来，尝试识别自己对事件或刺激的信念和想法。这些信念和想法可能不是显而易见的，需要认真思考和探索。例如，当听到批评时，自己的想法可能是“我做错了什么”或“我不够好”。一旦识别出自己的信念和想法，就可以尝试调整它们。这可以通过问自己一些问题来实现，如“这个想法是否真实”“有没有其他解释”“这个想法对我有益吗”等。调整信念和想法可以改变自己的情绪反应。

表 4　换个角度看问题

事件或刺激	原来的想法和信念	替代性的想法
我转学到新的学校	我不认识大家，感觉很孤独	我可以认识一些新朋友
我养了七年的小狗去世了	这太让人伤心了	小狗曾给我带来过很多快乐时光

第五章推荐工具二：我的心理盾牌

使用说明：青少年在遇到压力事件后，如果能挖掘更多的资源(如有效的求助对象、曾经战胜挫折的体验等)，这些直接或间接经验能使不良情绪得到有效的缓解。

1. 想起__________就会感觉好很多。

2. 遭遇创伤或身处高压时，我曾经向__________求助过。

3. 我曾帮助了正在经历类似困境的__________。我自己也收获了____________________。

4. 我曾经成功地克服过____________________困难。我做了____________________。

5. 想到哪些事情或人，会让我对未来备感期望______________________________。

图2　我的心理盾牌

第六章推荐阅读一：校园欺凌预防与干预班会课

表 5 预防与干预班会课

班会步骤	具体要求
一、导入	呈现现实生活中的校园欺凌事件(可以用文字或图片呈现，也可以由学生表演)
二、明确概念	明确校园欺凌的定义、判定指标，校园欺凌的形式及危害
三、严正声明	1. 校园欺凌不是开玩笑，学校对校园欺凌零容忍 2. 展示校规校纪、国家相关规定和法律条款
四、实操训练——面对言语欺凌	1. 感觉到不舒服时，要坚定而大声地说“不”。例如，请不要这样叫我，我不喜欢这个称谓 2. 设定一个暂停手势，带领全班同学现场做出这个手势，至少做三次 3. 在明确说“不”，并做出暂停手势之后，若对方依然不改，请旁边的同学作证，并告诉教师
五、小组讨论	面对不同的校园欺凌，我们该怎么办
六、利用校园心理剧，引导学生自我成长	校园心理剧就是把学生在生活、学习、交往中的心理冲突、烦恼、困惑等，以情境再现、角色扮演、情境对话、内心独白等形式编成剧本进行表演。在剧中，每个人都在演自己，演自己的同学，或是身边的亲人……把平日一些抽象的、难以言说的内心情感活动融入心理学的原理和技巧，用心理剧的形式表现出来，从中受到心灵上的启迪，获得自我成长 学生能够在心理剧的排练和演出中学会换位思考，学会共情，拥有同理心。教师可以通过校园心理剧教授解决问题的方法，并带领学生进行反复训练
七、温馨提示	1. 找准时机。将一些网上影响广泛的事件或者身边发生的事件作为契机来实施教育 2. 充分讨论。可以用两到三节课来完成讨论，充分调动起学生的积极性，让学生广泛参与进来，学生讨论出的做法往往更有实操性，讨论以及表演的过程就是教育的过程，可以基于此，制定出相应的班规 3. 切忌浅尝辄止、蜻蜓点水

第六章推荐阅读二：班主任应对校园欺凌的工作流程

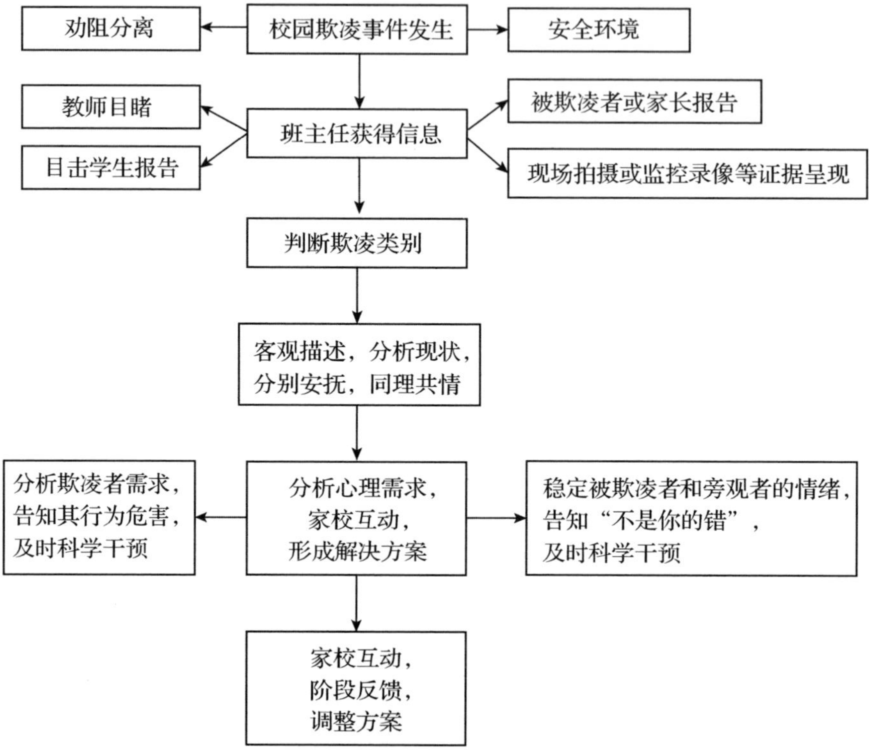

图3　班主任应对校园欺凌的工作流程

第七章推荐工具一：情绪晴雨表

情绪晴雨表(表 6)可以帮助我们观察、记录、追踪每天自己的情绪和想法，或者为我们寻求班主任、心理教师和医疗人员的帮助提供了重要的参考材料。情绪晴雨表每天一页，包括了时间(一般 1 小时为一格，根据日常的作息时间确定标尺刻度)、情绪刻度(一般为－5 到＋5，－5 代表着最低落、压抑等情绪，＋5 表示最开心、愉悦的情绪)，我们可以邀请学生在情绪的峰值或低谷处标记当时的情境(周围的环境、人、事情)或者当时自己的想法、情绪和行为。

在表头写上日期，在最下方写下学生认为当天发生的重要事件，如没有可以空白。

表 6　情绪晴雨表

日期：

＋5																			
＋4																			
＋3																			
＋2																			
＋1																			
0	6:00	7:00	8:00	9:00	10:00	11:00	12:00	13:00	14:00	15:00	16:00	17:00	18:00	19:00	20:00	21:00	22:00	23:00	24:00
－1																			
－2																			
－3																			
－4																			
－5																			

重要事件：

情绪晴雨表可以帮助我们可视化地辨别出学生的情绪模式，也可以帮助学生增加对自己情绪的觉察。我们建议教师在课堂上演示如何绘制情绪曲线：在每个时间点标记自己的情绪分数，最后将它们连成线，并标注重要的生活事件。

第七章推荐工具二：情绪三角回旋镖

情绪三角回旋镖(图 4)聚焦在青少年常见的人际、自我、情绪三部分的内容，可以邀请学生在三个小圈里分别写下自己的想法或观察，然后引导学生觉察自己的哪些行为与这三部分是相关的，并讨论三者之间的关系。在完成这些部分以后，可以让学生讨论一下，这些内容之外的环境因素，可以包括同伴、家庭、学校、社区等。通过情绪三角回旋镖的观察和应用，帮助学生理解自我心理发展与外界环境的“交易模型”。

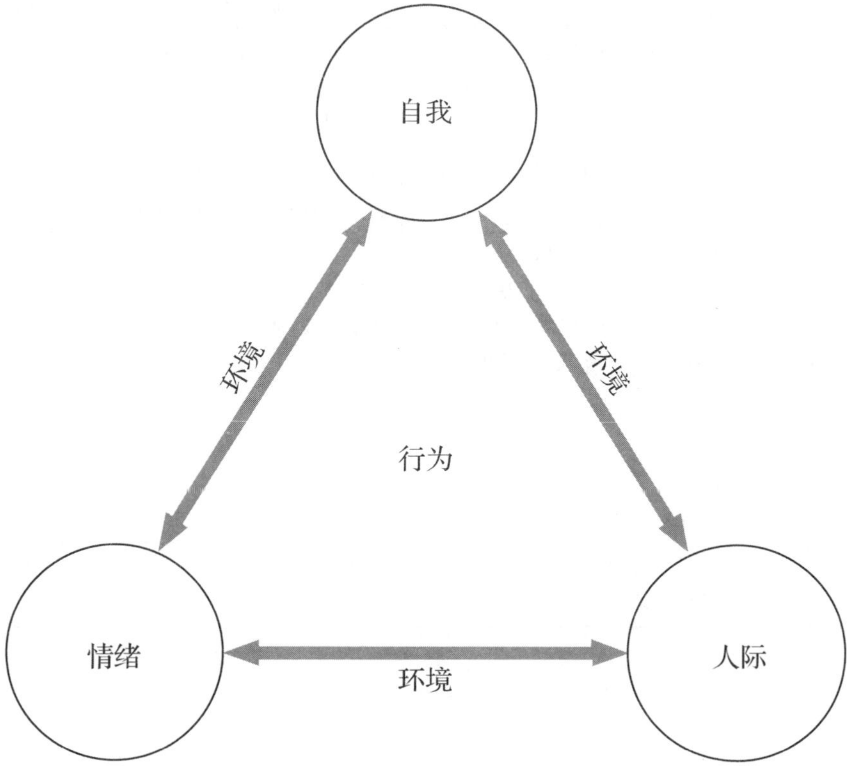

图 4　情绪三角回旋镖

第八章推荐阅读：说“好听”的话

积极语言 HAPPY 模式由五部分组成，分别是期望(H：Hope)，设定培养目标；行动(A：Action)，促使学生动起来的表达；过程(P：Process)，班主任和学生语言的互动过程；关键点(P：Point)，抓住期望、行动、过程三步中各自起决定作用的语言；收获(Y：Yield)，收获到的好行为、好习惯、好品质，组合在一起是 HAPPY，中文意思是幸福。

表 7　教师语言的不同层次

层次	示　例	特　征	归因
总说	我同意，我欣赏，我尊重，我期待，我相信，我理解，有道理，有新意，是有原因的	正向肯定，提出指向未来的建议和有目标效果的行为(理想状态)	激励、引导
多说	行，好，是，对，可以，试试，能做，想干，做得了	先正向肯定，再指出“NO”的原因，提出建议	认可、肯定
少说	不行，不好，不是，不对，别动，没常性，没出息，不努力，不认真，不专心，不理想，不求上进，不能做，不想干，不愿意，我做不了(学生说)	“NO”语言，不相信他人，否定他人	否定
不说	讨厌，淘气，捣乱，烦人，罚站(抄)，累人，笨，傻，蠢，差，窝囊，马虎，浮躁，骗人，撒谎，蔫坏，让人失望，老失败，拖后腿	否定	低自尊
禁说	混蛋，滚出去，让警察抓你，打你，不要你了，都不理你	恶语	剥夺爱

第九章推荐工具：觉察我的学习状态

教师可以和学生定期评估所处的状态和学习情绪，以此提升学生对学习行为的自我觉察，提升自主感知和自我选择；鼓励学生挑战适当的目标，获取成功的体验、愉悦的学习感受和更多的自我肯定，提高内部的深层动机。

步骤一：询问学生，在近期学习过程中，最常感受到的心情或常有的状态是什么，联想到的具体学习场景是什么，还可以用哪些词来形容？

面对近期的学习，我常有的状态是____________；

我联想到的场景是____________________；

如果还能用两个词来形容这种状态，我会用____________、____________。

图 5　学习状态卡

步骤二：结合图 6，询问学生在学习时的状态更像是哪一种状态？或者不同的学科呈现出哪几种不同的状态？

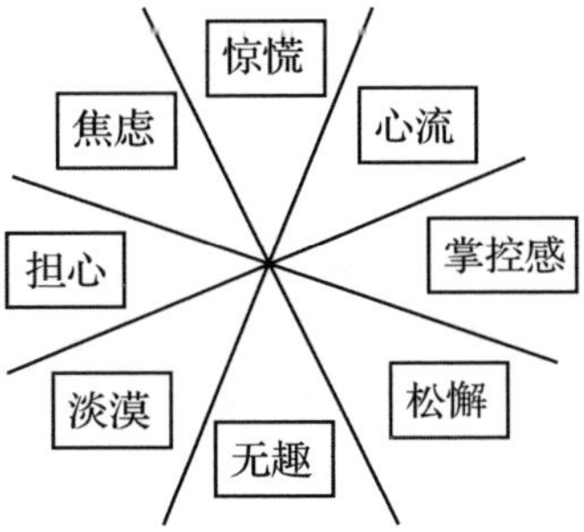

图 6　学习时的状态

步骤三：结合图 7，说明能力与挑战的关系，学生可以自主觉察自己的状态是因为能力不足，还是因为挑战不足。

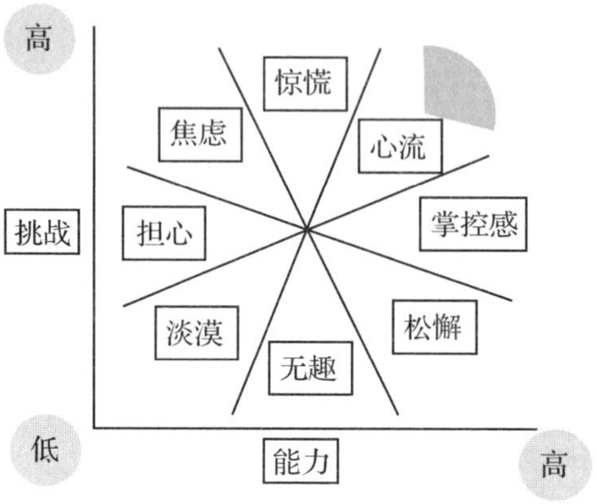

图 7　能力与挑战的关系

第十章推荐阅读：非暴力沟通步骤

一、学会观察

我发现/我注意到/我看到/我听到/我观察到……

明明妈妈，我发现明明最近上课时总是容易走神、发呆，回答问题经常回答不上来，作业正确率也不高，不知道他在家里怎么样？

说明：描述要客观、尽量不要带有个人的判断，否则容易让家长反感，难以建立恰当的协同关系。

二、表达感受

他的行为让我担心/让我失望/让我纠结/让我犹豫……

明明妈妈，他在学校的学习表现让我非常担心。

说明：当教师将学生的表现和自己的感受联结在一起，让家长觉得教师把自己的孩子放在心上，从而站在了同一个立场。

三、表达需要

我希望/我期待/我建议……

明明妈妈，我希望我们能一起能找到问题的原因，并一起帮助明明调整状态。

说明：这种描述更加谦逊，以“合作者”的姿态邀请家长面对问题、解决问题。

四、提出请求

我希望您能够做到/能配合/能理解/能支持/能协同……

明明妈妈，我希望您能够在家配合管理小明的手机使用情况，为他营造一个安静的学习空间。

说明：清晰地、不加指责地提出家长要配合的点，更容易被家长接受。

第十章推荐工具：行动契约书

行为契约书
目标行为：
出现目标行为的奖励：
不出现目标行为的惩罚：
观察的时间点：
观察的频率：
实施人：
监督人：
时　间：

图 8　行为契约书

第十一章推荐工具一：中小学生心理危机突发事件三级预防模型

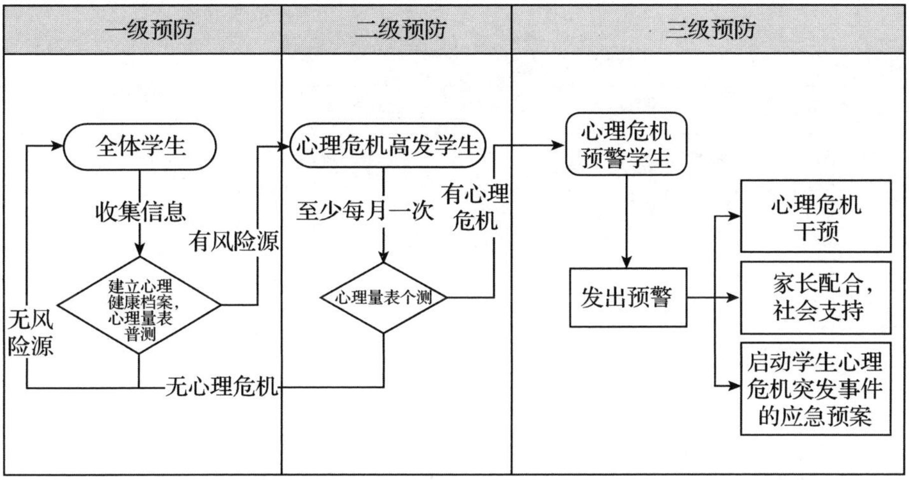

图 9　中小学生心理危机突发事件三级预防模型

第十一章推荐工具二：心理危机干预记录表(样本)

表 8　心理危机干预记录表(样本)

日期		记录者		与学生的关系	
学生姓名		性别		班级	
参与的教职人员					
学生出现的自伤、自杀征兆和引起自伤、自杀念头的主要原因					
已采取的行动 于________________，由________________与学生进行会谈。 会谈摘要： 于________________，由________________与家长进行会谈。 会谈摘要： 学生已转介至： 于________________，由________________跟进联络。 备注：					

第十一章推荐工具三：校园意外伤害危机事件干预流程图

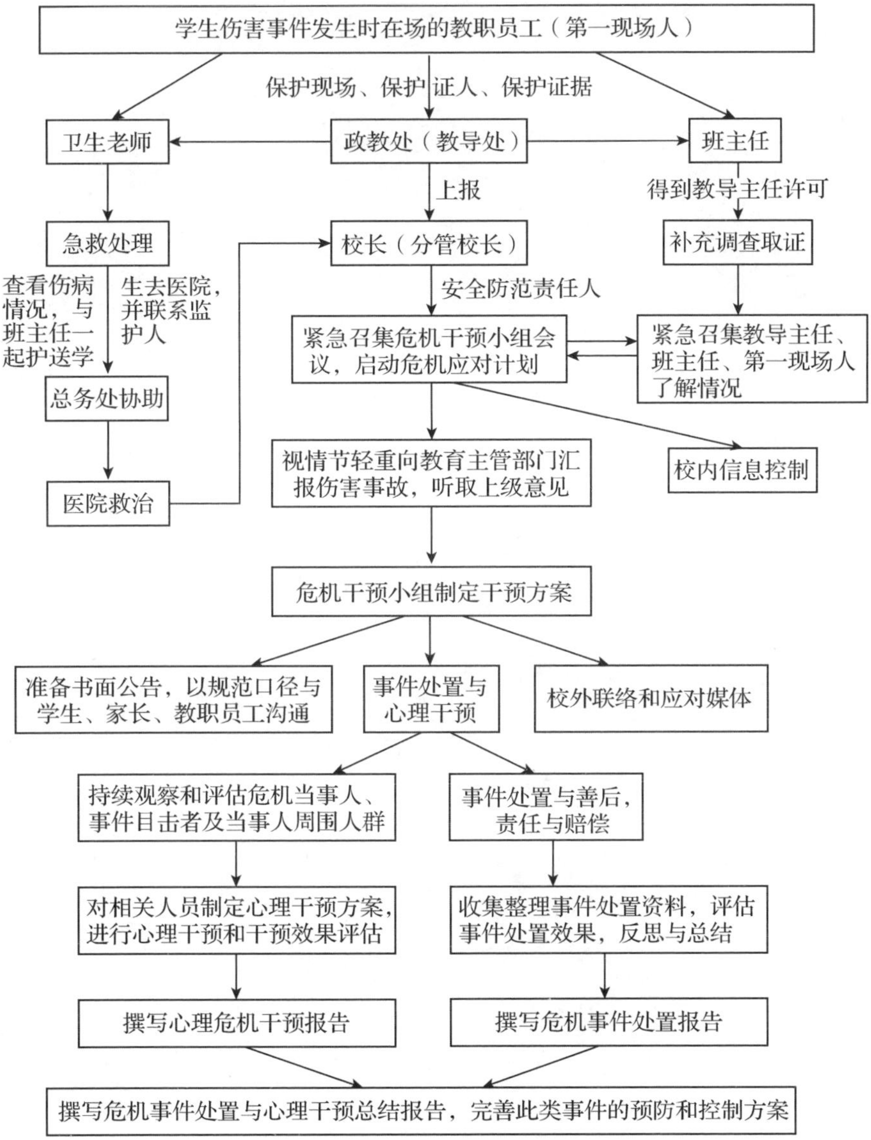

图 10　校园意外伤害危机事件干预流程图